50 Things That Made the Modern Economy

轉角遇見經濟學

改變

現代生活的

50種關鍵力量

提姆・哈福特（Tim Harford）——著

林金源——譯

推薦導讀

意料之中（外）的衝擊
The (Un) Expected Shock of the New

他是以經濟推理，找出「是誰賺走了你的咖啡錢」的臥底經濟學家。他也是在倫敦《金融時報》專欄，用經濟推理為讀者回答從「考試是不是一定要準備」到「上床是不是一定得帶套」等各種生活疑難雜症的心靈導師。這回提姆・哈福特化身廣播節目主持人，以經濟推理告訴我們，哪些發明改變了歷史，形塑了我們的想法與現代生活！

本書脫胎自哈福特於二〇一六至二〇一七年在英國廣播公司（BBC）所主持的同名廣播節目。據他自言，希望「透過講述工具與概念如何產生深遠影響與事前未預見後果的故事，來理解經濟變遷的圖像——無論是從犁到人工智慧，或者從吉列拋棄式刮鬍刀到 IKEA 的比利書櫃。」

本書中，哈福特以「犁」這種農業工具，作為討論的第一炮（在廣播中，犁則是第五十道壓軸的發明）。這個選擇其實正與本書主題相互呼應；在犁尚未發明之前的採獵社會，人類沒有完全固定的居所，多半時間則都花在採集或追捕獵物上。不過因為攝取較多的蛋白質，身體素質比大部分農耕初期的人要來的好。舉例來說，十七世紀來台的荷蘭人記載，當時台灣原住民比荷蘭人「身體強壯，而且高上一個頭！」這也難怪賈德．戴蒙（Jared Mason Diamond）要說，農耕是人類歷史上最大的錯誤了！

那麼，人類為何要走上這條錯誤的道路？一開始當然是因為氣候變遷，讓定居農業比狩獵採集更加有吸引力：雖然獲取的食物熱量較低，至少產量穩定。當人口開始因農業而增加，並釋放出多餘勞動力來從事各種活動，文明也就慢慢累積開展了。從這個角度來看，要說犁點燃了人類文明的火種，應該是毫無疑問。

但就如同人世間所有美好事物一般，犁也為人類帶來了銅板的另一面。一開始，人類因與動物群居，導致傳染病橫行，蛋白質的缺乏也造成營養不良。人口數雖然增加，素質卻下降了。這與諾貝爾經濟獎得主蓋瑞．貝克（Gary Stanley Becker）所言現代社會後代數量減少、但品質提高的現象相比，可說是反方向的「質與量的取捨」（quantity-quality tradeoff）。大量的生產剩餘，則讓社會分成統治者（定義是一個有效率的以武力及欺騙掠奪農民財富的組織）與非統治者。另外，使用特別粗重的板犁也需要大量的農業資本（也就是牛），這些都加劇了社會的不平等。

另一個因犁所導致的不平等是性別。從比較利益的角度來看，犁的出現也讓男人掌握生產工具，女人從事家務勞動的分工變得更有效率。再者，由於這個生產工具可以傳給小孩，孩子是否為親生就顯得非常重要，因此，控制女性的文化與制度也就相應地被發展出來。經過數千年的社會建構與強化，即使在力氣已不再是主要生產工具的現代社會，這些強調男性氣概（Masculinity）與厭女症（Misogyny）的文化現象，仍然持續存在著。

舉例來說，哈佛大學 Alberto F. Alesina、Paola Giuliano 與 Nathan Nunn 在二〇〇三年發表在《經濟學季刊》（Quarterly Journal of Economics）的文章〈女性與犁：性別角色的起源〉（'On the Origins of Gender Roles: Women and the Plough'）中，就發現早期農業時代犁使用程度高的社會，即便到了現代，對女性走出家庭的態度也偏保守，這導致女性在政治、企業或職場上的不活躍，勞動參與度也較低。一個重要發明對社會的影響竟然持續了數千年，這樣的歷史感可真是迷人！

讀者若仔細分析，書中所舉其他例子也具有相同的處理架構：由於某些自然或社會條件的改變，讓使用舊技術的代價越來越高，這個誘因結構的改變，指引人們轉而使用或發明新的技術。我們可以將新技術看成重新組織生產要素的一種過程：它可以是具體實質的事物（如機器人或 iPhone），也可能是新的概念（如福利國家或產權登記）。而新發明大量普及之後，第一批贏家與輸家（通常是直接擁有此技術及其重要生產要素的一群人）開始出現，許多原本人們並未想到會與新發明有關的人，也開始受到影響，此即經濟學上所謂的「Unintended Consequence」。接著，社會也發展出與其搭配的新文化與新制度，而在社會框架所產生的影響之下，即使日後該發明已被新技術取代，仍可能持續存在！從這個角度來看，發明不僅形塑了現代經濟，也在各層面影響了我們的生活。

制度或發明的長期影響，不論是否為當初發明者所預料的，皆是實證經濟學近二十年來熱門的研究題目，在此容我多舉個例子說明。在 Lowes S, Nunn N、Robinson JA 與 Weigel J. 在二〇一七年發表於《計量經濟期刊》（*Econometrica*）的〈文化與制度的演化〉（The Evolution of Culture and Institutions: Evidence from the Kuba Kingdom）一文中，作者們到中非 Kuba 古王國所在地對當地民眾施測隨機實驗後發現，時至今日，居住在早期就已具備完善權利分治、課稅與公共財提供地區的民眾，比起住在村莊的人們，更容易欺騙他人，也更不會遵守非正式的社會規範！

至於書中第十一項發明——口服避孕藥——如何改變女性對婚姻與教育投資的論述，則幾乎都來自哈佛大學 Claudia Goldin 與 Lawrence Katz 在二〇〇二年發表在《政治經濟學期刊》（*Journal of Political Economy*）的研究！此外，在第四十三項發明——「產權登記」上，除了作者所提中國及南美洲的經驗，台大經濟系吳聰敏老師也耙梳了台灣日治時期的資料，發現在臨時土地調查找出更多隱田之後，土地爭訟相對減少，交易相對增加，也奠下了台灣經濟成長的基礎。這些論文不論在研究發想、資料蒐集及回歸方法處理上，都是目前最先進的研究成果。我特別鼓勵對這些故事或推論過程有興趣、尤其是具有社會科學背景的讀者，在本書的基礎上作更深度的閱讀。為此，我也特別請出版社附上參考資料，以方便查閱。

另外，有關發明的三個本質，值得在此稍作討論，方便讀者在閱讀時舉一反三。首先，「天才坐在蘋果樹下，被蘋果砸到頭之後就發明出新東西」是從未發生過的事，所有的發明都有賴先備技術知識，以及社會制度的配合才會出現。舉例來說，瓦特的蒸汽機就使用了英國發明家紐科門（Thomas Newcomen）跟法國物理學家帕賓（Denis

Papin）的技術，而當時英國在財產權、融資、基礎建設等方面的大幅躍進，也讓蒸汽機變得更有利可圖。瓦特在拿到蒸汽機專利權，心知將因此大賺一筆後，在寫給父親的信中開心說道：「阿爸，我出運啦！」溢於紙上的興奮之情可以為證。

第二，如果時機成熟是新發明出現的必要條件，那代表通常在研究同一個技術或概念的不只一組人馬；最後勝負塵埃落定之前，必定會有一場粗魯惡劣的爭鬥。牛頓與萊布尼茲在爭奪「微積分發明者」頭銜上的慘烈戰況，就是科學史上著名的例子。另一個例子則是電視：美國發明家法恩斯沃斯（Philo Taylor Farnsworth）在一九二七年替他所發明的電視申請專利時，美國無線電公司（RCA）總裁沙諾夫（David Sarnoff）因顧慮電視會影響到自家的廣播事業，使出一系列包括先下手為強的直接生產與專利訴訟的商戰手法來阻撓法恩斯沃斯。雖然法恩斯沃斯最後贏得專利戰，也獲得了一百萬美金的授權金，但美國無線電公司已成了電視的主要製造商。加上二戰後專利到期，法恩斯沃斯這個名字就這樣消失在電視製造史之中。

最後一點，則是輸家的反應及其後續的社會影響。前述提到的法國物理學家帕賓在一七〇五年打造出全世界第一艘蒸汽船後，於德國境內展開了處女航。結果到達一處由船夫工會獨佔的港口時，船夫先是要求法院扣押該船，而扣押未果後，竟將船砸成碎片，蒸汽引擎也沉入河底。至於帕賓，他死時身無分文，葬身在無名墓地。如果當時德法兩國社會能對新技術抱持著不同的反應，那麼工業革命的發源地恐怕也要換人做做看了。

不過，說起社會對新技術的激烈反應，英國在十九世紀因工業革命造成大規模失業工人燒毀紡織機的盧德運動（Luddite），應該是史上最狂的報復機器與資本家運動了。只不過當時英國政府的反應是派出陸軍鎮壓（據說人數一度超過與拿破崙作戰的英軍人數），首謀不是被處決，就是流放澳大利亞，盧德運動沒幾年就銷聲匿跡了。英國靠著工業革命強盛了一百五十年，而技術變遷下的輸家——紡織工人——則被無情地碾壓，很快消失在歷史進步的軌跡之中。時至二十一世紀，情況似乎有所不同了：當世界各國的計程車司機抗議 UBER 而被打成盧德主義時，政府部門並未採取完全站在哪一方的立場，而是試圖找出一個減少社會變動成本的路徑，這或許也是一種取捨吧。

整體而言，這是一本簡潔卻充滿歷史細節的小品。請各位讀者不妨泡杯咖啡，找個舒服的位子，花上一天沉浸在哈福特獨特的說故事魅力中，享受結合了經濟推理、歷史與社會變遷的新奇體驗。如果意猶未盡，還可以上 BBC 網站下載「人民的選擇：第五十一種發明——信用卡」，了解這個原意為「信任」的發明，是如何形塑我們的現代生活！

本文作者為台大經濟系教授兼系主任　林明仁

【目錄】

PART 2

重新發明生活方式

Reinventing How We Live

PART 3

發明新系統

Inventing New Systems

PART 6 看得見的手 The Visible Hand

PART 7

輪子的發明

Inventing The Wheel

1 犁 The Plough

試著想像，發生了大災難。文明終結。我們這個錯綜複雜的現代世界走到盡頭。且不管原因為何，也許是發生豬流感或核子戰爭、殺手機器人或殭屍天啟。很幸運的，你是少數倖存者之一。你沒有電話，你想打電話給誰？沒有網際網路，沒有電力，也沒有燃料。

四十年前，科學史家詹姆斯・柏克（James Burke）在他的系列節目「連結」（*Connections*）中提出上述景況。他問了一個簡單的問題：我們的周遭全是現代事物的殘骸，在無法取得必要現代技術的情況下，你要從哪裡重新開始？你需要什麼東西讓自己以及文明的餘燼存續下去？

他的答案是簡單但具革新性的技術，也就是犁。這是合適的答案，因為最早正是犁這種東西，開啟了文明的進展。犁使得我們的現代經濟變得可能，從而也使我們能過上現代生活，擁有現代生活的一切便利和挫折：滿足於充沛的優質食物、輕鬆快速的網路搜尋、乾淨安全的用水、享受電玩的樂趣，但也免不了空氣和水污染、詐騙者的陰謀詭計，以及消磨於單調沉悶的工作——或者失業。

一萬兩千年前，人類幾乎完全過著游牧生活，在世界各地每個合適的地方狩獵和覓食。當時世界擺脫了驟寒，環境開始變得更熱和更乾燥。在山丘和高原上狩獵覓食的人類發現，周遭的植物和動物正走向死亡。動物遷徙到河谷找尋水源，人類於是跟隨著牠們的腳步。這種改變發生在許多地方與不同時期，例如一萬一千多年前的歐亞大陸西部、將近一萬年前的印度和中國，以及八千多年前的中美洲和安地斯山脈，最後幾乎遍及全球各地。

這些肥沃但受到地理條件限制的河谷，改變了人類取得足夠食物的方式，也就是說，原本靠四處漫遊覓食得到的回報較少，但只要給予在地植物一些鼓勵，就可以獲得更大的報酬；這意味著人類得翻開土壤表面，將營養物質帶到表層，並讓水分滲入更深處，以對抗熾烈陽光的曝曬。起初，人類將尖銳的樹枝握在手中翻土，但不久後便開始改用簡單的犁，由兩頭牛曳引，成效非常好。農業就這麼展開了，它不再只是式微的游牧生活以外別無選擇的替代選項，而是真正繁榮的來源。當農耕生活確立後，包括兩千年前的羅馬帝國，或是九百年前的中國宋王朝，這些農夫的生產力，已經是被他們所取代的覓食者的五、六倍。

試著想像以下情況：一個社會五分之一的人口種植了足夠的食糧，餵飽了每個人，那麼剩下五分之四的人口能做什麼？他們就可以自由從事其他事務，例如烘焙麵包、燒製磚塊、砍伐樹林、建造房屋、開採礦石、熔煉金屬、修築道路——換言之，興建城市、創造文明。

但這其中有自相矛盾之處：生活益加富裕，也可能導致更激烈的競爭。如果平民過著僅堪裹腹的生活，有權勢者便無法從平民身上取得太多東西，我的意思是，假使他們想在收穫時拿走更多的東西。當平民的生產力越高，有權勢者能沒收的東西就越多。農業的豐足創造出統治者與被統治者、主人與奴隸，以及狩獵採集社會未曾聽聞的財富不均，讓國王和士兵、官僚和教士階層得以崛起，因為人類社會更明智地進行組織，或坐享別人的工作成果。早期農業社會的不公平程度可能令人吃驚。舉例來說，羅馬帝國似乎已逼近不平等的生物極限，倘若富人再多享受一點帝國的資源，那麼大多數人簡直都得挨餓了。

因此，犁確實不只創造出文明的根基，還包括附帶的一切好處和不平等。不同類型的犁，產生了不同類型的文明。中東地區所使用的第一具簡單的犁，幾千年來十分管用，然後西傳到地中海，成為含有砂礫的乾燥土壤的理想耕具。後來，人類發展出另一種極不相同的工具，也就是「板犁」，板犁首度出現在兩千多年前的中國，以及晚後的歐洲。板犁能夠切開長而厚的土壤條塊，並將它上下翻轉。在乾燥的地面，這是一種會產生不良後果的作法，白白浪費寶貴的水分。但在北歐肥沃潮濕的黏土地，板犁發揮了巨大的成效，不但促進排水，而且可以殺死根深柢固的野草，將之從競爭者變成堆肥。

板犁的發展，翻轉了歐洲天生肥沃的土地。原本住在北歐的人得長久忍受艱困的耕作條件，而今他們卻享有最好且最具生產力的土地。大約從一千年前開始，由於這種新犁具造成的繁榮，北歐城市蓬勃發展，而且出現了不同於地中海區的社會結構。適用於乾燥土壤的犁，只需用兩頭牲畜牽拉，在簡單的正方形田地上交叉犁地。這使得耕種成為一種「個人活動」，農夫只需要犁、牛和土地，便能獨力生活。至於適用於潮濕黏土的板犁，則需要八頭一組的牛來拉動，甚至是馬匹。可是誰有這等財力？通常板犁的使用，是在與他人田地相隔一兩步的長條形田地上最有效率。因此，耕種成為一種群體活動：人們必須共用犁具和牽引的牲畜，也必須共同解決紛爭。於是，居民開始群聚於村莊，可以說，板犁的出現促成了北歐的莊園體系。

犁也重塑了家庭生活。它是一種重設備，因此犁地被視為男人的工作。不過，食用小麥和稻米比起食用現成的堅果和漿果，需要更多的預備措施，所以女人得花時間待在家裡準備食物。某個針對九千年前敘利亞人骸骨所做的研究發現，女人的膝部和足部患有關節炎，顯然是由於採取跪姿、扭轉和碾磨穀物所造成。再者，由於女人找尋食物時不再需要揹著幼兒到處走動，因此更常懷孕。

由犁所驅動的這種從覓食到農耕的變化，甚至改變了性別政治。如果你擁有土地，那將成為可以傳給後代的資產。如果你是男人，意味著你可能越來越關切你的子女是否為親生？畢竟當你在下田時，你的妻子整天待在家裡。除了碾磨穀物，她真的沒幹別的事？因此有個雖屬推測卻很有趣的理論認為，犁強化了男人對女人性活動的監視。

綜觀以上，犁不僅提升了農作物的產量，還改變了一切，這讓某些人類學家不禁懷疑，犁的發明是否算一件好事？並非犁不管用，而是因為除了提供文明基礎，它似乎還促成厭女症和暴政的崛起。考古證據也顯示，早期農夫的健康狀態，遠遠不及他們作為狩獵採集者的近代祖先，因為古早的農夫祖先以稻米和穀物為主食，因此缺乏維生素、鐵質和蛋白質。一萬年前人類社會由覓食轉為農業社會時，男女的平均身高縮減了約六英寸（十五公分），而且有感染寄生蟲、疾病和童年營養不良的大量證據。《槍砲、細菌與鋼鐵》（*Guns, Germs and Steel*）的作者賈德．戴蒙（Jared Diamond）就主張，「採行農業為人類歷史中最嚴重的錯誤」。

你也許納悶，為何農業的傳播如此迅速？我們已經知道答案：食物過剩促成人口增加及社會分工，例如建築工、神職人員和工匠，還有專職士兵。軍隊（即便由發育不良的士兵所組成）將有足夠的力量驅逐除了最邊緣的土地之外，其他剩餘的狩獵採集部落。即便如此，現今極少數殘存的游牧部族仍保有相對健康的飲食習慣，他們食用多樣化的堅果、漿果和動物。某位喀拉哈里沙漠的布西曼人被問到，他的部族何不仿效鄰居，拿起犁來耕作。他回答：「我們為何要這樣做？這世界上有這麼多 mongongo 堅果啊。」

所以問題來了，身為文明終結之後的少數倖存者之一，你是否願意重新發明犁，讓同樣的事情再發生一次？或者我們應該滿足於 mongongo 堅果？

引言 Introduction

喀拉哈里布沙漠的西曼人縱或不願犁田，現代文明仍提供了他們某些潛在的有利機會：僅僅一百毫升的冷壓 mongongo 堅果油，目前在 evitamins.com 網站上公布的零售價是二十五點三八英鎊，這筆資料出自 Shea Terra Organics 公司。這種產品顯然對頭髮十分有益。

mongongo 堅果油是目前世界經濟系統所供應的百億種產品與服務之一。提供這些產品與服務的全球經濟體系十分龐大，而且無比複雜，幾乎連結了地球上七十五億人口中的每一個人。這個經濟體系為無數人提供了驚人的奢華，同時拋棄了無數人，對地球生態系造成沉重壓力，也如同二〇〇八年金融危機所提醒我們的，它偶爾釀成災害。沒有人能控制它。的確，任何人頂多只可能瞭解其中的一丁點原理。我們如何能理解這個我們賴以生存、令人困惑的系統？

本書作為百億種產品之一，試圖回答這個問題。在讀這本書的過程中（如果你聽有聲書，或在平板電腦上閱讀，你得回想一下紙本書的感覺），用手觸摸紙張的感覺是不是很特別？紙張是如此柔軟，可以裝訂成冊，毋需複雜的鉸鏈，便能輕鬆翻頁。紙張的材質堅韌，可以製成薄片。同樣重要的是，紙張價格足夠低廉，可運用於比本書更短暫的許多用途，便宜到足以作為包裝材料、製作幾小時內就過期的報紙，以及用來擦拭……你所能想到的任何東西。

紙是神奇的材料，儘管它是用後即丟的東西。事實上，紙張之所以神奇，部分正是**因為**它用後即丟。但你手上的這本實體書，不光是紙而已。如果你查看封底，會發現一個條碼，或許還不只一個。條碼是一種讓電腦容易辨讀數字的形式，本書封底的條碼使這本書與有史以來的其他書籍產生區別。當然，條碼也用於區分可口可樂與工業漂白劑，或是傘與可攜式硬碟。條碼不只是付款臺上的便利措施，它的發展已然重塑了世界經濟，改變了商品製造以及我們能購買商品的地點。然而，條碼本身往往被忽略。

靠近書封處有個版權聲明，說明這本書雖屬於你，但書中的**文字**屬於**我**。那代表什麼意思呢？它是超發明（meta-invention）所產生的結果，也就是**關於**發明的一項發明，這種概念稱作「智慧財產」。智慧財產權深刻地形塑現代世界中的財富創造者。

不過，還有一種更加基本的發明：書寫本身。寫下想法、記憶和故事的能力，構成了整個文明的基礎。但我們現在逐漸明白，書寫本身是為了某種目的而發明，用以幫助協調和規劃日益複雜的經濟往來。

每種發明都述說著一個故事，不僅關乎人類的巧智，也涉及我們周遭無形的系統：全球供應鏈、無所不在的資訊、金錢與概念，甚至是在我們如廁後，帶走衛生紙的污水管路。本書選定五十種特定發明，聚焦於世界經濟運用的迷人細節，這些發明包括紙、條碼、智慧財產，以及書寫本身。在每個案例中，我們詳細檢視某種發明，更留意這些發明與事件出乎意料的關聯，以探其究竟。我們將發現某些驚人問題的答案，例如：

- 暢銷歌手艾爾頓強（Elton John）與「無紙辦公室」的願景之間有何關聯？
- 哪一種美國發明在日本遭禁長達四十年，從而對日本女性的職涯造成損害？
- 一八〇三年，倫敦警方為何相信他們得兩次處決某個謀殺犯，這和便於攜帶的電子產品有何關聯？

- 金融改革如何摧毀英國議會？
- 哪種商品於一九七六年推出後隨即宣告失敗，日後卻連同葡萄酒、字母和輪子，受到諾貝爾獎得主經濟學家保羅・薩繆森（Paul Samuelson）的大力讚揚？
- 美國聯邦準備理事會主席葉倫（Janet Yellen）與偉大的蒙古皇帝忽必烈，兩者有何共通之處？

五十種發明當中，有些發明簡單至極，例如「犁」。有些則複雜得令人吃驚，例如時鐘。有些發明是笨重的，例如混凝土；有些發明抽象無形，例如有限責任公司。有些發明創造出難以置信的利潤，例如 iPhone；有些則一開始就在商業上徹底失敗，例如柴油引擎……但是它們全都有故事可說，告訴我們有關世界運作的方式，讓我們知道周遭的日常奇蹟往往發生在看似最平凡的事物上。其中有些故事推動了巨大而冷漠的經濟力量，有些則涉及人類特出的卓越才智或悲劇。

本書無意嘗試證明最具經濟意義的五十種發明，書中所舉案例，並非以書本為篇幅的清單中、按重要順序排列的發明。的確，許多在這類標準下無疑會出現的品項，都未能收入本書中，例如印刷機、紡織機、蒸汽機、飛機和電腦。那麼，如此的遺漏有什麼正當理由？純粹是因為被收入書中的這些案例有更多故事可講。舉例來說，原本發展「死光」的企圖，導致了雷達的產生，這項發明協助了維持空中旅行的安全。或者，在古騰堡發明印刷機不久前來到德國的某項發明，倘若沒有它，印刷術雖然技術上可行，但經濟上卻無異於自殺行為。（你已經猜出它是什麼了——那就是紙）。

我無意貶抑電腦，但如果試著闡明情況，就意味著我們必須檢視其他那些讓電腦變成今日偉大工具的許多發明，例如葛瑞絲．霍普（Grace Hopper）的編譯器，讓人與電腦之間的溝通變得容易許多；公開金鑰密碼系統維護了電子商務的安全，而Google 搜尋演算法，使得全球資訊網因此變得明白易懂。

在探究這些故事時，某些主題一再浮現。舉例來說，犁的故事就述說了許多主題，包括新概念往往改變經濟力量的平衡狀態，而創造出另一批贏家和輸家；經濟變革如何對我們的生活方式產生意想不到的影響，例如改變男女之間的關係；以及像犁這樣的發明，如何進一步開啟其他發明的契機，如書寫、財產權、化學肥料及更多事物。

因此，我用插曲的方式安排這些故事，以反映共同的主題。到了本書結尾，我們將能歸納這些課題，並試著理解該如何看待今日的創新。什麼是鼓勵開創新概念最好的辦法？我們如何分析這些概念所造成的影響，並憑藉著先見之明採取行動，儘量擴充這些發明的好處，而減輕其危害？

我們太容易粗略地看待發明，單純將它們視為解決問題的方案。發明能治療癌症，發明讓我們更快到達度假地。發明是有趣的，發明可以賺大錢。當然啦，發明確實受到歡迎，因為它們解決了某人、某地想要解決的問題。犁之所以風行，是因為它幫助農夫用較少的氣力，種植出更多的食物。但我們不應落入陷阱，以為發明只不過是解決問題之道。發明以出乎意料的方式形塑我們的生活，而當它們替某些人解決問題的同時，往往也為另一些人製造出問題。

形塑經濟的五十種發明，並非只是藉由更便宜的方式製造更多東西，來發揮影響力。每種發明都牽動著一張錯綜複雜的經濟網絡，有時讓我們大感困惑，有時擺脫老舊限制，有時則為生活編織出全新的形態。

PART

1

贏家與輸家
Winners and Losers

有個詞語，常被用於描述那些永遠無法明白新技術好處的頑固笨蛋：「盧德份子」①。總是樂於採用一些行話的經濟學家們，甚至以「盧德謬誤」來表示相信技術的進步會造成大量失業的可疑想法。在歷史上，最初的盧德份子是兩百年前一群英國編織和紡織工人，他們因為害怕失業，而砸毀了機械織布機。

「當時，有些人相信技術將造成大量的失業，但他們錯了。」身兼愛因斯坦、富蘭克林和賈伯斯傳記的作者沃爾特・艾薩克森（Walter Isaacson）表示，「實際上，工業革命讓英國變得更富有，並且增加了大量的就業人口，包括布料和服裝業。」

事實的確如此。不過，將盧德份子視為落伍的傻瓜並不公平。盧德份子不是因為錯誤地擔心機器會讓英國變得更貧窮而砸毀機器，他們反而是正確地擔心機器將使他們變得更貧窮。他們是技術熟練的工人，明白機器織布機會貶低他們的技術價值。他們十分瞭解他們所面對的相關技術問題，絕對有理由害怕這件事。

盧德份子的困境並非某種特例，新技術總是創造出新的贏家和輸家。對於傳統捕鼠器製造業者來說，即便出現更好的捕鼠器，也是一樁壞消息，而且對老鼠來說，同樣不是好消息。讓局面從而改變的進程，未必總是直截了當的單一面向。盧德份子不是擔心被機器取代，他們是擔心被更便宜、較缺乏技術的工人取代，而這些工人由機器賦予了能力。

因此，每當出現新的技術，我們不妨問問結果是誰贏誰輸，答案往往可能令人吃驚。

①譯注：「盧德份子」（Luddit）指的是十九世紀初，英國手工業工人中參與搗毀機器的人。

2 留聲機 The Gramophone

誰是世界上酬勞最高的獨唱歌手？根據二〇一五年的《富比士》（*Forbes*）雜誌報導，這人可能是艾爾頓強，據說他賺了一億美元。U2樂團顯然有兩倍的進帳，但他們有四個人，而艾爾頓強只有一個。

二百五十年前，相同問題的答案會是：世界上酬勞最高的歌手是伊莉莎白．布林頓（Elizabeth Billington）。有人說她是英國有史以來最傑出的女高音。皇家藝術學院首任院長約書亞．雷諾斯（Joshua Reynolds）爵士曾畫過她的肖象，在這幅畫中，伊莉莎白手持樂譜，她的卷髮部分別起、部分隨風飄曳，正在聆聽天使的合唱。作曲家海頓認為該幅肖像有失公允：海頓說，應該是那些天使在聆聽布林頓女士唱歌。

舞臺下的伊莉莎白．布林頓也是轟動一時的人物。以她為主角的粗鄙傳記在一天之內便告售罄。據說書中收錄其數名情夫的私函，當中包括威爾斯親王，也就是未來的國王喬治四世。義大利巡迴演出期間，布林頓曾臥病長達六個星期，等她一康復，威尼斯歌劇院連續三天點燈照明，以示推崇其名聲。

伊莉莎白．布林頓的名號是如此響亮（有人會說是聲名狼藉），讓她成為搶手的表演者。當時倫敦兩大歌劇院柯芬園（Covent Garden）和居瑞巷（Drury Lane）的經理為了邀約她而爭得死去活來，最後她在兩處輪流演唱。據稱一八〇一年，她至少進帳一萬英鎊，這等收入實在是一筆大數目，可以想見當時有多風光。不過，換算成現在的幣值，就只有六十八萬七千英鎊，或大約一百萬美元，相當於艾爾頓強收入的百分之一。

要如何解釋兩者之間的差距？為何艾爾頓強的身價是伊莉莎白．布林頓的一百倍？布林頓去世將近六十年後，經濟學家阿弗雷德．馬歇爾（Alfred Marshall）分析電報的影響力，當時電報連結了美國、英國、印度甚至澳大利亞。多虧有如此現代化的溝通方式，他寫道，「位居要津的人得以將他們具建設性或前瞻性的天賦，發揮在比以往更大規模的事業上，並拓展到廣大區域。」世界上頂尖企業家致富的速度越來越快，拉開了與比較不傑出的企業家之間的差距。

但並非每種職業中最優秀、最聰明的人都能以相同的方式獲利，馬歇爾說。為了提出對比，他以表演藝術做為例子。「人聲所能傳達到的（範圍）人數極為有限，」因此，歌手的賺錢能力同樣有限。

馬歇爾寫下這些話的兩年後，在一八七七年的聖誕節前夕，愛迪生申請了留聲機的專利權，這是第一部能錄製且重現人聲的機器。起初，沒人知道該如何利用這項技術，當時有位名叫愛德華—萊昂・史考特・德・馬丁維爾（Édouard-Léon Scott de Martinville）的法國出版商，早已發展出一種稱作「聲波振記器」的裝置，目的是提供紀錄人類聲音的可見波紋，有點類似記錄地震的地震儀，但馬丁維爾先生似乎未曾想到設法將記錄還原成聲音。

很快的，留聲機這種新技術有了明確的應用方式：你可以錄製世界上最優秀歌手的聲音，然後販售這些錄音。起初的錄音有點像在打字機上製作複寫紙副本：每回演唱僅能在留聲機上記錄下三至四個副本。一八九〇年代，非裔美國歌手喬治・強森（George W. Johnson）所演唱的某首歌曲十分搶手，為了滿足聽眾的需求，據聞他日復一日演唱同一首歌曲，直至倒嗓為止。因為每天唱這首歌曲五十次，僅能製造出兩百張錄音。後來，埃米爾・柏里納（Emile Berliner）將錄音導入圓盤（唱片），而非愛迪生的圓筒，開啟了量產之路。無線電廣播和電影接著問世，像卓別林（Charlie Chaplin）之類的表演者，開始能像馬歇爾所描述的企業家那樣，輕易地拓展全球的市場。

對於世界知名的演藝人員卓別林和艾爾頓強而言，新技術意味著更大的名聲和獲利，但對雇傭歌手來說卻是災難。在伊莉莎白·布林頓的年代，許多唱功還不錯的歌手靠著在音樂廳現場演唱謀生，畢竟布林頓女士無法處處現身。然而，如果聽眾在家就能欣賞到世界上最棒的演唱，誰要付錢去現場聽二流的表演？

愛迪生的留聲機開啟了表演產業中「贏者全拿」的局面。最優秀的表演者獲得如同布林頓女士，以至於艾爾頓強的豐厚收入。與此同時，表演技巧上僅僅略遜一籌者，只能過著舒適乃至於勉強付得起帳單的生活，也就是說，品質上的小小差距，遂成為收入上的巨大差異。一九八一年，經濟學家謝爾文·羅森（Sherwin Rosen）稱該現象為「超級明星經濟」。試想，他說，倘若一八〇一年已經發明了留聲機，布林頓女士能賺進多少財富！

技術革新也在其他領域創造出超級明星經濟。舉例來說，衛星電視之於足球運動員，等同留聲機之於音樂家，或者電報之於十九世紀的企業家。假使你是幾十年前的世界頂尖足球員，每星期頂多只有一整個體育場的球迷看你踢球。現在，每塊大陸上數以千萬計的觀眾都能看見你的一舉一動。部分原因在於足球比賽可以轉播，但同樣重要的是電視頻道數量的增加。當好看的足球聯賽少於電視臺數量時，電視臺之間的競價就變得激烈。

隨著足球市場規模的擴展，頂尖球員與優秀球員之間的身價差距也拉大了。近至一九八〇年代，英國頂級足球員的收入是第三級球員（例如在全國排名第十五的球隊）的兩倍。目前超級聯賽球員的收入，是低兩個等級的球員的二十倍。

技術的轉變，幡然改變了「誰能獲得什麼利益」的局面，這種改變十分猛烈，因為它們可能發生得相當突然，也因為相關人等雖具備和以往相同的技術，卻突然擁有了非常不同的賺錢能力。此外，這些改變也讓人難以採取因應的方式，因為如果這種不平等是稅制結構、公司勾結或政府偏袒特定利益所造成，至少還有敵人可面對，但我們無法只為了保護新聞記者的生計，而禁止 Google 和臉書。

二十世紀期間，創新的事物——卡式磁帶、光碟、數位影音光碟——維繫住留聲機所創造出來的經濟模型。但到了世紀末，卻出現了MP3格式和迅捷的網路連線。突然間，你用不著為了聆賞最喜歡的音樂而花費二十美元購買一張塑膠碟片，因為你可以免費在線上找到。二〇〇二年，大衛．鮑伊（David Bowie）警告他的音樂家同行，他們正面臨一個迥異於以往的未來：「音樂本身即將變成像自來水或電力一樣的東西，」他說，「你得做好進行大量巡迴演唱的準備，因為那是能留下來真正獨一無二的資產。」

看來鮑伊說得沒錯。現今藝術家已經不再利用演唱會門票來銷售專輯，而開始利用專輯來銷售演唱會門票。但我們尚未回到布林頓女士的年代：體育場搖滾演唱會、全球巡迴表演，還有代言活動，都意味著最受青睞的音樂家仍可從廣大聽眾身上獲利。只是，不平等的現象依舊存在──頂層百分之一的藝術家的收入，比起底層百分之九十五的藝術家收入總和，還要多出五倍。縱使留聲機已經過時，但藉由改變技術從而改變贏家和輸家的可能性，始終不曾遠離我們。

3 刺鐵絲網 Barbed Wire

故事是這麼開始的，一八七六年末，名叫約翰．蓋茲（John Warne Gates）的年輕人，在美國德州聖安東尼奧市中央的軍人廣場搭建了一座鐵絲網圍欄。裡面圈圍住若干頭德州最野、最兇悍的長角牛，至少蓋茲如此描述牠們。有人說這種牛是容易馴服的，也有人質疑這個故事的真實性，我們姑且不論這些。

蓋茲——後來贏得「打賭一百萬的蓋茲」綽號——開始和旁觀者打賭，看看這些力氣大、脾氣壞的長角牛能否突破看似脆弱的鐵絲網。結果牠們辦不到。即使蓋茲的同夥，一位墨西哥牛仔，嘴裡用西班牙語大聲咒罵，雙手揮舞火熱的烙鐵衝向牛群，鐵絲網照樣管用。打賭一百萬的蓋茲並不擔心輸掉賭注，他有更大的企圖：他在銷售一種新的圍籬，而訂單隨即大量湧入。

當時的宣傳將這種圍籬吹捧成「本世紀最了不起的發現」，由美國伊利諾州的約瑟夫·格利登（Joseph F. Glidden）取得專利。蓋茲以較為詩意的語言描述它：「比空氣輕、比威士忌烈、比土便宜」。我們簡單稱之為刺鐵絲網。即便宣傳者不知道亞歷山大·貝爾（Alexander Graham Bell）即將取得電話的專利，就這麼宣稱刺鐵絲網是本世紀最了不起的發明，也似乎過於誇大。不過事實上，縱使現代人理所當然地認為電話才是革命性的發明，但刺鐵絲網的出現，的確造成了美國西部的巨大改變，而且讓改變進展的更加快速。

格利登的刺鐵絲網並非最早的設計，卻是最好的。它看起來就像現代的刺鐵絲網，無異於平日你在農場周圍所看見的那種。邪惡的倒鉤纏繞在一股光滑的鐵絲上，這股鐵絲再交纏住另一股光滑的鐵絲，以免倒鉤滑動。農夫們對刺鐵絲網趨之若鶩。美國農民搶購刺鐵絲網是有原因的。早幾年前在一八六二年時，林肯總統已經簽署《宅地法案》（Homestead Act）。該法案規定任何正直的公民，包括婦女和獲得自由的奴隸，都可在美國西部認領多達一百六十英畝的土地，只需在這塊土地上建造一棟房舍，並連續耕種五年。《宅地法案》的目的是改良土地和美國公民的地產，創造出自由正直、辛勤工作，與國家前途休戚與共的地主。

事情聽起來容易，但西部大草原是地圖上未標示的遼闊土地，這裡生長著高大強健的野草，適合游牧民生存，卻不適合拓殖者，因此西部大草原曾長期被當作美國原住民的領域。直到歐洲人抵達並向西推進後，牛仔便隨意四處漫遊，在無邊無際的平原上放養牛群。不過，拓殖者需要圍籬，尤其為了防止自由走動的牛群踐踏農作物。再者，在這個被稱作「美國沙漠」的地方，森林並不多，肯定沒有多餘木材可以用於製作綿延不盡的圍籬。農民嘗試種植棘叢樹籬，但是樹籬生長速度緩慢，而且無法移動位置。至於光滑的鐵絲圍籬一樣不管用，因為牛隻輕而易舉便能推擠穿越。

缺乏圍籬是相當可惜的事。一八七〇年美國農業部的研究獲得結論，在此類技術產生成效之前，無法開墾美國西部；也因此，美國西部充斥著各種可能的解決方案：當時美國西部所產生的新圍籬技術提議，數量多過全世界其他地方的總和。而從這些腦力激盪中，最後勝出的點子是……刺鐵絲網。刺鐵絲網改變了《宅地法案》所無法改變的事。在刺鐵絲網發明之前，大草原是一片無邊無際的空間，比較像海洋，而非綿延的耕地。私人擁有土地並不常見，因為不可行。

刺鐵絲網因為解決了拓荒者所面臨的一大問題而普及，但也引發了激烈的紛爭，箇中原因不難理解。分配到土地的農夫設法立樁標示他們的地產，而這些地產原本是美國各個原住民部族的領域。《宅地法案》頒布二十五年後，緊接著施行《道斯法案》（Dawes Act），強制分配土地給美國原住民家庭，並將剩餘土地分配給白人家庭。寫書探討「刺鐵絲網」的作者奧利維．拉扎克（Olivier Razac）表示，《道斯法案》除了釋出土地供拓荒者耕種，還「協助摧毀印第安人社會的基礎。」難怪印第安部落稱刺鐵絲網為「惡魔的繩索」。

事實上，昔日牛仔的維生，多半倚賴牛群能自由穿越平原的原則，這是開放式牧場的法則。牛仔憎惡刺鐵絲網，因為牛隻可能因此嚴重受傷和感染，例如發生暴風雪時，牛群會設法南遷，有時卡在鐵絲網上，難免造成大量死亡。另外，有些牧場主刻意採用刺鐵絲網來圈圍私人的牧場。刺鐵絲網的吸引力在於可以界定合法的界線，但許多圍籬的設定本身就是非法的，只是一種霸佔公地的手段。

當刺鐵絲網圍籬開始在西部到處出現時，爭鬥隨之爆發。在所謂「剪圍籬戰爭」的事件中，名為「藍惡魔」或「野豬」之類的蒙面之徒剪除了鐵絲網，並以死警告圍籬主人不准重建。雙方發生槍戰，甚至造成少數人死亡。最終當局強力鎮壓，才終止剪圍籬戰爭，刺鐵絲網被留存下來。這場戰爭有贏家，也有輸家。「這事讓我反胃，」一八八三年某位趕牛的牛仔說，「只要我一想起洋蔥和愛爾蘭馬鈴薯，就種在原本該是野馬活動，還有四歲閹牛成熟準備上市的地方。」倘若牛仔都感到憤怒了，那麼美國原住民想必更加痛苦。

關於邊界的激烈爭議，反映出一個古老的哲學論辯。對美國開國元老極具影響力的英國哲學家洛克，曾苦思人們該如何合法擁有土地的問題。從前沒有人擁有任何東西，土地被視為大自然或上帝的贈禮。但洛克的世界到處是私人擁有的土地，無論擁有者是國王本人或卑微的自耕農。大自然的慷慨贈禮如何變成私人擁有的物品？掌控一群暴徒的人能攫取他想要的任何東西，這是否是不可避免的結果？倘若如此，一切文明將建立在暴力的盜竊上。

洛克認為，每個人都擁有自身的勞力。如果你將你的勞力和大自然所提供的土地加以混合，舉例來說，用犁耕地，那麼你便混合了你確實擁有和無人擁有的東西。藉由耕作土地，洛克說，你於是擁有土地。這不純粹是理論的論證。洛克積極致力於歐洲殖民美洲的辯論。政治科學家芭芭拉・阿內爾（Barbara Arneil）是研究洛克的專家，她寫道，「對洛克而言，『先民如何創造私人財產』這個問題，等同『現在誰有正當資格佔用美洲土地』」。為了陳述他的論證，洛克也必須聲稱美洲土地是充足而且無主的，換言之，由於美洲原住民不曾「改良」土地，因此無權擁有土地。

並非每位歐洲哲學家都接受這種論證方式。十八世紀法國哲學家盧梭就曾抗議圈地的邪惡。他在《論不平等》（*'Discourse on Inequality'*）中哀嘆：「第一位圈圍土地的先民心想『這是我的』，結果發現人們單純到相信了他。」這人，盧梭說，「就是文明社會的真正創始者。」

盧梭無意恭維此事，但無論是不是恭維，現代經濟的確建立在私有財產上，所依憑的法律事實是「大多數東西都有物主，通常是人或法人。」現代經濟也建立在「私有財產是合理的」概念上，因為私有財產讓人有動機去投資或改善他們所擁有的東西，不管那是在美國中西部的一片土地、在加爾各答的某間公寓，或者米老鼠的智慧財產權。這是一項有力的論點，而且被意欲主張美國原住民對自己的領域不具備權利的人無情地運用，因為美國原住民沒有積極從事開發。

但法律事實是抽象的。要獲得擁有某樣東西的好處，你還得能夠主張對它的控制。①至今世界各地仍廣泛使用刺鐵絲網圈圍土地。在其他許多經濟領域，實質擁有理論上你該擁有的東西的戰爭，正如火如荼地持續進行著。音樂家雖然擁有音樂的版權，但如同大衛．鮑伊善意的提醒——版權只是一種對抗檔案分享軟體的微弱防護方式。

現在還沒有人發明出能像實質刺鐵絲網那樣有效保衛土地、用來保衛歌曲的虛擬刺鐵絲網，不過總會有人不斷地嘗試。如今數位經濟「剪圍籬戰爭」激烈的程度，不輸當年的美國蠻荒西部：爭取數位權利的運動人士對抗迪士尼、Netflix 和 Google 之類的公司，而駭客和盜版者則迅速解決掉數位刺鐵絲網。只要一談到保護任何經濟系統的財產，賭注都非常高。

無怪乎刺鐵絲網大亨蓋茲、格利登和其他人能夠致富。格利登取得刺鐵絲網專利的那年，一共製造了三十二英里長的鐵絲網。六年後的一八八〇年，從位於迪卡爾布（DeKalb）的工廠中，共出產二十六萬三千英里長的鐵絲網，足以環繞世界十圈。

①刺鐵絲網發明之前，美國西部拓荒者雖擁有土地的法定權利，卻無法發揮實際有效的控制。本書稍後將探討相反的情況：某些國家的人民實際控制自己的房屋和農地，卻不具備法定權利。

4 賣家回饋 Seller Feedback

在上海，某司機登入某線上論壇，找尋某個假裝要搭車的人，發現了一名有意願的乘客。他假裝去載她，並讓她在機場下車，事實上，他們未曾碰面。然後他上線匯錢給她，兩人說好的價碼是大約一點六美元。又或者，這位司機更進一步，不僅假裝開車上路，還假裝是另一個人，在「淘寶網」買了一隻被駭的手機。這麼一來，他便能創造多個假身分，用其中一個為自己為安排一次車程。

他為何要做這種事？他甘冒被逮到的風險，因為有人願意付錢給他，讓別人搭他的車。在中國和其他地方，投資者已經累積數十億美元的虧損，付錢讓人們共乘汽車。當然，他們正想辦法消滅假想的車程。但補助共乘又是怎麼回事？他們相信那是聰明的主意。

這一切看似怪異，甚至反常，但並非參與的每個人都理性地追求經濟獎勵。為了弄清楚情況，我們得瞭解一種現象，這種現象衍生出許多行話：「以群眾為基礎的資本主義」、「協同消費」、「共享經濟」和「信任經濟」。

以下是基本概念。假設我要自己開車從上海市中心到機場，而我只佔用車上一個座位。現在假設你住在一個街區外，而且也要去搭飛機。我何不讓你搭便車？你可以付我一些車資，比起你利用其他交通方式更便宜。這對你有好處，對我也是，反正我總得開車去機場。然而，有兩大理由讓這件事情可能不會發生。首先，最明顯的理由是，如果我們不知道彼此的存在。直到最近之前，要讓別人知道你想搭便車，唯一的辦法是站在十字路口，拿著寫著「機場」的告示牌。然而這辦法不切實際，尤其因為飛機不等人。

因此，某些情況也許更為合適。比如說，我正在家裡忙著工作，而我的狗不停用鼻子摩蹭我的腿，嘴裡叨著繫繩，渴望出門蹓躂。但我已經趕不上截止期限，無法騰出時間。同時，你住在附近，你喜歡狗以及散步，剛好又有一個小時的空閒。你想要藉由替我蹓狗賺幾塊錢，而我願意付錢。但我們要如何找到彼此？我們沒辦法，除非我們有某種線上平臺，例如 TaskRabbit 或 Rover。媒合有偶然需求的人，這樣的功能是網際網路重塑經濟最有力的方式之一。傳統市場雖然在某些商品和服務方面運作良好，然而當商品和服務有急迫性或朦朧不明時，它的用處便會降低。

想想馬克・福瑞澤（Mark Fraser）的困境。那是一九九五年的事，當時福瑞澤做了許多簡報，他**真的**想要一隻雷射筆——雷射筆當時又新又酷，但價錢也貴得嚇人。然而福瑞澤是電子奇才，如果能弄到一隻故障的雷射筆，他有把握修好。但他究竟要上哪兒才能找到故障的雷射筆？現在答案很明顯，可以試試淘寶網、eBay 或其他線上市場。當時 eBay 才剛起步，它的第一筆買賣，就是福瑞澤買了一隻故障的雷射筆。

福瑞澤冒了些風險。他不知道賣家是誰，只能信任他們不會侵吞他的十四點八三美元，然後搞失蹤。事實上，就其他交易而言，風險更高——那是我可能不會讓你搭便車到上海機場的第二個理由。我看見你拿著告示牌站在十字路口，但我不知道你是誰。你也許想要攻擊我，搶走我的車？你可能也會懷疑我的動機，說不定我是連續殺人犯。這不完全是可笑的憂慮：幾十年前搭便車是普遍的事，但歷經幾次大肆宣傳而轟動一時的謀殺案後，搭便車已經變得不流行。

信任是市場的基本要素，重要到我們往往沒有意識到，就像魚沒有意識到水。在一個已經開發的經濟體系中，促成信任的事物無所不在：品牌、退款保證，當然還有與可以輕易找到本尊的賣家一再交易。但新的共享經濟缺乏這些促成信任的事物。我們幹嘛上陌生人的車，或者買陌生人的雷射筆？

一九九七年，eBay 引進一種協助解決這個問題的特色：賣家回饋。吉姆・格里菲斯（Jim Griffith）是 eBay 的第一位客服代表，他說當時「沒人見過像這樣的東西。」如今買賣雙方在交易之後相互評分，已經變成普遍存在的概念。你在線上買了東西，你會給賣家評分，而賣家也會給你評分。你使用共乘服務，例如 Uber，你給司機評分，司機也給你評分。你住過 Airbnb 的租屋後，你給屋主評分，屋主也給你評分。

諸如瑞秋・波茲曼（Rachel Botsman）之類的分析師認為，我們在這類網站上所建立的「信譽資本」，最終將變得比信用分數更重要。或許吧，但這些系統並非滴水不漏。然而，它達成一項重要的基本任務，也就是幫助人們克服天生的謹慎。一些正面評價讓我們對陌生人放心些。格里菲斯談到賣家回饋，「如果沒有賣家回饋，我不太確定 eBay 能成長。」當然，線上媒合平臺仍然會存在——eBay 早已存在，但或許比較像現今的搭便車：一種不尋常的冒險，而非改變整個經濟產業的主流活動。

像 Uber、Airbnb、eBay 和 TaskRabbit 這樣平臺創造出真實的價值。它們利用原本可能浪費掉的生產力，可能是剩餘的房間、空閒的一個小時、車上空置的座位。它們協助讓需求處於高峰期的城市更有彈性：我可能只是偶爾才出租一個房間，而這時發生的某件大事正好使租金高漲。

但輸家還是會產生。儘管「協同」、「共享」、「信任」等行話聽起來動人，但這些模式不全然是鄰居合起來借用彼此電鑽的溫馨故事。它們容易導致割喉的資本主義。來自 Airbnb 和 Uber 的競爭嚇壞了既已存在的飯店和計程車公司。這只不過是現存者想要壓制競爭？或者他們的抱怨是對的，新的平臺無視於重要的規範？

許多國家制定了保護勞工的規章，例如保障工時或勞動條件或最低薪資。而許多平臺業者例如 Uber，不只是靠多餘的生產力賺錢，他們是設法在缺乏正式工作的保障下謀生；或許是因為這些平臺彼此在競爭工作。

此外，某些法律規範也保護了顧客，例如使他們免於受歧視。舉例來說，飯店依法不得拒絕同性戀伴侶的投宿。但 Airbnb 上的飯店老闆卻可以在看見顧客的回饋和照片後拒絕顧客。Airbnb 藉由擴大個人連結而建立信任，這意味著讓人知道他們正在交涉的人的顯著形象，但也讓人得以有意識或無意識地按個人偏見行事，而且已證明有少數族群因此遭殃。該如何規範線上媒合平臺，成為讓世界各地立法者苦思對策的難題。

事關緊要，因為它是一筆潛在的大生意，特別是在尚未習於擁有汽車的新興市場。而且這是一門具備網路效應的生意，平臺有越多人使用，就變得越有吸引力。這正是為什麼Uber及其競爭對手（中國的滴滴出行、東南亞的Grab和印度的Ola）大力投資於乘車補助，而且信任新顧客，因為他們想要率先稱霸市場。

自然會有一些司機受到引誘，想詐騙這些公司。還記得他們如何得手？利用線上論壇找到有意願的假顧客，或者在線上市場買隻被駭的智慧型手機。媒合有特殊需求的人，確實是有助益的。

5 Google搜尋

Google Search

「爸爸，人死的時候會怎樣？」

「兒子，我不知道。沒人清楚。」

「為何不去問Google？」

顯然孩子在成長過程中，可能以為Google**無所不知**。或許人們有如此的期待。「爸爸，從月球到地球有多遠？」「什麼魚是世界上最大的魚？」「真的有噴射背包嗎？」輕碰一下觸控螢幕，所有的問題都能獲得有效的解答。你不必上圖書館查閱《大英百科全書》、《金氏世界紀錄》，或者誰曉得在Google問世之前，父母親要如何了解先進的噴射背包技術。那不會是簡單輕鬆的事。

Google縱使沒有聰明到能知曉死後是否有生命，不過根據英國蘭開斯特大學研究人員的說法，「google」一詞出現在日常對話中的次數，多於「聰明」或「死亡」。Google 才花了短短二十年時間，就成為無所不在的文化現象，而一開始，它只不過是史丹佛大學的某項學生計畫。

我們已經記不清在 Google 之前的搜尋技術有多麼糟。一九九八年，舉例來說，如果你在 Lycos（當時主要的搜索引擎）鍵入「汽車」，結果會出現滿是色情網站的頁面。為何如此？因為色情網站業者會在極短的文本中，或者在白色背景的白色文字裡置入許多受歡迎的搜尋用語，例如「汽車」。Lycos 演算法發現這些資料裡面多次提及「汽車」，於是斷定搜尋「汽車」的人會對該頁面感興趣。如今看來 Lycos 幾乎是一種簡單到可笑，容易欺騙的系統。

賴利．佩吉（Larry Page）和謝爾蓋．布林（Sergey Brin）一開始並無意設計出更好的搜尋方式。他們的史丹佛計畫出自學術性的動機。在學術界，一篇論文被引用的次數，決定了這篇論文的可信度，如果被本身已多次被引用的論文所引用，更可以提升它的可信度。佩吉和布林明白在初生的全球資訊網上，你無法知道其他與之連結的其他頁面。網路的連結類似學術引用，如果他們能找出分析所有網路連結的方法，便能排列出每個網頁在任何特定題目上的可信度。

為了達成這個目的，佩吉和布林首先得下載整個網際網路，此舉十分駭人，佔用了史丹佛大學將近一半的頻寬。憤怒的網站管理員向史丹佛大學大肆抱怨，Google的網路爬蟲（crawler）使他們的伺服器超載。某個線上藝術博物館認為史丹佛在設法竊取他們的內容，揚言提告。不過當佩吉和布林改進演算法後，人們很快便明白他們已經找到一種大幅改善的網路搜尋新方法。簡單來說，用短短的內容提及「汽車汽車汽車」的色情網站，不再能夠與討論汽車的其他網站有太多連結。如果你在Google搜尋「汽車」，它對分析網路連結所產生的結果，則大致上都會與汽車有關。

擁有了這項明顯有用處的產品，佩吉和布林的計畫吸引了投資者，於是Google從學生計畫變成私人公司，現在名列全球最大的公司之一，獲利以百億美元計。然而頭幾年，佩吉和布林在燒光資金時，還不知道要如何回本。不過他們並不孤單，那時正值網路事業起起落落之際，虧損的網路公司股份以不合理的價格進行交易，純粹因為人們期盼終究能想出可行的商業模式。

那是二〇〇一年的事，當時Google成立了自己的公司，回想起來，這似乎是很明顯的趨勢：點擊付費廣告。廣告客戶告訴Google，如果有人透過Google網站搜尋他們所指定的語詞，他們願意付費。Google會將出價最高者的廣告內容，連同其

「有機的」搜尋結果，一同顯示出來。從廣告客戶的觀點來看，這麼做明顯具有吸引力：你只有在接觸到明確對你所提供的東西有興趣的人，你才需要付費。（試試用Google搜尋「人死後會怎樣」：有個廣告客戶願意因為你的點擊而付錢給Google，那就是摩門教徒。）這比起付錢在報紙上登廣告有效率得多，因為在報上登廣告，即便讀者與你的目標客群相符，仍然無法避免一個情況：看見你的廣告的人，多半對你要販售的東西不感興趣。難怪報紙的廣告收益一落千丈。

Google搜尋所造成的經濟衝擊之一，是媒體互相爭奪新的商業模式，但這種可靠搜尋技術的發明，也在許多方面創造出價值。幾年前，麥肯錫公司（McKinsey & Company）顧問群設法列出Google最重要的價值，其中包括節省時間。研究顯示，用Google找尋資訊的速度是圖書館的三倍，前往圖書館所花費的時間還不算在內。同樣地，在線上找尋公司行號比使用傳統的工商名錄本（例如黃頁）快上三倍。麥肯錫公司估計，這樣的生產力效益高達千億美元。

另一個好處是價格透明，這是經濟學家的行話，意思是你可以在店裡拿出手機，透過Google查詢你有意購買的商品，看看能否在別處用更便宜的價格買到，並且利用該項訊息討價還價。這讓商家討厭，但有利於顧客。此外還有「長尾」效應，在實體店面，展示空間是有限的；線上商店就能提供更多商品——但也必須在搜尋引擎好到足以讓顧客找到所需的東西時。具備有效搜尋功能的線上購物，意味著有特殊需求的顧客更可能找到他們切確想要的東西，而不必將就於當地所能買到最接近的東西。這也代表企業家能開發利基產品，對於他們所發現的市場更具信心。

這一切聽起來對消費者和企業來說都是絕佳的消息，但是問題仍然存在。

其中一個是廣告問題。廣告的運作通常如我們所預期，如果你在Google搜尋「手工精釀啤酒」，你會找到手工精釀啤酒的廣告，但某些種類的搜尋卻會吸引不良公司花大錢競標，爭取身陷窘境者的點擊。舉例來說，用Google搜尋「附近的鎖匠」，最前面的搜尋結果可能包含了看似可信的公司，報出低價要幫你開鎖，但等該公司鎖匠來到你家門前，卻宣稱發現意料之外的障礙，而要求高出許多的價錢。類似的廣告也等著讓那些在計程車後座遺落錢包，或需要在短時間內重訂班機的人上當。這些身處困境的人驚慌之餘，沒有留意到搜尋結果最終並非如他們所預期。這類公司有些是公然的詐欺，有些則聰明地遊走於邊緣，而我們不清楚Google公司到底花多少力氣在想辦法杜絕這種事。

或許更大的問題是，這似乎是Google自己的責任，因為該公司稱霸了搜尋市場。Google處理了佔全世界將近九成的搜尋，許多生意都仰賴在其有機搜尋結果中的高優先排序。此外，Google不斷調整優先排序的演算法。Google提供了如何提升排序的籠統建議，但它會如何排序這些搜尋結果，卻是不透明的。的確，這事不能透明：Google公司透露得越多，詐騙者越容易得手。就好比前文所提，要搜尋汽車卻出現色情廣告的情況。

在線上，你不必看太遠（自然得從Google開始），就會發現企業主和搜尋策略顧問對於Google公司掌握成功或失敗大權的力量咬牙切齒。如果Google認為你在運用它所不能接受的策略，它會將你降級。某位部落客抱怨Google「集法官、陪審團和劊子手於一身……你會因為遭懷疑違反規定而受罰，而你甚至不知道規定是什麼，你只能猜想。」嘗試弄清楚如何取悅Google的演算法，很像設法安撫一位全知全能、反覆無常而且終究不可知的神。

你可能會說，這不是問題，只要Google的最頂層結果對搜尋者有用處就行了，排序在較下層只是運氣不好；再者，如果這些搜尋結果不再有用，到時候會有另一個史丹佛學生二人組發現市場的空隙，並想出更好的辦法，不是嗎？也許是，也許不是。網路搜尋在一九九〇年代後期曾是競爭激烈的行業，但如今可能已形成自然而然的壟斷，換言之，這是一個新進入者極難成功的產業。

原因何在？要改善搜尋結果的效益，最好的辦法包括分析先前進行相同搜尋者最終點擊的連結，以及使用者曾經搜尋過的東西。Google 所擁有的上述資料遠超過其他人，這表示，它可能會繼續形塑未來世代獲取知識的方式。

6 護照 Passports

「我們英國人會怎麼說，如果沒有護照或警察跟在身旁，便無法從倫敦到水晶宮，或者從曼徹斯特到斯托克波特（Stockport）？有一點是肯定的，我們並沒有因為自己所享有的國民特權，而對上帝存有一半的感激。」

以上是英國出版商約翰．蓋茲比（John Gadsby）的感想，他在十九世紀中葉遊遍歐洲；此事發生於現代護照系統出現之前。任何曾跨越國界的人都不陌生：你排隊等候，拿出標準化的小冊子給某位穿著制服的官員，他打量你的臉，查驗是否與比較年輕、苗條的你相似。（理那種髮型：你當時在想什麼？）當電腦以你的名字比對恐怖份子監視名單時，這位官員也許會質問你有關行程的事。

歷史上的大多數時候，護照既非如此普遍的存在，也非如此慣常被使用。護照在本質上曾是一種威嚇：一封來自某權貴的信，要求旅行者在旅途中所遇見的任何人，對持有信函者予以放行，勿加以騷擾或刁難。護照的保護概念可以追溯到《聖經》的時代。而且保護是一種特權，而非權利：像蓋茲比這樣想在冒險渡越英吉利海峽之前弄到護照的英國人，一度必須搬出與相關政府官員的個人交情。

一如蓋茲比的發現，更加官僚主義的歐陸國家已經明白，護照是一種潛在的社會與經濟控制工具。才一個世紀前，法國國民不僅出國需要出示文件，連在城鎮之間旅行也得這麼做。相較於如今富裕的國家緊守邊界以防止無技能的勞動者進入，歷史上的市政當局卻是利用護照阻止有技能的勞動者外移。

十九世紀以降，鐵路和蒸汽船使旅行變得更快速、更便宜，當時護照並不受歡迎。法國皇帝拿破崙三世和蓋茲比一樣贊成比較鬆懈的英國方法：他描述護照是「一種壓迫人的發明……對平和的國民造成難堪和妨害。」他在一八六〇年廢除護照，而法國不是唯一這麼做的國家。越來越多國家正式放棄護照規定，或者停止執行規定，至少在承平時期。一八九〇年代，你不用護照就可以造訪美國，不過如果你是白人，會更好辦事。在某些南美洲國家，無護照旅行是入憲的，而在中國和日本，外國人只有冒險進入內陸時才需要護照。

到了二十世紀之交，僅有少數國家仍堅持使用護照出入國境。護照似乎很可能在短時間內完全消失。

倘若果真如此，現在的世界會是什麼模樣？二〇一五年九月的某個清晨，阿卜杜拉·庫迪（Abdullah Kurdi）、他的妻子和兩名幼子在土耳其博德魯姆（Bodrum）海灘登上橡皮艇。他們期盼從這裡渡越愛琴海，前往四公里外的希臘科斯島。然而海象瞬間變得洶湧，結果橡皮艇翻覆。阿卜杜拉設法攀住橡皮艇，但他的妻小卻溺斃了。小兒子艾倫的屍體被沖上土耳其某處海灘，被土耳其記者拍下照片。艾倫·庫迪的圖象於是成為整個夏季衝擊歐洲的移民危機的象徵。

庫迪一家並未打算留在希臘。他們希望最終能在溫哥華展開新生活，阿卜杜拉的姊妹蒂瑪在那裡當美髮師。其實，要從土耳其到加拿大，有比一開始就搭橡皮艇到科斯島更輕鬆的方法，而且阿卜杜拉付得起錢，他付給人口走私者的四千歐元可以替一家人購買機票。至少他們可以這麼做，倘若不是因為需要適當的護照。

自從敘利亞政府否認了庫德族人的公民權，庫迪一家便沒有了護照。但即便持敘利亞護照，他們也無法搭機到加拿大。倘若他們有瑞典、斯洛伐克、新加坡或薩摩亞核發的護照，那就沒有問題。這似乎是生活中的嚴酷現實，護照上的國家名稱決定了我們旅行和工作的地點，至少法律面如此。然而在歷史上，這卻是相當晚近的發展，從某種角度來看是怪事一樁。大體說來，你所持有的護照，取決於你的出生地和父母的身分。（不過如果你有二十五萬美元，舉例來說，你可以買到聖克里斯多福及尼維斯〔St Kitts and Nevis〕的護照。）

在生活中的大多數層面，我們莫不希望政府和社會能協助我們克服這類事故。許多國家禁止雇主因員工天生無法改變的特徵而產生差別待遇，並以設立這類法規為榮：無論我們是男是女、或老或少、同性戀或非同性戀、膚色或黑或白。但一說起公民權，我們卻期望政府維護——而非抹除——這個因出生所造成的意外。護照是確保不同國籍的不同人們擁有迥異機會的重要工具。

因此，民眾並未大聲要求：別用護照的顏色，而應以人格品質，來評斷每個人。柏林圍牆倒塌不到三十年，移民管控又開始流行起來。美國總統川普承諾要修築美國和墨西哥邊界圍牆。申根區在移民危機的壓力下出現裂隙。歐洲領導人競相區分難民與「經濟移民」，認為不應該接納並非為了逃離迫害的人，因為這些人只是想尋求更好的工作和生活。在政治上，這種限制移民的邏輯，越來越難以質疑。

然而經濟的邏輯指向相反的方向。理論上，每當允許生產因素聽任需求，產量便會提升。實際上，所有的遷徙都會創造出贏家和輸家，但研究指出贏家會比較多，據估計，在最富裕的國家，既有人口的六分之五都受惠於移民的到來。

那麼為何這點無法轉換成對開放邊界的普遍支持？從實際面和文化面來看，都可以說明移民問題何以處理不當，包括，公共設施升級的速度不足以應付新來者，或者原有與外來的信仰體系最終證明難以和解的情況。再者，一般來說，經濟面造成的損失，往往比獲得的收益更引人注目。假設有一群墨西哥人來到美國，準備以低於美國人的薪資從事水果採收工作，好處是大家可以買到稍微便宜的水果。但這個好處過於分散，而且小到難以被注意到，而其代價卻是某些美國人失業，造成局部的不快樂。或許，上述情況應該有可能透過稅賦和公用事業支出的安排來補償輸家，但事情卻不傾向如此發展。

當遷徙不涉及跨越國界，遷徙效益的經濟邏輯似乎比較具有說服力。在一九八〇年代的英國，經濟衰退對某些地區的影響勝過其他地區，因此就業部長諾曼．泰比（Norman Tebbit）暗示——或者廣泛被認為是暗示——失業者應該「騎上機車」去找工作。倘若每個人都騎上機車到處工作，全球經濟產能可以提升多少？某些經濟學家估計是兩倍。

這表示，倘若護照消失於二十世紀初期，我們現在的世界會變得更富裕。有一個簡單的原因說明了護照為何沒有消失，那就是第一次世界大戰的干預。隨著安全顧慮勝過旅行便利的考量，各國政府對遷移採取嚴格的控制，而且不願在恢復和平後鬆綁。一九二〇年，甫成立的國際聯盟召開「護照、海關手續與全程票券國際會議」，有效發明出我們現今所知的護照。自一九二一年起，該會議決定，護照大小應為十五點五公分乘十點五公分，三十二頁，以硬紙板裝訂且附照片。此後這個格式沒有太大改變。

如同蓋茲比，任何擁有適當顏色護照的人，都只能仰賴他們天生的福氣。

7 機器人 Robots

它的大小和形狀大約像一部辦公室的影印機。它在穿越倉庫地板時發出輕微的颼颼聲，利用剪刀式升降機升高或下降，準備從事下一個任務。每隻手臂的指關節上有一部攝影機。左臂將硬紙板箱移置到貨架上，而右臂探入箱內，抽出一支瓶子。

如同許多新型機器人，這種機器人來自日本。日立公司於二〇一五年展示了該型機器人，希望在二〇二〇年上市銷售。這並非唯一能從貨架上拾起瓶子的機器人，但卻是目前最能和人類一樣快速靈巧地完成看似簡單任務的機器人。

有朝一日，這類機器人可能完全取代倉庫工人。目前，人類與機器一同管理倉庫：在亞馬遜公司倉庫，該公司的 Kiva 機器人匆忙來回奔波，不僅從架上撿貨，還搬運貨架給人類，以便他們撿貨。Kiva 機器人節省了工作人員在通道裡四處走動的時間，將效能提升至四倍。

機器人和人類也一起在工廠並肩合作。當然，自一九六一年起，工廠機器人已存在數十年，當時通用汽車安裝了第一部 Unimate，這種單臂機器人形似一輛小戰車，用於焊接工作。但直到近來，機器人與人類員工被嚴格隔離，一來是為了防止人類受到任何傷害，二來為了防止人類打亂機器人的作業程序，因此，機械人的工作環境必須嚴格加以控管。

有了某些新機器人後，隔離不再有必要。最棒例子是名叫「Baxter」的機器人，它能避免撞上人類，或避免在人類撞上它時翻覆。Baxter 擁有卡通化的眼睛，能對人類同事示意它即將移動的方向。如果有人撞掉 Baxter 手上的工具，它也不會遲鈍地設法繼續工作。以往的工業機器人需要專門撰寫的程式，但 Baxter 可以從其他同事的作業示範中，學習新的任務。

全世界的機器人數量正迅速增加中，工業機器人的銷售額每年成長約百分之十三，表示機器人的「出生率」幾乎每五年就以倍數成長。以往製造業的潮流是到工人較廉價的新興市場從事「離岸」製造，如今「回岸」才是潮流，這點機器人功不可沒。機器人能做的事越來越多，它們負責採萵苣、當酒保和醫院清潔工。不過，讓我們面對現實：機器人能做的事並沒有當初預期得多。一九六二年，Unimate 發明之後的那年，美國卡通《傑森一家》（*The Jetsons*）想像出包辦一切家事的女僕機器人，一個叫蘿西（Rosie）的角色。過了半個世紀，蘿西何在？儘管近來機器人技術突飛猛進，但短期之內蘿西還不會出現。

這種進步部分要歸功於機器人硬體的發展，特別是更好、更便宜的感測器。用人類比擬，就像改良了機器人的眼睛、指尖觸感或者內耳，也就是它的平衡感。此外還多虧了軟體的發展，用人類比擬，就是機器人得到了更好的大腦。

也該是時候了：機器思維是早期讓人期望落空的一門領域。發明人工智慧的嘗試可追溯到一九五六年在達特茅斯學院（Dartmouth College）舉行的夏季研討會，會中具有開創性的科學家感興趣於「能使用語言、形成抽象概念、解決目前專屬於人類的問題，以及自我改進的機器。」當時，具備近似人類智能的機器通常被預測大約二十年後會出現。現在我們通常預測這樣的機器……好吧，大約二十年後會出現。

未來主義哲學家尼克．博斯特倫（Nick Bostrom）挖苦這事：二十年是「預言發生劇烈變化的絕佳時間點，」他寫道，近一點，你可望看見目前出現的原型；遠一點，事情就不會如此引人注意了。此外，博斯特倫說：「二十年也差不多就是預言家生涯的一般期限，逼近大膽預言失準，名聲敗壞的風險邊緣。」

直到最近幾年，人工智慧的進展才真正開始加速，特別是在所謂「弱人工智慧」（narrow AI）的領域。這是一種能將單一事情做得非常好的演算法，例如下圍棋、過濾垃圾郵件或臉書人臉辨識。除了處理器變得更快、資料量更大，程式設計師也更擅長於編寫能學習提升自我功能的演算法，即使這對創造它們的人類而言往往仍然是費解的。

這種自我提升的能力，讓某些如博斯特倫的思想家們擔心，一旦我們創造出**通用人工智慧**，也就是像人類一樣可以適應任何問題的系統，到時候會發生什麼事。它會不會迅速變成超級智能？我們如何控制它？幸好這不是迫在眉睫的憂患，據估計，要出現人類等級的通用人工智慧，仍然需要……哦，差不多再過二十年吧。

但弱人工智慧已然改變了經濟。多年來，「演算法」已接管某些單調沉悶的白領工作，例如簿記和顧客服務。現在連比較有聲望的工作也不安全了。曾在電視益智問題節目《危險邊緣》（*Jeopardy*）中打敗人類優勝者，從而登上頭條新聞的 **IBM** 華生（Watson）人工智慧系統，現在已經比醫生更能診斷出肺癌。在預測什麼樣的論證方式最有可能贏得訴訟時，軟體變得和有經驗的律師一樣在行。機器人顧問正在提供投資建議，而關於演算法的新聞報導，在諸如金融市場和運動方面更是層出不窮，幸好演算法似乎還寫不出經濟學書籍。

某些經濟學家認為機器人與人工智慧說明了一股奇怪的經濟潮流。艾瑞克・布林傑弗松（Erik Brynjolfsson）和安德魯・麥卡菲（Andrew McAfee）指出，如今工作與生產力之間存在著「大脫鉤」（'great decoupling'）現象，該現象可判准一個經濟體所吸收的輸入（例如人力和資本），是否能轉變成有用物品的效率。縱觀歷史，如你所預期，較高的生產力意味著更多的工作和更高的薪資。但布林傑弗松和麥卡菲認為美國的情況不再是如此。自從世紀之交以來，美國的生產力已經提升，但工作和薪資卻未跟上腳步。有些經濟學家擔心我們正在經歷「長期增長停滯」，其中沒有足夠的需求刺激經濟成長，即便利率降到零，甚或更低。

技術能消滅或降級某些工作，並非新鮮的想法，為此兩百年前的盧德份子爭相砸毀機械織布機。但如我們所見，「盧德份子」一詞已成為嘲弄語，因為技術終究會創造出新的工作，取代被它消滅的工作。這些新工作往往是更好的工作，至今大致來說是如此——但它們未必總是更好，無論對勞工或社會整體而言。舉個例子：自動提款機的可疑好處是，它們讓銀行出納員得以脫身，去交叉銷售狡猾的金融產品。事情會如何演變仍然有待爭辯，但至少可以想像留給人類的某些工作，實際上會更糟。

會發生上述原因，是因為技術的進展在思考面似乎勝過實做：機器人的大腦進步得比身體快。《被科技威脅的未來》（*Rise of the Robots*）一書作者馬丁．福特（Martin Ford）指出，機器人能操縱飛機降落，以及在華爾街交易股票，但它們無法清洗馬桶。

所以放眼未來，我們或許不應該指望會出現蘿西機器人，而是期待現今在倉庫被使用的另一種裝置：珍妮佛套件（Jennifer Unit）。那是一種能告訴人類員工該做什麼事的頭戴裝置，不漏掉最小的細節。因此，如果你必須從貨架上撿十九件相同的項目，它會告訴你先撿五件、然後五件、再五件、然後四件……比起直接說「撿十九件」，這樣犯錯的機率較低。如果說，機器人在思考上打敗人類，但人類在從架上撿貨的方面勝過機器人，那為何不控制裝有機器人大腦的人類身體？這縱使不是一個能實現個人抱負的職業選項，但你無法否定其邏輯。

8 福利國家 The Welfare State

政壇中的女子有時被指控刻意運用她們的女性氣質，在男性主導的世界裡獲致成功。法蘭西斯．珀金斯（Frances Perkins）便是這麼做的，但她是以一種異乎尋常的方式：她設法讓男人想起他們的母親。她戴著一頂樸素的三角帽，仔細觀察如何用最有效的方式說服男人接受她的意見，藉以修正其舉措。

或許這並非偶然，這些想法可以合理地描述成母性，或至少是父母本能。為人父母者總是想要保護子女免於遭受傷害，而珀金斯相信政府應該為國民做相同的事。一九三三年她成為羅斯福總統的勞工部長，時值經濟大蕭條肆虐美國，當時有三分之一的工人失業，在職者的薪資大幅滑落。珀金斯推動稱作「新政」的改革，包括最低薪資、失業救濟金和養老金。

歷史學家會告訴你，發明「福利國家」的人並非珀金斯，而是半世紀前的德意志帝國首相俾斯麥（Otto von Bismarck）。不過大約是在珀金斯的時代，世界各地已發展地區的福利國家才有了可供辨識的現代樣貌，只是細節隨著時間、地方和實施方式而有所不同。為了享受某些福利，你必須付費參與國家經營的保險計畫，某些福利屬於權利，以居住地或公民權為依歸，某些福利則一視同仁，每個人都可享有，無論收入多少；有些則視經濟條件而定——你必須證明你符合貧窮的標準。

但每個福利國家都有相同的基本概念：確保人民不會在街頭挨餓的最終責任應該落在政府身上，而非家庭、慈善機構或私人保險。這種想法並非沒有反對者，畢竟會有過度照顧的可能。凡為人父母者本能地知道應該保持平衡，他們對子女保護但不溺愛；培養韌性而非依賴。如果過度保護的養育方式會阻礙個人的成長，那麼過於慷慨的福利國家，是否可能阻礙經濟的成長？

這的確是看似合理的憂慮。想像一位帶著兩個孩子的單親媽媽。她可能有資格請領各種支出，包括住宅補助、兒童津貼和失業救濟金。她能否從福利系統中累積到比最低薪資工作更多的收入？關於這個問題，在二〇一三年至少有九個歐洲國家的答案是肯定的。現在一面就業、一面取領津貼，對這位假設中的女子或許仍具有吸引力，但在三個國家——奧地利、克羅埃西亞和丹麥——她的邊際稅率接近百分之百。

意思是，倘若她接下一份兼差工作來賺取一點額外的現金，那麼這筆錢會立刻在減少的津貼中抵銷。其他許多國家對低收入戶實施遠超過百分之五十的邊際稅率，強力阻止了他們就業。這樣的「福利陷阱」似乎並不合理。

但認為福利國家能**提升**經濟生產力，似乎也有道理。如果你丟了工作，失業救濟金讓你不必匆匆投入另一個工作，你有時間找尋最適才適能的新職務。如果企業家知道破產不致造成災難性後果，也就是說，他們仍可送子女就學，生病了能得到醫治，那麼他們很可能願意承擔更多的風險。一般而言，受過教育的健康員工往往較具生產力。有時，施捨會以意想不到的方式產生幫助：在南非，祖母開始領取養老金的女孩成長得比較健康。

所以說，福利國家到底是促進經濟成長，或者是阻礙經濟成長？這不是一個容易回答的問題，因為經濟體系包含了許多可動部件，每個部件都能影響許多方面的成長。但證據顯示，這是打平的局面，也就是正面與負面效應會相互抵銷。福利國家不會將餅做大或做小，但確實改變了每個個人所得到的分量，如此有助於抑制不平等的現象。

至少，情況曾經是如此。近二十年來，資料顯示福利國家的運作不甚良好，福利政策讓許多國家於一九八〇年代和一九九〇年代猛然拉開的不平等，有可能進一步擴大。在世界快速變動的壓力下，福利國家運轉不靈。

現代社會的人口性質產生了變化：人們退休後的餘命變得更長。至於社會環境也在變化：政府津貼通常起始自大多數女人仰賴男人賺錢養家，而大多數工作為全職且工時長的時代，但現今情況大為不同。舉例來說，在英國，二〇〇八年金融危機之後創造出來的新工作，有超過一半是自由業。一名受雇的建築工倘若在工作時發生意外，可以獲得「法定病假薪資」，但自雇的建築工則無法享有這項福利。

此外還有全球化問題：福利國家源於雇主生根於某地，而非現今不受束縛的跨國企業時代，以前的雇主無法輕易遷移至規定和稅制較不繁重的管轄區域。此外，勞動力的流動性也令人頭痛，關於移民要求津貼的惱人新聞報導，可以說助長了英國走上脫歐之路。

然而，當我們思索要如何、甚至是否該修正福利國家時，不應忘記它形塑現代經濟最重要的方式之一，是替更激烈要求改變的主張降溫。

例如德國的俾斯麥。俾斯麥不是珀金斯那型的社會改革者，他的福利政策動機是出於防衛。俾斯麥擔心群眾會倒向馬克斯和恩格斯的革命概念，因此他希望他的福利給養恰好能慷慨到讓民眾受到安撫。這可說是歷史上由來已久的政治策略，包括羅馬皇帝圖拉真（Trajan）免費配發穀物時，詩人尤維納利斯（Juvenal）因抱怨羅馬公民可以被「麵包和圓形競技場」收買而聞名。從一九三〇年代成形的義大利福利國家，你可以看出差不多相同的故事，信奉法西斯主義的墨索里尼藉此試圖搶奪社會主義對民眾的吸引力。

在美國，新政同時遭受左派和右派的攻擊。走民粹路線的路易斯安那州州長休伊．朗（Huey Long）抱怨珀金斯做得不夠徹底，他準備用「共享財富」作為競選總統的口號，並承諾沒收富人的財產。結果他遭槍擊身亡，所以該政策未經測試。到了二十一世紀初，這類的政治騷亂感覺起來十分遙遠。不過生猛的民粹主義政治現在顯然重回西方世界的許多地區。

或許我們不該為此感到驚訝。如我們所見，技術的改變總是造就贏家和輸家，而輸家一旦不滿於事態的發展，往往就可能訴諸政治。在許多產業中，數位技術就像現代留聲機，拉開了頂尖的百分之零點一與其餘者的差距。多虧了網路搜尋與賣家回饋系統，新平臺讓自由業人士得以進入新市場。又或者，他們真的是自由業人士嗎？這個時代最迫切的討論之一是，應該在何等程度上，將 Uber 司機或 TaskRabbit 從業人員視為受雇者，在許多國家，這樣的身分才得以享受社會福利。

大規模的國際移民令福利國家窘迫。本能上認為社會應照顧最貧窮成員的人們，一旦這些最貧窮者是移民，往往產生極為不同的看法。但這兩大政府作為——福利國家和護照管制——之間的界面往往是笨拙的。我們在規劃福利國家時，應該配合邊界管控，但我們通常沒做到。

到頭來最大的問號是，機器人和人工智慧是否終將使大批人類完全失業。將來如果人類勞動力的需求減少，事實上應該是大好消息：由機器僕人服侍我們的樂園。但我們的經濟向來倚賴人們販售其勞動力以養活自己的概念。如果機器人讓這件事變成不可能，那麼社會恐將瓦解，除非我們重新發明福利國家。

並非所有的經濟學家都認為這是當下值得憂慮的問題。不過抱此看法的經濟學家正在復興可追溯到湯瑪斯·摩爾（Thomas More）一五一六年著作《烏托邦》（*Utopia*）中的概念：全面化的基本收入。這確實像是空想的概念，感覺難以置信地不切實際：我們真的能想像一個不要求任何限制就施捨每個人固定現金，以滿足其基本需求的世界？

某些證據顯示此事值得思考。一九七〇年代，這個概念曾在加拿大城鎮多芬（Dauphin）接受測試——鎮上的數千居民連續幾年每個月收到支票。事實證明，給予人們保障收入，產生了有趣的效果。青少年輟學和因心理健康問題而住院的人數都因此減少，而且幾乎無人放棄工作。新的試驗目前正在進行中，以確認在別處是否會發生相同的結果。

當然，這種計畫所費不貲。假設你給每位美國成年人，比方說，每年一萬兩千美元，那會花掉聯邦總預算的百分之七十。其激進程度似乎難以置信，但激進到難以置信的事，有時的確會發生，而且發生的極為迅速。在一九二〇年代，美國沒有任何一個州發放養老金，但到了一九三五年，珀金斯已將這個政策推行於全國。

PART

2

重新發明生活方式

Reinventing how we live

我家週末的報紙若少了一份名為「發明」（*Innovations*）的商品目錄，便不算完整。那是一本風格浮誇的郵購小冊，專為華而不實的產品打廣告，例如綽稱「呼吸警報」的口臭偵測器，或是透過隱藏式拉鏈操作的領帶。

《發明》最終停刊，被那些同樣宣傳著無用產品的臉書廣告所取代。這本小冊子儘管愚蠢可笑，但長久以來背後的想法卻是誘人的：發明是你能買得到的東西，更棒的是，它以一種更便宜的製造方法，生產你始終在購買的東西。

不難明白為何這個想法比拉鏈領帶更加吸引人。「發明」被放進盒子裡，甚至是禮物盒。如果「發明」只是關乎享用酷炫的新玩意，那麼它似乎不具威脅性，因為你若不想要酷炫的新玩意，大可不必購買。當然啦，還是會有一堆廣告客戶想盡辦法要推銷給你。

如我們先前所見，發明不全然是溫順討喜的。犁是耕種農作物更好的方法，但不只如此：犁還引進了一個全新的生活方式，無論你個人有沒有使用它。越是新近的創新，就越具備這種特質。整體而言，發明改變了我們飲食、遊憩、照料子女的方式、居住地點，以及發生性關係的對象。這些社會變遷一向與經濟變化緊密相連，特別是對於那些工作酬勞豐厚和酬勞極微薄的人來說。

真正的發明不會出現在虛華的小冊子上：無論我們購不購買，它們照樣形塑我們的世界。

9 嬰幼兒奶粉 Infant Formula

那聲音聽起來像大砲。但它來自何處呢？海盜，或許吧。英國東印度公司船艦「貝拿勒斯號」（*Benares*）當時在印尼蘇拉威西島的望加錫（Makassar）靠岸。艦上的指揮官下令揚帆追捕海盜。

數百公里外，在另一座印尼島嶼爪哇，日惹（Yogyakarta）的士兵也聽見砲聲。他們的指揮官以為最近的城鎮遭受攻擊，於是立刻出兵。但他們沒有發現大砲，只看見同樣納悶這些噪音從何而來而趕到的其他人。三天後，「貝拿勒斯號」依舊未發現海盜。他們聽見的其實是坦博拉火山（Mount Tambora）的爆發聲響。如果坦博拉火山與日惹相距遠達一千多公里，尚能產生如此的聲響，那麼一般人簡直無法想像在鄰近火山的地方，爆發威力有多麼嚇人。有毒氣體與液化岩石的混合物以颶風般的速度衝下山坡，殺死數以千計的人，此後坦博拉火山的高度減少了四千英尺。

那是一八一五年的天災，巨大的火山灰雲逐漸飄移至北半球，遮蔽了太陽，導致一八一六年的歐洲度過了「沒有夏季的一年」。農作物歉收，絕望的人們吃起老鼠、貓和青草。在德國城鎮達姆施塔特（Darmstadt），這場災難讓一名十三歲男孩留下深刻的印象。年幼的尤斯圖斯・馮・李比希（Justus von Liebig）喜歡在父親的作坊裡幫忙調製顏料、油漆和上光劑以供販售。一個想藉由發明某些東西來預防饑荒的念頭，驅使著他長大後成為其時代最傑出的化學家之一。李比希曾從事最早期的肥料研究，他開創了「營養科學」這門學科，針對脂肪、蛋白質和碳水化合物等成分對食物進行分析，還發明了牛肉萃取物。

李比希也發明了嬰幼兒配方奶粉。李比希的「可溶解嬰兒食品」於一八六五年上市，這種粉末包含牛奶、小麥粉、麥芽粉和碳酸氫鉀，是第一種出自嚴格科學研究的商業性母乳替代品。李比希知道並非每個嬰兒都有母親哺育。的確，並非每個嬰兒都有媽媽照顧：現代醫療問世之前，每百名母親中就有一名死於分娩，如今即便在最貧窮的國家，情況也只是稍微好一些。此外，有些母親就是無法分泌足夠的奶水，統計數字縱使有爭議，但比例可能高達二十分之一。

在沒有配方奶粉之前，嬰幼兒的情況又是如何呢？經濟負擔得起的父母會雇用奶媽，然而這份原本對勞動女性而言不錯的職業，卻因為李比希的發明而迅速遭殃。有人會借助山羊或驢子。許多人使用因為難以清潔而導致細菌叢生的容器，以攙水的半流質麵包糊餵食嬰幼兒。難怪嬰兒的死亡率極高：一八〇〇年代初期，吃不到母奶的嬰兒，只有三分之二能活到周歲。

李比希配方奶粉上市得正是時候。當時人們越來越瞭解細菌理論，而橡膠奶嘴也已經發明出來。配方奶粉迅速風靡無法哺乳的婦女。李比希的可溶解嬰兒食品，使得先前只有富人能享受的生活方式走向大眾化。

這是一個形塑現代工作場所的選擇。對於想要或需要返回職場的新手媽媽來說，配方奶粉是天賜之物。婦女擔心暫離職場會傷及職涯不是沒有道理的。近來，經濟學家針對從芝加哥大學工商管理碩士課程畢業的高能力男性和女性，研究他們進入金融諮詢與投資業的經歷。

起初，女性有類似於男性的經歷，但經過一段時間後，男性和女性的收入產生巨大差距。造成改變的關鍵時刻為何？就是當媽媽的時候。女性暫停工作，雇主的反應是給予她們較低的薪水。諷刺的是，研究中的男性比女性更可能有小孩，但他們就是不會改變他們的工作形態。

女性有了家庭之後比男性更容易暫停工作，這個現象有生物和文化面的原因。我們無法改變只有女性擁有子宮的事實①，但我們可以設法改變職場文化。越來越多的政府效法北歐的作法，給予當爸爸的男性法定的「暫停工作權」。而更多的領導者，例如臉書的創辦人祖克柏（Mark Zuckerberg），則立下榜樣鼓勵員工接受這項安排。在媽媽返回職場後，配方奶讓爸爸更加容易接手。當然，吸乳器也是一項選擇。但許多媽媽似乎認為吸乳器比配方奶粉麻煩多了，研究顯示，下班後的媽媽如果時間越少，越不可能堅持親自哺乳。這一點都不令人驚訝。

只是有個問題。配方奶粉對孩童不全然那麼好。

這同樣不值得大驚小怪，畢竟生物演化費時數千個世代，人體能自行調配出成分最完美的母乳，是配方奶粉難以相提並論的。吃配方奶粉的嬰幼兒較常生病，造成醫療資源的消耗，以及上班的父母親得請假照護。生病也可能導致嬰孩死亡，尤其在不易取得安全水源的貧窮國家。根據一項可靠的數據說明，提升母乳的哺育率，每年可以拯救八十萬名孩童的性命。希望配方奶粉能救命的李比希，想必聽到這個消息會嚇一跳。

配方奶粉還造成另一項較不明顯的經濟代價：證據顯示，吃母乳長大的嬰兒，智商會略高一些——大約三分，如果你盡可能控制其他因素。至於讓一整個世代的孩童稍微聰明一點，能有多大好處？根據醫學期刊《柳葉刀》（*The Lancet*）的說法，其價值約為每年三千億美元——這是全球配方奶粉市場產值的好幾倍。因此，許多政府想辦法提倡餵母乳，但無人因此迅速獲利。另一方面，販賣配方奶粉卻有利可圖。只要想一想，最近你更常看見的是餵母乳的公益廣告，或是配方奶粉的廣告？

這些廣告一向帶有爭議性，尤其因為配方奶粉可說比菸草或酒精更讓人上癮：一旦母親停止哺乳，她的奶水便會乾涸，無法重新泌乳。李比希本人不曾宣稱他的可溶解嬰兒食品比母乳好，他只是說他盡可能使它類似母乳。但他迅速啟發了那些不是如此謹慎的模仿者。到了一八九〇年代，配方奶粉被描述成進步的科技，同時，小兒科醫師開始注意到受這些廣告影響的母親，其子女患有壞血病和佝僂病的比例偏高。

①嚴格地說，現今醫學已經讓這件事變成可行，但不太可能成為廣泛被接受的選項。

爭議於一九七四年達到高峰，運動組織「欲望戰爭」（War on Want）發行了一本名為《嬰兒殺手》（*'The Baby Killer'*）的小冊子，報導雀巢（Nestlé）公司如何在非洲販售嬰幼兒配方奶粉，聯合抵制行動持續了好幾年。到了一九八一年，出現「母乳替代品行銷國際法規」，但這不是嚴格的法條，許多人說它普遍遭到藐視。二〇〇八年，中國發生一樁醜聞，配方奶中被發現含有工業用化學製品，導致三十萬名孩童生病，若干名孩童死亡。

我們是否有兩全其美的辦法：給爸爸和媽媽相等的停職假，給嬰幼兒餵食母乳，但省去使用吸乳器的麻煩？也許有，只要你不介意將市場力量納入邏輯推論中。美國猶他州有一家名叫「仙饌實驗室」（Ambrosia Labs）的公司，他們付錢給柬埔寨的媽媽快遞母乳過來，經過品質篩選，再販售給美國媽媽。目前母乳價格高昂，每公升售價超過一百美元，但會隨著規模擴大而下降。政府甚至可能想要對配方奶課稅，以補助母乳市場。

李比希敲響奶媽行業的喪鐘，不過全球供應鏈或許正在讓它起死回生。

10 電視餐 TV Dinners

對住在美國東北部的瑪麗來說，這是典型的十一月某個週二。她四十四歲，擁有學位而且家境富足，按收入是美國前四分之一的家庭水準。那麼，這天她是怎麼過的？她是律師？教師？管理顧問？

不。瑪麗花了一個小時做編織和縫紉，兩個小時擺設餐桌和洗碗，以及兩個多小時準備和烹調食物。她這麼做沒什麼不尋常，因為那是一九六五年。在一九六五年，許多已婚的美國婦女，即便受過良好教育，仍得花費大量的時間照料家庭。對這些女性而言，「將食物放上餐桌」不是一種比喻性的說法，這是她們每天實際在做的事，每週都得花上許多小時。

我們之所以知道瑪麗及其他許多人一天的生活，是因為施行於全世界的「時間運用調查」。這些日誌確切記錄下不同類型的人如何運用時間。過去半個世紀以來，在美國和其他富裕國家，受過教育的婦女運用時間的方式已發生徹底的改變。如今美國婦女每天總共約花四十五分鐘烹飪和打掃，這樣的時間仍比男人多出許多——男人每天只花十五分鐘。但相較於瑪麗每天花費四個小時，這是巨大的改變。

發生變化的原因在於我們準備食物的方式跟以往不同了。一九五四年引進的電視餐可作為這項改變的象徵。「冷凍土耳其盤電視餐」由細菌學家貝蒂．克羅寧（Betty Cronin）所開發，盛裝在太空時代的鋁盤中上菜，這麼做是為了讓肉類和蔬菜全都適用相同的烹調時間。她替斯旺森（Swanson）食品加工公司工作，在供應美軍口糧的生意枯竭後，該公司想辦法要維持營運。克羅寧身為有企圖心的年輕職業婦女，本身也是理想的目標市場客群——被期待替丈夫做飯，但忙著發展自身事業。不過她抗拒這項誘惑：「我在家裡從不吃電視餐，」她在一九八九年的訪談中說，「我成天研究電視餐，這樣就夠了。」

但婦女要藉由食物加工所造成的改變獲得解放，並不必完全依賴鋁箔電視餐。她們還有冰箱、微波爐、防腐劑和生產線。準備食物或許是最後的家庭工業，因為食物曾是完全得在家裡製作的東西。但準備食物的過程已經逐漸工業化，外包給餐廳、外賣飯館、三明治店，以及製作即食或即煮菜餚的工廠。各種形式的工業膳食被發明出來，造成現代經濟的深刻變化。

最明顯的徵候是，食物的費用正在改變。美國家庭花費在速食、餐廳菜餚、三明治和點心的外食開銷越來越高。一九六〇年代，一個美國家庭的外食開銷只佔總開銷的四分之一，此後逐年增加，在二〇一五年達到界標：美國人居家以外的食物和飲料費用，有史以來首次高於在雜貨店的開銷。倘若你以為美國人的情況不正常，那我告訴你，英國人早在十年前就跨越這個里程碑。

即便在家裡，為了節省掌廚者的時間、花費的功夫和技術，食物加工程度越來越高。明顯的例子是出現了可即時烹製的全餐，例如冷凍披薩餅或克羅寧的單盤菜餚；但也有比較不明顯的，例如切碎的袋裝沙拉、肉丸或浸漬在醬汁中以備炙烤的肉串、事先磨碎的乳酪、罐裝義大利麵醬、個別分裝的濾袋沖茶包，以及拔完毛、去除內臟且塞滿鼠尾草和洋蔥填料的雞肉。當然，還有切片麵包。

每種革新看在老一代眼中似乎都是怪異的，但我從未親自拔過雞毛，或許我的下一代也將不會自己動手切沙拉用的蔬菜。這一切都可節省時間，而且是大量的時間。這類革新並非始於電視餐，而可謂行之已久。早在十九世紀初期，家家戶戶就能購買預先磨好的麵粉，不再需要帶著自己的穀物到磨坊，或在家中將穀物搗成粉。一八一〇年，法國發明家尼古拉．阿佩爾（Nicholas Appert）取得將食物密封和加熱處理以利保存的專利。煉乳的專利於一八五六年取得，而亨氏（Heinz）食品公司在一八八〇年代開始販賣預煮的通心粉。

然而，這些革新起初並未影響主婦準備食物的時間多寡。經濟學家維萊莉．拉梅（Valerie Ramey）比較美國一九二〇年代至一九六〇年代的時間運用日誌，發現了驚人的穩定性。無論未受教育、嫁給農夫的婦女，或受過高等教育、嫁給都會專業人士的婦女，仍然花費差不多的時間操持家務，五十年間並沒有太大變化。直到一九六〇年代，食品工業化才真正開始對婦女的家事工作量產生顯著的影響。

有說法指出，使婦女獲得解放的革新不是冷凍披薩，而應該說是洗衣機？這個想法廣為大眾所接受，而且極具說服力。相較於健康的自家烹製食物，冷凍電視餐感覺起來不太像真正的進步，而洗衣機乾淨、有效率，取代了總是單調沉悶的工作。洗衣機是立方形的機器洗衣女工，十分管用，或許才堪稱革命性的發明？

的確，它當然是，只是這個革命不發生在婦女的生活中，而在於我們開始聞到檸檬般的清新。資料清楚顯示，洗衣機並未為婦女節省下大量時間，因為在洗衣機發明之前，人們不會經常洗衣服。在清洗和弄乾幾件襯衫得花上一整天的時代，人們多半用可替換的衣領和袖口，或用深色的外層來隱藏污垢。因此，重點來了，我們可以略過洗衣服這件事，但無法漏掉許多餐不吃東西。在一餐得花兩、三個小時準備的時代，總得有人花時間做這件事。也就是說，洗衣機沒有節省太多時間，即食餐才真的是省下大量時間的關鍵，因為我們寧願發臭，也不願挨餓。

即食餐除了具備效益，也有某些令人遺憾的副作用。自一九七〇年代至二十一世紀初期，就在這些烹飪革新發展之際，已開發國家的肥胖率陡然上升。這不是巧合，健康經濟學家說，吃下大量卡路里的成本已經大幅下降，不僅就財務方面而言，在時間上也是如此。

想一想卑微的馬鈴薯。有很長一段時間，馬鈴薯是美國人的主食，第二次世界大戰前馬鈴薯通常拿來烘烤、做成薯泥或煮熟食用。這麼做是有原因的，因為炙烤馬鈴薯需要剝皮、切塊、煮成半熟，然後炙烤，而炸薯條或炸薯片必須細切之後油炸，全要都消耗時間。然而，油炸馬鈴薯條或薯片的製作隨著時代進步而變得中央化。薯條可以在工廠裡削皮、切塊、油炸和冷凍，然後在速食餐廳重新油炸，或在家用微波爐中烹飪。一九七七至一九九五年間，美國馬鈴薯消耗量增加了三分之一，而油炸馬鈴薯的崛起，幾乎可以完全解釋這個原因。

甚至還有更輕鬆的辦法，馬鈴薯片可以油炸、加鹽、調味以及封裝，放在貨架上保存許多個星期。但這種便利是要付出代價的，一九七〇年代至一九九〇年代期間，美國成年人的卡路里攝取量提升了百分之十，但並非因為吃下熱量更高的正餐，而全都是吃點心的緣故，這些點心通常是加工的便利食品。心理學和常識告訴我們這不值得大驚小怪。行為科學家主張，關於要吃什麼，我們會依據距離下一餐時間的長短做出極不相同的決定。長時間規劃的一餐很可能營養豐富，但衝動決定之下吃進肚子的點心，就很可能是垃圾食物，而不是營養的東西。

以電視餐為象徵的食品工業化，以兩個重大方式改變了我們的經濟。它將婦女從家庭雜務中解放出來，移除了她們踏進職涯的障礙。此外，食品工業化使卡路里更方便獲取，也讓我們的腰圍自由擴大。如同面對許多發明的態度，我們現在的挑戰是享受其好處，而不要承擔其代價。

11 口服避孕藥 The Pill

嬰幼兒配方奶粉改變了當媽媽的意涵，而電視餐重新詮釋了「家庭主婦」的定義，但口服避孕藥一併改變了兩者。而且還不只如此，它對社會造成重大影響，而那正是重點所在，至少瑪格麗特．桑格（Margaret Sanger）這麼認為。桑格是敦促科學家開發口服避孕藥的節育運動者，她想讓婦女從性和社會中解放出來，使她們獲得跟男人更加平等的立足點。

但口服避孕藥不僅在社會方面具有革命性，還引發了經濟革命，甚至或許是二十世紀後期最重要的經濟變革。要明白何以如此，我們得先想想口服避孕藥提供給女性哪些好處。首先，口服避孕藥是有效的，比你所能列舉的其他替代方法更為有效。自古以來，情侶們試過各種不怎麼吸引人的招數來防止懷孕。古埃及人使用鱷魚糞，亞里斯多德推薦雪松油，而風流才子卡薩諾瓦（Casanova）的辦法，是用半顆檸檬當作子宮頸帽。但即便是口服避孕藥的現代替代性選擇——保險套——也有失敗率，因為人們往往沒有正確使用保險套。保險套有時會破裂或滑動，結果，在一年之內，每百名使用保險套從事性行為的女性當中，有十八名會懷孕，可見效果並不好。避孕海綿的失敗率相去不遠，而子宮帽的效果也差強人意。然而，口服避孕藥的失敗率只有百分之六，安全性是保險套的三倍。事實上，那是指典型的服用方式，如果規律地按時服用，失敗率能降至百分之六的二十分之一。而且，完美使用口服避孕藥的責任落在女性身上，而非她那笨拙的伴侶。

口服避孕藥賦予了女性其他方面的控制權。使用保險套意味著得與性伴侶商量，而子宮帽和避孕海綿用起來麻煩，至於決定要不要使用口服避孕藥，則是女人的事，而且是私密的事。口服避孕藥乾淨俐落，不引人注意，難怪受到女性青睞。口服避孕藥於一九六〇年首度在美國獲准使用，幾乎是馬上占領市場，短短五年之內，將近一半的已婚女都利用它來避孕。

但真正的革命，發生在**未婚**女性可以使用口服避孕藥的時刻。這事需要時間。大約在一九七〇年，也就是口服避孕藥經核准的十年後，美國各州接連讓年輕未婚女性更容易取得避孕藥，大學開設了家庭計畫中心，女學生也開始使用口服避孕藥。到了一九七〇年代中期，口服避孕藥成為最受美國十八、九歲女性歡迎的避孕方式。

那個年代同時展開了經濟的革命。一九七〇年代的美國，女人開始攻讀特定種類的學位例如法律、醫學、牙科醫學和工商管理碩士。在此之前，這些學位一向是男性主宰的領域。一九七〇年，男性取得當年頒授的醫學學位的九成以上；取得法律學位和工商管理碩士者，百分之九十五為男性；取得牙科醫學學位者，百分之九十九為男性。但自從一九七〇年代初期開始，配備了口服避孕藥的女性湧進上述學科，課堂裡的女性比例迅速增加，到了一九八〇年，她們已經佔了一個班級人數的三分之一。這是短期內發生的巨大變化，不只因為女性更容易上大學，還包括已決定當學生的女性選擇了這些專業，研讀醫學和法律這類科目的女學生比例大幅上升，所以不久後出現在這些行業中的女性也理所當然地急遽增加了。但是，這與口服避孕藥有何干係？

答案是，口服避孕藥讓女性能控制其生育力，使她們得以將時間和精力投資於自身的職業。在口服避孕藥問世之前，花費五年或更久的時間成為合格醫師或律師，看起來不像是善用時間與金錢的好方法——如果懷孕是持續存在的風險。若要收穫這些課程的好處，女性必須能可靠地推遲成為母親的時間，直到她至少三十歲，因為懷孕可能使她的學業走上岔路，或延緩關鍵時刻的職業進展。想成為醫師、牙醫或律師的性活躍女子就好像是在地震區建造工廠，只要運氣稍有不佳，昂貴的投資便可能化為烏有。當然，想為專業而研讀的女性大可戒絕性事，但許多女性不願意。這個決定不僅關乎享樂，也關乎婚配。口服避孕藥問世之前，人們往往早婚。戒絕性事而發展專業的女性，可能得在三十歲時想辦法尋覓丈夫，卻發現所有的好男人都已經結婚。

口服避孕藥改變了上述情況，它讓未婚女性可以享有性活動，同時大大降低不想懷孕的風險。它也改變了婚姻的整體形態。人人開始晚婚，何必急著結婚呢？這麼一來，連不使用口服避孕藥的女性也發現她們不必匆匆步入婚姻，於是嬰兒的誕生開始變遲，這意味著女性至少有時間培養某種專業。

當然，一九七〇年代還有其他許多事情因美國女性而改變。大約同時期也出現了墮胎的立法、防止性別歧視的法律、爭取女權的社會運動，以及年輕男子被徵召到越南打仗，致使雇主急著招募女性員工取代他們的職位。

哈佛大學經濟學家克勞蒂亞．戈爾丁（Claudia Goldin）和勞倫斯．卡茨（Lawrence Katz）進行的研究明白顯示，口服避孕藥在讓婦女推遲婚姻、為人母以及投資於自身職業的方面，必定扮演了重要角色。因為在檢視改變中的其他因素時，時間點無法適當解釋這種現象，但當戈爾丁和卡茨逐州追蹤年輕女性取得口服避孕藥的情況，才發現隨著每個州開放該項技術，專業課程的註冊率隨之升高，而女性薪資也跟著上漲。

幾年前，經濟學家阿瑪利亞・米勒（Amalia Miller）聰明地利用統計學方法，證明二十多歲的女性如果延遲一年當媽媽，她的終身收入是否會增加百分之十，藉以測量女性在生育子女之前完成學業和經營穩固職涯的極大好處。不過，一九七〇年代的年輕女性毋需查看米勒的研究：她們早已知道這是肯定的。當口服避孕藥問世，她們修習長期專業課程的人數多到難以想像。

如今美國女性可以看見太平洋彼岸上演著她們曾走過的路。在全球技術最先進的社會之一日本，口服避孕藥直到一九九九年才獲批准。日本女性得比美國女性多等三十九年才能使用相同的避孕藥物，相形之下，當促進勃起的藥物威而鋼在美國核准時，日本僅落後數個月便跟進。一般認為，日本的性別不平等問題比其他已開發國家都來的嚴重，日本女性至今還在職場上努力爭取性別認同。在此，我們不可能切斷其因果關係，也就是說，美國的經驗顯示了這並非巧合——推遲口服避孕藥兩個世代，將對女性造成巨大的經濟衝擊。小小的口服避孕藥丸正在持續改變世界經濟。

12 電玩遊戲 Video Games

一九六二年初，年輕的麻省理工學院學生彼得・薩姆森（Peter Samson）正在回家的路上，他要返回附近城鎮洛厄爾（Lowell）。那是一個寒冷的夜晚，天空晴朗無雲，薩姆森步出列車凝望星空，看見一顆流星劃過天際。但薩姆森沒有因為造物之美而驚嘆，他本能地抓住一個不存在的遊戲控制器並掃視天空，想知道他的太空船到哪去了。薩姆森的大腦已經拋棄注視真實星空的習慣，他花了太多時間玩「太空戰爭」（Spacewar）遊戲。

薩姆森的幻覺預示著日後無數個數位狂熱的夢——在睡夢中夢見「小精靈」、旋轉的「俄羅斯方塊」，或獵捕一隻稀有的寶可夢胖丁。或者，反射性地查看手機上的臉書更新。電腦扯動我們的巴甫洛夫條件反射，以及擁有縈繞我們睡夢的能力，這在一九六二年是無人可以想像的，當然，薩姆森和他的幾個朋友除外。他們是熱衷於

「太空戰爭」的玩家，這是第一個重要的電玩遊戲，開啟了通往社交熱潮和一個大規模產業的大門，並以超乎我們理解的深刻方式形塑著我們的經濟。

在「太空戰爭」出現之前，電腦是嚇人的東西。它們是擺放於專門打造的房間內的灰色大櫃子，只開放給少數受過高度訓練的人操作。它們龐大又昂貴，正經八百而且令人生畏。使用電腦是銀行、公司和軍方的事，也就是說，電腦是西裝畢挺高層人士專用的東西。

但到了一九六〇年代初期的麻省理工學院，新型電腦被安裝在比較輕鬆的環境。它們沒有專屬的房間，成為實驗室擺設的一部分，學生獲准任意使用。「駭客」（'hacker'）一詞就這麼誕生了，這個詞原指從事實驗、便宜行事、製造奇特效果的人，而非現代大眾媒體意義中惡意入侵安全系統的破壞者。隨著駭客文化的出現，麻省理工學院又訂購了新型電腦：PDP-1。這是一種小巧的電腦，體積如同一臺大冰箱，相對容易操作。它的功能強大，而且令人欣慰的是，它不是透過印表機來溝通，而是高清晰的陰極射線管——一種影像顯示器。

年輕的研究人員史蒂芬・羅素（Steve Russell）聽說了PDP-1，他和朋友開始策劃讓電腦展現能力的最好方式。他們讀過許多科幻小說，夢想打造出一部體面的好萊塢太空劇，這差不多是電影《星際大戰》（*Star Wars*）問世二十年前的事。但眼下看不出會有這樣的電影出現，於是他們選定最好的替代品：「太空戰爭」——一種讓星艦艦長彼此用光子魚雷一決死戰的雙打電玩遊戲。

遊戲畫面中有兩艘太空船，它們只是勾勒出輪廓的一些像素，玩家可以旋轉、推進或發射魚雷。不久，其他熱衷者加入，讓這個遊戲操作起來更加順暢快速，他們增加了一顆具備逼真引力的恆星，並且用膠合板、電路開關和電木拼湊出專用的控制器——嗯，他們畢竟是駭客。其中一人認為「太空戰爭」需要一個令人屏息的背景，於是編寫出他稱作「昂貴天象儀」的子程式，展現逼真的星象圖，包括有五種星等亮度的星群，就像從地球赤道觀察到的那樣。這個華麗附加物的作者正是文章一開始提到的年輕學生薩姆森，「太空戰爭」完全擄獲他的想像力，讓他幾乎對洛厄爾真實的夜空視而不見。

在某種意義上，《太空戰爭》留下了明顯的經濟遺產。隨著電腦便宜到能安裝於電子遊藝場，以及之後陸續安裝於住家空間，電玩產業的發展日益興旺。早期的暢銷遊戲之一「爆破彗星」（Asteroids）顯然受惠於「太空戰爭」，模擬無重力環境中太空船的旋轉和推進，效果逼真。如今電腦遊戲的收益可比電影產業，在文化上也變得越來越重要：樂高公司的積木商品「當個創世神」（Minecraft）與《星際大戰》和《漫威》（Marvel）系列電影，總是互相爭奪著周邊商品的人氣。

但除了我們所花費的金錢外，電玩遊戲還以幾個方式影響經濟。首先，虛擬世界能創造出真實的工作。經濟學家愛德華．卡斯特羅諾瓦（Edward Castronova）是最早提出論據的人之一。二〇〇一年，卡斯特羅諾瓦計算線上世界「諾瑞斯」（Norrath）的人均國民生產總值，那是線上角色扮演遊戲「無盡的任務」（Everquest）所設定的背景世界。諾瑞斯的人口不算稠密，每次約有六萬人上線執行單調的任務，以累積用來購買角色技能的寶物。但有些玩家沒有耐性，他們會在 eBay 之類的網站上，用錢向其他玩家購買虛擬寶物。這表示其他玩家可以藉由在諾瑞斯從事例行工作，而賺到真實的金錢。

卡斯特羅諾瓦估計，在諾瑞斯工作的每小時薪資大約三點五美元，這對加州居民來說不算多，但如果碰巧住在東非大城市奈洛比，這可算極佳的報酬率。不久後，「虛擬血汗工廠」從中國蔓延到印度，青少年埋首於某些遊戲單調沉悶的操作，獲取數位捷徑，販賣給想直接拿到好東西的富裕玩家。這種事情目前仍在發生，有人靠著在日本拍賣網站上販售虛擬遊戲角色，每月便能賺進好幾萬美元。

不過對大多數人而言，虛擬世界不是賺錢的地方，而是消遣時間的地方，他們在工會裡合作、精通複雜的技巧，或者在他們自己的想像中聚會。正當卡斯特羅諾瓦在研究有關「小小的諾瑞斯」的同時，有一百五十萬南韓人在虛擬世界中玩一種名叫「天堂」（Lineage）的遊戲。後來臉書上的「農場鄉村」（Farmville），開始模糊遊戲與社群網路的界限；此外還有手機遊戲，例如「憤怒鳥」和「糖果傳奇」，以及增強真實感的遊戲，例如「精靈寶可夢」。到了二〇一一年，遊戲學者珍・麥克高尼戈爾（Jane McGonigal）估計，全球有五億多人花費大量時間——每天平均幾乎兩小時——玩電腦遊戲。假以時日，要達到十億或二十億人並不難。

這帶給我們另一項經濟衝擊。這些人當中，有多少人會選擇虛擬的樂趣，而摒棄用無聊的工作換取真實的金錢？

十年前，我看著卡斯特羅諾瓦在華盛頓哥倫比亞特區，對著一群有學問的科學家和政策制定者發表演說：「你們已經在真實生活的遊戲中勝出，」他告訴我們。但並非每個人都能這樣。如果你能夠選擇要當星巴克服務生還是星艦艦長，那麼最後你決定要在想像的世界中發號施令，也不算什麼瘋狂的事。

卡斯特羅諾瓦可能是有道理的。二〇一六年，四位經濟學家提出研究，探討美國勞動力市場一個讓人困惑的事實：美國的經濟強勢成長，而且失業率低，但卻有數量多得驚人、身體健全的年輕人做兼職工作或完全不工作。更令人不解的是，儘管大多數研究發現失業會讓人極為痛苦，但這些年輕人反而出乎意料地更快樂。研究人員得出結論：原因是，好吧，他們住在家裡、倚賴父母維生，還有打電玩遊戲。這些年輕人決定不當星巴克服務生，他們認為當星艦艦長要有意思得多。

13 市場調查 Market Research

二十世紀初期是美國汽車製造業者的大好時光，人們買車的速度跟他們製車的速度一樣快。到了一九一四年，情況有了變化。尤其在比較高價位的區段，購買者和經銷商變得更加挑剔。某位評論者警告說，零售商「再也無法按自己的心意賣東西，必須賣消費者想要的東西。」

這位評論者是查爾斯・帕林（Charles Coolidge Parlin）。在一般觀點中，他被視為世界上第一位專業的市場調查者，更確切地說，他是發明「市場調查」這個概念的人。一個世紀後，市場調查成為龐大的行業，光是在美國就雇用了大約五十萬人。

帕林的任務是掌握美國汽車市場的動態。他行遍萬里，訪談過數以百計的汽車經銷商。幾個月後，帕林的雇主收到他謙虛描述的「兩千五百頁打字紙、圖表、地圖、統計數字、目錄等。」你可能想知道，是哪個汽車製造商雇用帕林進行這項研究？或許是亨利・福特（Henry Ford）？他當時正忙著用另一項革新：裝配線，來領先競爭對手。但並不是他：福特當時沒有市場調查部門，用以評估顧客想要什麼。這件事也許不令人意外，當時大家普遍相信福特的俏皮廣告詞：人們可以將T型車漆成「他們喜歡的任何顏色，那就是黑色。」

事實上，那時沒有汽車製造商會雇用市場調查員，所以帕林是受雇於雜誌出版商。柯蒂斯出版公司（Curtis Publishing Company）發行了當時被廣為閱讀的幾份期刊，包括《星期六晚間郵報》、《仕女居家雜誌》和《鄉間紳士雜誌》。這些雜誌無不仰賴廣告收入，柯蒂斯的創辦人認為，如果廣告讓人覺得有效益，他就能賣出更多廣告版面，因此他希望透過市場研究設計出更有效的廣告。一九一一年，他在公司成立了新部門，探索這個模糊的構想。

帕林是該研究部門的首位負責人。這對於來自威斯康辛州的三十九歲高中校長來說不是明顯的轉換事業跑道，然而在當時，身為世界上第一位市場調查員，對任何人來說都不算是轉換跑道。

帕林一開始埋首於農業機械的題材，然後著手處理百貨公司的市場。起初，並非每個人都看出市場調查的價值，即便他致力於編輯出一本小冊子《給零售商的汽車推銷規劃》，他仍感覺有必要讓他的工作有更強的存在正當性。他希望「提供整體產業有建設性的服務。」他寫道，並且說明花大錢登廣告的汽車製造商雇主需要「查明這個重要的生意管道是否該持續下去。」市場調查的發明，邁出了朝向更大改變的第一步，促使「生產者主導」的商業手法變成「消費者主導」。也就是說，從原本先製造出某件東西，然後設法說服人們去買，變成設法瞭解人們想買什麼，然後再去生產。

生產者主導的心態可以福特的「任何顏色，只要是黑色」為例。自一九一四至一九二六年，福特的生產線只出產黑色T型車，因為裝配單一顏色的汽車比較省事，而且黑漆便宜又耐用。剩下來的就是說服顧客，他們真的只需要黑色的T型車。持平而論，福特確實擅於此道。而如今，幾乎沒有公司會只顧著生產方便製造的東西，就以為能順利銷售。全套的市場調查技巧，包括調查報告、焦點團體、Beta測試等，有助於決定什麼產品可能暢銷。如果金屬塗料和加速紋飾可以賣掉更多輛車，它們就被會製造出來。

帕林起了頭之後，其他人跟著仿傚。到了一九一〇年代後期，帕林提出他的汽車報告不久後，許多公司也開始成立自己的市場調查部門。接下來的十年間，美國的廣告預算幾乎倍增，而且市場調查的方法變得更加科學：一九三〇年代，喬治・蓋洛普（George Gallup）開創了民意調查，由學院的社會學家羅伯特・莫頓（Robert K. Merton）於一九四一年處理第一個焦點團體。我想後來蓋洛普一定希望自己曾為這個概念申請專利和收取專利稅。

不過有系統地**調查**消費者偏好只是故事的一部分，行銷人員還明白了一件事，那就是有系統地**改變**消費者是可能的。莫頓創造了一個用語，來描述慣常在行銷活動中發揮重要作用的這種成功、冷靜或世故的人士。這個用語是「典範」（'role model'）。

廣告的本質也持續在改變，不再只提供資訊，還得設法製造欲望。佛洛伊德的外甥愛德華・伯內斯（Edward Bernays）開創了公共關係和宣傳的領域。為了公司客戶，伯內斯最著名的花招之一是在一九二九年協助美國菸草公司說服女人說，當眾抽菸是女性解放的行為。「香菸，」伯內斯說，「是自由的火炬」。

如今，辨明與引導大眾喜好的企圖，形塑著經濟世界的每個角落。每位病毒式行銷人員都會告訴你，創造話題依舊比較像是一門藝術，而非科學，但有了更多可運用的資料後，針對消費者的心理調查可以變得更加詳盡。相較於福特只供應單一的黑色汽車，Google 則出了名地測試了四十一種些微不同的藍色色調的點擊成效。

我們是否應該擔心企業刺探和操縱消費者心理的老練程度？演化心理學家傑佛瑞・米勒（Geoffrey Miller）採取比較樂觀的看法：「如同騎士時代的戀人，」米勒寫道，「最好的行銷導向的公司，會幫助我們發現我們不曾知道的欲望，並且以我們想像不到的方式去滿足這些欲望。」或許吧。米勒認為人們透過消費購買來炫耀自己的條件，就像孔雀用尾羽吸引伴侶，這樣的概念讓我們回想起經濟暨社會學家托斯丹・范伯倫（Thorstein Veblen）。范伯倫於一八九九年發明了「炫耀性消費」的概念。

帕林讀過范伯倫，對消費者的購買心態有絕對的掌握：「用來玩樂的汽車」，他在給零售商的演說中寫道，「是男人的品味或教養的巡迴代表……一輛破爛的車好比一匹衰老的馬，宣告駕駛者缺乏資金或自尊。」換言之，一部破車的主人可能不是你應該信任的生意夥伴或丈夫。

近來，要透過購買展現出某種態度，遠比僅僅展示財富要來的複雜許多。如果我們想表達對環保的重視，我們可能選擇 Prius 油電車；如果我們想被視為注重安全，就可能選擇富豪（Volvo）汽車。這些表態之所以有意義，全因為汽車品牌已經刻意花費數十年的時間，設法瞭解和回應消費者的欲望，並且形塑這些欲望。

相較於現今的廣告，一九一四年的廣告實在簡單得討人喜歡。T型車廣告的品牌標語如下：「快來買，因為它是更好的汽車！」這樣可愛的廣告豈不完美？但它無法持久。帕林在過程中引領我們走向一個迥異的世界。

14 空調系統 Air Conditioning

但願我們能夠控制天氣，只要按下按鈕，就變得更暖和或更涼爽、更潮濕或更乾燥。再也沒有旱災或水災，也沒有熱浪和結冰的道路。沙漠變得青翠，農作物永不歉收，我們不用再擔心氣候變遷的問題。如今，氣候變遷的威脅已經激發一些聽起來瘋狂的氣候控制點子，例如在大氣上層噴灑硫酸使之降溫，或者傾倒生石灰到海洋裡吸收二氧化碳，以減緩溫室效應。同時，其他科學家也在設法實現薩滿師的造雨夢想，包括用碘化銀種雲，以及發射帶電粒子到天空中。

人類固然聰明，但距離精準控制天氣的目標仍遙不可及，至少在談「**外面**」的天氣時。不過由於空調系統的發明，我們能控制「**裡面**」的天氣。這不算是天大的事，卻仍造成某些深遠且意想不到的影響。自從人類先祖精通用火之後，我們已經能夠在冷天裡保暖，然而，要在熱天裡降溫是比較大的挑戰。古怪的羅馬少年皇帝埃拉伽巴路斯（Elagabalus）曾嘗試發明空調系統，他派奴隸上山把雪帶下來，將雪堆在花園裡，再讓風把較冷的空氣吹入室內。

不消說，這不是一種可以規模化的解決辦法。至少直到十九世紀，才有一位名叫弗雷德里克·都鐸（Frederic Tudor）的波士頓企業家，用類似的方式累積了難以想像的財富。一八〇六年，他開始在冬天鑿取新英格蘭結凍湖泊的冰塊，藉由鋸木屑隔熱，在夏季時運送到較熱的氣候區。這門生意在整個世紀都有利可圖，而且美國較溫暖的某些地區，甚至對新英格蘭的冰塊上癮。一旦新英格蘭某年冬季的氣候稍為溫和一點，還會造成「缺冰」的恐慌。

我們所知的空調系統起始於一九〇二年，最初的目的並不是為了讓人感覺舒適。在紐約的薩基特與威廉印刷公司（Sackett & Wilhelms Lithography and Printing Company），每當進行彩色印刷時，工人往往受挫於不斷改變的濕度。這道工序需要用到青綠、洋紅、黃色和黑色墨水，在相同的紙張上刷印四次。套印的過程中，如果濕度發生變化，紙張會微微延展或收縮，即便只是一公釐的誤差，看起來也很糟糕。

該印刷業者於是詢問暖氣公司「水牛城鐵工廠」（Buffalo Forge），能否設計一種可以控制濕度的系統。水牛城鐵工廠將問題分派給一名剛從大學畢業的年輕工程師威利斯・開利（Willis Carrier）。當時開利的週薪只有十美元，低於現今幣值的最低薪資。但他想出解決辦法：讓空氣在藉由壓縮氨冷卻的線圈外循環，將濕度維持於恆定的百分之五十五。

薩基特與威廉印刷公司對成果很滿意，而水牛城鐵工廠很快就將開利的發明賣到有濕度問題要處理的地方：從紡織廠、製粉廠到吉列（Gillette）公司——當地過高的濕度讓刮鬍刀刀片生鏽。這些早期的工業客戶並不太在意提供給員工溫度更舒適的工作環境，那只是控制濕度之下附帶的好處。不過開利從中看出機會，一九〇六年，他已經能夠暢談將空調系統的「舒適感」運用在公共建築上的潛力，例如劇院。

這是對目標市場的精明選擇。縱觀歷史，劇院往往於夏季關閉，因為在窒悶難受的大熱天，沒有人想要看戲。其原因不難想像：沒有窗戶、緊挨著連成一片的身體，而且在沒有電力之前，照明是由會發熱的火光所提供。當時，新英格蘭的冰塊曾經短暫受到歡迎：一八八〇年夏天，紐約的麥迪遜廣場戲院一天用掉四公噸的冰，用八英尺寬的扇子搧動冰上的風，讓風藉由通風管送向觀眾。可惜這並非理想的解決之道，因為冷風固然涼爽，卻也潮濕，而且新英格蘭湖泊的污染日益嚴重，有時隨著冰塊的溶化，某些不好聞的氣味也會飄向觀眾席。

開利稱他的冷卻系統為「天氣製造機」，這個說法相當實際。一九二〇年代迅速發展的電影院，是一般大眾首度體驗到空調系統的場所，空調系統很快就像新的有聲電影一樣成為賣點。好萊塢歷時已久且有利可圖的夏季強片傳統，也可以追溯到開利的發明，至於購物商場的崛起，也是一樣的道理。

但空調系統現在不只是便利設施而已。過熱或過於潮濕的環境會讓電腦故障，因此，空調系統確保了提供動力給網際網路的伺服器農場能夠正常運作。的確，倘若工廠無法控制空氣品質，根本就難以製造出矽晶片。

空調系統是革命性的技術，它對我們的居住地點和生活方式造成深刻的影響。例如，空調改變了建築形態。從歷史上來看，能夠適應炎熱氣候的涼爽建築，意味著要有厚厚的牆壁、高聳的天花板、陽臺、庭院和背向太陽的窗戶。曾經流行於美國南部的 dogtrot 屋，便是由一道兩端打通的有頂走廊將建物一分為二，好讓風能吹過走廊。至於正面是玻璃帷幕的摩天大樓，也並非一種明智的建築選擇，因為一旦住在上方的樓層，就好像住在烤箱裡。不過，有了空調系統之後，舊的權宜之計變得無關緊要，而新的設計開始可行。

空調系統也改變了人口數字。倘若沒有空調，我們難以想像如休斯頓、鳳凰城、亞特蘭大及杜拜或新加坡等城市會崛起。二十世紀下半葉，隨著住宅區迅速遍及美國，「太陽帶」（指較溫暖的美國南方，從佛羅里達州到加州）的人口數，從佔美國人口的百分二十八增至百分之四十。尤其當退休人口從北方遷向南方，也改變了該區的政治平衡。作者史蒂文．強森（Steven Johnson）曾提出看似理所當然的主張：是空調系統讓隆納德．雷根（Ronald Reagan）當選了美國總統。

雷根於一九八〇年成為美國總統：當時僅佔全球人口的百分之五的美國，就使用了超過世界一半的空調系統。此後，其他新興的經濟體快速追趕上來，不久中國將成為全球領先者。在中國城市的家庭擁有空調機的比例，短短十年內，從不到十分之一躍升至超過三分之二。在印度、巴西和印尼等國家，空調機市場目前以兩位數的速率擴增。此外還有更多成長空間，因為從馬尼拉到金夏沙，全球三十大城市當中，有十一個位處熱帶。

空調系統的激增帶來的好處不勝枚舉，再明顯不過的是，在炎熱潮濕的夏季，有冷氣比沒有冷氣愉快多了。空調系統能夠降低熱浪期間的死亡率。在監獄，高溫使得囚犯暴躁易怒，空調系統減少了鬥毆事件，證明物超所值。在考試場所，當氣溫超過攝氏二十一、二度（約華氏七十度），學生的數學考試成績便開始下降。在辦公室，空調提升了生產力：根據某個早期的研究，空調使美國政府的打字員多完成百分之二十四的工作量。

此後，經濟學家證實生產力與保持涼爽有所關聯。耶魯大學的威廉・諾德豪斯（William Nordhaus）利用經緯線將世界分成許多小格，標繪出各自的氣候、生產和人口：他發現平均氣溫越高的地區，生產力越低。根據哥倫比亞大學的傑佛瑞・希爾（Geoffrey Heal）和哈佛大學的朴智星（Jisung Park）的說法，在炎熱國家，高於年平均氣溫的年度不利於生產力，但對寒冷國家則是有利的：他們努力計算數字並得出結論，人類生產力的高峰，介於攝氏十八至二十二度之間。

但此中存在一個不甚便利的事實：要讓房間或建築變得更涼爽，必須使得室外變得更溫熱才行。空調裝置將熱空氣泵送到建築物外，美國亞利桑那州鳳凰城的某項研究發現，該城市的夜間溫度因此提升了兩度。當然，這只會讓空調裝置更加賣力地運作，讓室外變得更熱。在地下鐵系統中，冷卻了列車車廂，導致月臺變得悶熱。再者，供應空調系統的電力往往出自燃燒瓦斯或煤，而且空調裝置所使用的冷卻劑一旦外洩，往往轉化為強力的溫室氣體。

當然，空調技術日益朝向乾淨和環保的訴求，這是實情，但需求的增加卻是如此快速。即便樂觀者說得沒錯，空調效能有可能進一步提升，但到了二〇五〇年，能源的消耗也將增加八倍，就氣候變遷而言，不啻為令人憂心的消息。

我們能否也發明出可以控制室外天氣的東西？或許可以。空調系統雖說聰明，但連這等簡單又直截了當的發明，都因此產生了某些強大且意想不到的副作用，何況是控制氣候這個任務既不簡單也不直截了當，那麼又將會有怎樣的副作用呢？我們幾乎無法想像。

15 百貨公司 Department Stores

「不用麻煩，我隨便看看。」多數人在某個時候都說過這樣的話，當我們在商店裡隨意瀏覽，而店員禮貌地趨近招呼時。我們多半不會聽見店員咆哮著回應：「喔？那就快滾吧！老兄。」在倫敦的某家商店聽到這句話，讓哈利・塞爾福里奇（Harry Gordon Selfridge）留下深刻印象。

那年是一八八八年，這位招搖的美國人到處參觀歐洲的大百貨公司——在維也納和柏林、巴黎著名的樂蓬馬歇（Le Bon Marché）百貨公司，以及曼徹斯特和倫敦——看看能夠替他的雇主芝加哥的馬歇爾・菲爾德（Marshall Field）學到什麼生意竅門。菲爾德當時正忙著宣傳他的金科玉律：「顧客永遠是對的。」不過，顯然在英國還不是這麼回事。

二十年後，塞爾福里奇重返倫敦，在牛津街開設著名的「塞爾福里奇百貨公司」——這個現今為全球零售聖地的商場地帶，在當時還是個不甚時髦的落後地區，不過因為鄰近一條新開發的地鐵線車站，堪稱交通便利。

「塞爾福里奇百貨」會造成轟動，部分原因是龐大的規模，其零售空間足足有六英畝之大。數十年來，平板玻璃櫥窗一向是商業街的特徵，而塞爾福里奇裝設了世界上最大片的玻璃，並在玻璃後方創造出豪華的櫥窗展示。除了規模，讓塞爾福里奇百貨與眾不同的是**態度**。塞爾福里奇向倫敦人引介全新的購物經驗，一種在十九世紀後期美國百貨公司磨練出來的經驗。

「隨便看一看」受到積極的鼓勵。如同他在芝加哥的作為，塞爾福里奇摒棄了店主貯放貨品的習慣。傳統上，店主會將商品擺在必須由店員拿取的地方，例如櫥櫃裡、上鎖的玻璃門後，或得用梯子才能搆著的高架上。塞爾福里奇則把商品陳列在我們現在視為理所當然的開放式走道，讓顧客可以觸碰商品，拿起來從各角度審視，而且身旁沒有徘徊不去的店員。塞爾福里奇的百貨公司開張時刊登了全版報紙廣告，將「購物的樂趣」和「觀光」相提並論。

長久以來，購物與社交展示是互相掛鉤的。位於歐洲大城市的舊式長廊商場中，陳列著精美的棉質時裝，在蠟燭和鏡子的襯托下顯得金碧輝煌，儼然是個讓上流階層觀賞商品和被觀賞的地方。然而，塞爾福里奇的作法既不充紳士派頭也不排外，他的廣告強調歡迎「所有英國民眾」入內——毋需入場卡。時下管理顧問常談到「金字塔底層」的財富，而塞爾福里奇的這類主張遠遠領先他們。在他的芝加哥百貨公司，他藉由構思「地下廉價商場」的概念來吸引勞動階級。

塞爾福里奇或許的確發明了我們現今所知的「購物」，但這個概念仍有許多詮釋空間。另一位先驅是愛爾蘭移民亞歷山大・史都華（Alexander Turney Stewart），是他將「顧客進門時不去騷擾他們」的驚人概念引介給紐約人，他稱這種新政策為「自由入場」。

史都華百貨公司（A.T. Stewart and Co.）是最早實施（現今普遍存在的）「清倉大拍賣」的商店，以定期降價的策略清理掉最後的舊庫存，騰出空間陳列新的商品。史都華提供不推託的退款機制。他讓顧客付現，或快速結算他們的帳單，不像傳統的作法，店主往往將顧客的賒帳展延到長達一年的時間。

史都華運用於商店的另一項洞察力，是他明白並非每個人都喜歡討價還價。有些人欣賞誠實報價的簡單明瞭，接不接受決定在自己。史都華藉由不尋常的低利潤策略，實施「不二價」。「我用我所能承受的最低價格，將商品投放到市場，」他解釋，「雖然我知道每筆銷售只能賺取薄利，不過擴大的生意規模很可能讓我得以累積大量的資本。」

這種想法不全然史無前例，但確實相當激進。當史都華雇用的第一位銷售員駭然得知，他不准運用他精明的技巧打量顧客表面上的財力，並盡可能開出高價，他當場辭職，離去前還警告這位年輕的愛爾蘭店主，他一個月內就會破產。然而等到五十年後，史都華去世時已成為紐約的大富豪。

大型百貨公司變身為商業大教堂，在史都華的「大理石宮殿」，他誇稱「你可以盯著價值百萬美元的商品猛瞧，不管你在冥想或讚嘆，沒有人會打擾你。」它們將購物帶到「另一個高度」。這個說法有時正如字面上的意思：布達佩斯的科爾文（Corvin）百貨公司曾裝設一座極富吸引力的電梯，後來竟開始收取搭乘費用。倫敦哈洛德（Harrods）百貨的電扶梯，當時每小時能運送四千人。

在這類商店，你可以買到從搖籃以至於墓碑等各種貨品——哈洛德百貨曾提供全套的喪葬服務，包括靈車、棺材和禮儀人員。店裡有畫廊、吸菸室、茶館和音樂廳。隨著企業家在商店周圍建造有屋頂的走廊，商品的展示外溢到街道上。歷史學家法蘭克・川特曼（Frank Trentmann）說，這是「完全購物」的誕生。

現在，市中心百貨公司的輝煌榮光已經有些消退。隨著汽車的普及，地價較便宜的城外購物商場逐漸興起。來到英國的觀光客依舊愛逛哈洛德和塞爾福里奇百貨，但許多人也前往牛津以北幾英里的比斯特購物村（Bicester Village），那裡是專賣名牌折扣商品的購物中心。不過，自從像史都華和塞爾福里奇這樣的開拓者完全扭轉了購物經驗之後，至今的改變幅度有限。

此外，當時正值女性逐漸取得社會與經濟力量的時刻，或許並非巧合。當然，關於女性喜愛購物的假定，一般人確實存在著某些刻板印象。但資料顯示，這些刻板印象不全然只是想像。時間運用調查指出，女性比男性花費了更多時間購物，而這種現象關係到偏好和責任：男性傾向於喜歡停車方便和結帳隊伍短的商店，如此一來，他們買到想要的東西之後就可以迅速離開；女性則喜歡將購物的「過程和經驗」列為優先考慮，例如售貨員的態度是否親切。

這種落差不會讓塞爾福里奇感到挫折。他看出女性顧客提供了被其他零售商搞砸的獲利機會，並努力設法瞭解她們想要什麼。塞爾福里奇的革命性舉措之一，就是以女性盥洗室作為號召。我們現在聽來可能覺得奇怪，但當時的倫敦店主一直未曾想過要提供此類設施。塞爾福里奇發現了其他男性顯然沒發現的問題，那便是女性可能寧願整天待在城裡，以免得被迫使用不衛生的公共廁所，或者她們願意在想要方便的時候，特地到像樣的飯店喝茶。

撰寫塞爾福里奇傳記的琳迪・伍海德（Lindy Woodhead）甚至認為，「塞爾福里奇的革命性作法，完全可以宣稱推動了女性的解放。」這對任何店主來說都算是不小的聲明，但社會的進步有時恰恰出自意料不想的方向。塞爾福里奇確實自視為一名社會改革者，他為他的芝加哥商店引進了育嬰室的設備：「我正好出現在女性想要獨力外出的時期，」他說，「她們來到店裡實現了部分的夢想。」

PART

3

發明新系統

Inventing new systems

一九四六年後期，一群來自二十幾個國家的工程師群聚於倫敦，這不是最適合舉行會議的時機和地點。「所有的旅館都很好，但是供不應求。」瑞士代表威利・庫爾特（Willy Kuert）回憶當時的情況這麼說道。不過他明白困難之所在，如果你專注於食物品質而非數量，那就沒理由抱怨了。

庫爾特和他的同行有個計畫：他們想成立一個統一國際標準的新組織。即便已經身處於戰爭的殘骸中，在使用英寸或公分作為量測單位的人們之間，仍存在著十分緊繃的關係。「我們避談此事，」庫爾特說，「我們只能忍受。」儘管有這樣的緊張關係，但是會議氣氛融洽，大家相親相愛合力達成共識。最後，會議適時作出協議，國際標準化組織（International Organization for Standardization，簡稱 ISO）就這樣成立了。

國際標準化組織當然是用來設定標準的，例如螺帽和螺栓、輸送管、滾珠軸承、航運貨櫃，以及太陽能板的尺寸規格。其中有些標準的設立流於感情用事（如永續發展的標準），有些則仰賴非常先進的技術（例如氫氣補給站的標準）。但對於國際標準化組織的老手來說，微不足道的東西才最為重要：讓英國接受螺紋的國際標準，至今仍被稱為國際標準化組織的偉大成就之一。可惜，國際標準化組織未能設法徹底使訂定標準的組織標準化，它必須與國際電工委員會（International Electrotechnical Commission）、國際電信聯盟（International Telecommunication Union）以及其他許多組織保持和睦的關係。

想到致力於建立螺帽和螺栓的國際標準，似乎是件引人發笑的事，但非標準化的螺帽和螺栓可一點兒也不好笑。從我們覺得有意義的食品標籤，到一轉動鑰匙就能發動的汽車；從可以對講的手機到插入電力插座的插頭，現代經濟無不建立於「標準化」的基礎上。滾珠軸承的標準化不算什麼了不起的東西，但運作順暢的經濟在隱喻和真實層面上，確實仰賴這些事物。

許多重要的發明只有處於更廣大的系統中，才能發揮功效。這個系統可以是一項純粹的工程標準，例如手機規格的標準，但也可以是關乎人的系統。舉例來說，紙幣本身不具價值，只有當人們預期他人願意接受它作為付款的媒介，紙幣才顯得有功用。諸如電梯這樣的發明，只有在結合其他技術時，才能運作得更為完善，包括用以建造摩天樓的鋼筋混凝土、保持電梯內涼爽的空調系統，以及輸運乘客到人口稠密商業區的公共交通事業。

但是，我們先從人類歷史上最重要的發明之一說起，這項發明要等到周遭各種系統就位後，才會開始展現潛力。

16 發電機 The Dynamo

對Boo.com、WebVan和eToys公司的投資者而言，網路泡沫的破滅來得有點令人震驚。這類公司能募集到大量的資金，靠的是全球資訊網可能改變一切的前景。接著在二〇〇〇年春天，股票市場崩跌。

有些經濟學家長期對電腦的前景抱持著懷疑態度。一九八七年時，我們尚無網路，但電子試算表和資料庫已經出現在每個工作場所，看來似乎沒有產生衝擊。經濟成長領域的頂尖思想家羅伯特．索洛（Robert Solow）發過妙語：「你到處都看得見電腦時代，只有在生產力的數據中看不見它。」

要追蹤革新所造成的整體經濟影響並不容易，不過我們擁有一項最好的指標，稱作「全要素生產率」。當經濟成長時，它會以某種方式從諸如機械、人力和教育等「投入」中，搾取出更多的「產出」。在索洛從事著作的一九八〇年代，經濟以數十年來最緩慢的速率成長，甚至比經濟大蕭條時代更加緩慢。技術似乎蓬勃發展，但生產率卻幾乎停滯不前，經濟學家稱之為「生產率悖論」。該如何解釋原因？

給你一個提示，時間倒轉一百年。當時出現一項值得注意的新技術：電力，但結果令人失望。有些公司投資於發電機和馬達，將它們裝設在工作場所，但生產力並未因此突飛猛進。

這件事非常詭異，因為電力的潛能看似如此明顯。愛迪生與約瑟夫．斯萬（Joseph Swan）各自於一八七〇年代後期發明出可用的燈泡。一八八〇年代初，愛迪生在曼哈頓的珍珠街（Pearl Street）和倫敦霍本區（Holborn）設立發電站。事情進展迅速，一年之內，他便將電力當作商品販售；一年後，第一具用以驅動製造業機械的電動馬達誕生。然而時至一九〇〇年，美國工廠的機械動力只有不到百分之五來自電動馬達，大多數的工廠仍處於蒸汽時代。

以蒸汽為動力的工廠想必令人生畏。這些工廠裡，機械的動力來自單部巨大的蒸汽機，這部蒸汽機轉動一根長度貫穿整座工廠的中心驅動鋼軸，有時還伸入另一棟廠房。次要轉軸藉由皮帶與齒輪相連結，驅動鎚頭、沖壓機、印刷機和織布機。有的以傳動皮帶透過通往二樓或三樓的洞口，垂直傳輸動力。傳動皮帶由昂貴的「皮帶塔」封裹，以防火焰透過豁口蔓延。所有零件都有無數的滴油器持續給予潤滑。

蒸汽機鮮少停機。只要工廠裡有一部機器需要運轉，就得添煤燒火。齒輪飕飕飛轉、軸桿迴旋，加上皮帶攪動帶起大量油污和灰塵，工人隨時得冒著卡住袖子或靴帶的風險，以免被拖進不停運轉、無所不包的機器裡。

有些工廠老闆曾嘗試用電動馬達取代蒸汽機，從附近的發電站汲取乾淨的現代動力。但在花費了大筆投資後，他們往往對所能節省的成本感到失望。人們不僅不願放棄老舊的蒸汽機，反而繼續裝設更多蒸汽機。直到大約一九一〇年，許多企業家觀望著舊式的蒸汽機系統和新式的電力驅動系統，結果仍然選擇過時的蒸汽機。為什麼？答案是，若要利用電力，工廠老闆必須以有別於以往的方式思考。當然，他們可以像使用蒸汽機那樣使用電動馬達，將電動馬達直接納入他們的舊系統，但是電動馬達能做的事遠多於此。

電力允許精確地傳送動力到達需要它的時間和地點。相對來說，小型蒸汽機的效能極差，但小型電動馬達的運作效能不減，因此工廠可以安裝幾部較小型的馬達，每部驅動一根小傳動軸，或者隨著技術的發展，每個工作臺都有各自的機械工具和小馬達。這些機械的動力來源不是透過單一巨大的驅動軸傳送，而是靠電線。

換句話說，以蒸汽為動力的工廠，必須堅固到足以承載巨大的驅動鋼軸，而以電力為動力的工廠，則可以建得輕巧。此外，以蒸汽為動力的工廠，得按驅動軸的邏輯進行布置，而使用電力則代表你可以按生產線的邏輯來安排工廠的空間。舊式工廠陰暗稠密，而新式工廠大可以開展格局，用廂房和窗戶引進自然光和空氣。舊式工廠由蒸汽機設定步調，而在新式工廠，工作人員能夠主導工作步調，讓工廠環境變得更加乾淨、安全，而且更有效率，因為機器只有在需要使用時才會運轉。

但是——有個很大的「但是」——你無法只憑拆掉蒸汽機、換上電動馬達，就獲得上述好處。你需要改變一切，包括建築物和生產程序。再者，因為員工將擁有更多自主權和彈性，你甚至得改變召募、訓練員工和敘薪的方式。由於這些可理解的原因，工廠老闆們猶豫了，他們當然不想讓既有資本變成廢物，但也可能他們只是努力想弄清楚，一切都得適應這個新技術的世界，究竟意味著什麼。

最終，不可避免的，改變還是發生了。部分原因是電力變得越來越便宜，而且更加可靠。然而，某些不可預期的力量也形塑了美國的製造業。其中包括一九一〇年代後期的復甦，以及一九二〇年代的某項發明——也就是我們先前探討過的護照。由於一連串的新法限制了來自飽受戰火摧殘的歐洲地區移民，這些人的平均薪資因此飆漲。「雇用工人」這件事，變成重視品質勝於數量。受過訓練的工人能利用電力工作，提高了他們的自主權，而讓人才流通的護照，則協助啟動了發電機。

隨著更多工廠老闆弄清楚如何善用電動馬達之後，關於製造業的新想法就傳播開來了。到了一九二〇年代，美國製造業的生產力飆升至前所未見的地步。你大概以為這必然是某種新技術造成的結果，其實不然。經濟歷史學家保羅．大衛（Paul David）認為，大部分要歸功於製造業者終於想清楚該如何運用近半個世紀前出現的技術。他們必須改變整個系統，包括建築物、物流和人員策略等，方能利用電動馬達。這個過程花費了五十年時間。

這讓索洛的妙語有了新解。到了二〇〇〇年，大約是最早的電腦程式問世了半個世紀後，生產率開始略微提升。經濟學家艾利克．布林傑弗松（Erik Brynjolfsson）和羅林．希特（Lorin Hitt）發表的研究指出，許多曾投資於電腦的公司幾乎沒有獲得回報，而有些公司卻得到極大的好處。要如何解釋其間的差異？為何電腦只幫助了某些公司？這是個謎。

布林傑弗松和希特透露了他們的答案：重要的是，這些公司在安裝新電腦的同時，是否也願意重整組織，以便利用電腦的潛力。這往往意味著去中心化、外包、流線型供應鏈，以及提供顧客更多選擇。你無法在增添更好電腦設備的同時，還保留住舊有的程序；同樣的，你也無法在引進電力之後，繼續保留以蒸汽為動力的舊工廠。你得變更所有的作法，改變整個系統。

當然，網路甚至比電腦年輕得多，網路公司泡沫化時，它頂多只有十歲。當發電機像現在的網路這般年紀時，工廠老闆依舊巴著蒸汽不放。真正的巨大改變才剛剛露出一點端倪。所謂「革命性的技術」，在於它改變了一切，所以我們才稱之為「革命性」。而改變一切需要時間、想像力和勇氣，有時需要極大的努力。

17 航運貨櫃 The Shipping Container

全球經濟最顯著的特徵，無疑在於它涉及「全球」。來自中國的玩具、來自智利的銅、孟加拉的T恤、紐西蘭的葡萄酒、衣索比亞的咖啡和西班牙的番茄……不管你喜不喜歡，全球化是現代經濟的基本特徵。

統計數字支持該項論點。一九六〇年代初期，全球商品貿易佔世界GDP的兩成不到，現在大約是百分之五十。並非人人都樂見這種結果，或許沒有其他議題會像全球化這樣引發各種歧異的看法，它讓一般百姓感到焦慮，而經濟學家卻幾乎毫無異議地一致贊同。難怪爭議四起。

關於貿易的論辯，往往將全球化構思成一種政策，甚或是一種意識形態，因為受到諸如「智慧財產權協定」（TRIPS）、「跨大西洋貿易及投資夥伴協議」（TTIP）和「貿易促進計畫」（TFP）等貿易協定的影響而加溫。但或許，全球化最大的催生者不是自由貿易協定，而是一種簡單的發明：長四十英尺、寬八英尺、高八點五英尺的有瓦楞鋼箱，也就是航運貨櫃。

要瞭解航運貨櫃何以重要，我們得回想一下在航運貨櫃發明之前，典型的貿易旅程是什麼模樣。一九五四年，一艘不起眼的貨船《戰士號》（Warrior），載送來自紐約布魯克林的商品，準備運往德國的不來梅港。在那一趟航程中，五千多公噸的貨物——從食物到家庭用品、信件到車輛——共十九萬四千五百八十二個品項，分成一千一百五十六次裝運上船。光是記錄、追蹤所有交運貨物在碼頭倉庫的動向，就是一大夢魘。

但真正的挑戰是，實際將貨物裝載到像《戰士號》這樣的船舶。從事這項工作的碼頭工人會把成桶橄欖和成箱肥皂堆放到碼頭的木棧板上，再用吊索將棧板吊升、擺放到船艙，然後更多裝卸工人或扛或用推車，將每項商品放進妥貼的角落，再用鋼鉤又戳又拉，直到它們穩穩抵住貨艙的弧面和艙壁。他們有技巧地打包貨物，以免貨物在公海上移位。雖然有起重機和堆高機可使用，但最終，這些從比成年男子體重還重的袋裝糖，到比一輛小車重的金屬條等貨物，大部分都得靠人力搬運。

這項工作的危險性遠遠超過製造業，甚至建築業。在大型港口，每隔幾週就有工人喪命。一九五〇年，紐約平均每天發生六件嚴重事故，而紐約港還是相對安全的港口之一。

研究人員分析《戰士號》前往不來梅港的航程時間，得到的結論是，《戰士號》花費十天的時間裝卸貨物，與航渡大西洋的時間一樣久。整體而言，每公噸貨物的搬運費按現今幣值換算約為四百二十美元。考量到在陸地上整理與分類貨物常有的耽擱，整趟旅程可能得花上三個月的時間。六十年前，國際間的貨物船運不僅昂貴、冒險，而且極為耗時。當時肯定有更好的辦法。是的，辦法確實存在，那就是將全部貨物放進標準的大箱子中，然後運送這些箱子。

但發明箱子是容易的部分，幾十年來，人們早已嘗試使用各種形式的航運貨櫃，但這種作法卻沒有蔚為流行。真正的挑戰在於克服社會障礙。首先，貨運公司、船運公司和港口無法達成一致的標準。有人想要大型貨櫃，有人需要較小或較短的貨櫃，或許因為他們專門運送如鳳梨罐頭這類重物，或得在狹窄的山路上以卡車運貨。

接下來，還有強勢的碼頭工人工會從中作梗，他們拒絕這個主意。你或許以為他們應該要歡迎航運貨櫃才對，因為這讓裝貨工作更加安全，然而，這也意味著可以分配到的工作變少了。此外，墨守成規的管理者也傾向於維持現狀。貨運部門被官僚作風所掌控，設下對航運和貨車運輸公司分別課稅的規章。你也許會說，為何不乾脆放手讓公司去索取市場所能承受的收費，或甚至允許船運和貨車運輸公司合併，形成整合的服務？但或許官僚也急欲保有自己的工作，唯恐如此大膽的點子讓他們變得無事可幹。

航行於這座危險迷宮的是美國人麥爾坎・麥克林（Malcom McLean），他名符其實地被描述為「現代航運貨櫃系統的發明者」。麥克林對於船運一無所知，但他是貨車運輸業的企業家，熟知卡車、運輸系統及各種省錢之道。麥克林錙銖必較的故事不勝枚舉。某個故事是這樣說的：當年還是個年輕卡車司機的麥克林，曾窮到付不起過橋的通行費，情急之下，他只好將扳手留在收費亭當作抵押，等賣掉貨物後，回程再來贖回。日後，即便他掌管了一家大公司，為了省錢，麥克林仍不忘吩咐員工，長途電話不可講超過三分鐘。

麥克林傳記的作者馬克・李文森（Marc Levinson）寫到有關航運貨櫃的翔實歷史，他認為這類故事並未能說明麥克林的雄心和遠見。麥克林看出航運貨櫃與平板卡車密切搭配的潛力，但他並非第一位做出提議的人。麥克林的獨到之處在於他的政治頭腦和膽識，這些是為全球貨運系統帶來巨大改變所不可或缺的特質。

舉例來說，在李文森所描述「史無前例的金融與法律工程」中，麥克林當時設法同時控制一家船運和一家貨車運輸公司，此舉對於導入相容於貨輪與卡車的貨櫃當然極有助益。麥克林還秉持著積極的企業家精神精益求精。一九五六年，美國東岸的碼頭工人揚言罷工和關閉港口，麥克林認為這是將舊船改裝成新貨櫃規格的絕佳時機。他不介意負債來進行必要的投資，到了一九五九年，他已經接近破產邊緣，仍繼續冒著舉債擴張的風險。最後他度過了難關。①

此外，麥克林也是精明的政治操作者。舉例來說，紐約港務管理局在一九五〇年代曾嘗試要擴展影響力。麥克林適時指出，港口的紐澤西側未充分利用，那兒將是一個興建貨櫃運輸設施的理想地點。最後他憑藉港務管理局的政治與金融保護，在紐約取得大片的據點。

或許他最引人注目的舉動發生於一九六〇年代後期，當時麥克林將貨櫃運輸的點子，賣給了可能是世上最強大的顧客：美國軍方。當時美軍正面臨可怕的後勤補給惡夢，得想辦將裝備運往越南。為了解決問題，他們求助於麥克林和他的貨櫃船。當貨櫃成為整體後勤系統的一部分，運作起來的效率自不待言，而且美國極適合大規模採行該系統。更美妙的是，麥克林明白從越南返航途中，他那空置的貨櫃船隊正好可以從世界上成長最快速的經濟體——日本——收集貨物。橫越太平洋的貿易關係就這麼熱絡地展開。

在一九五〇年代辛苦工作的碼頭工人，恐怕認不出現今的貨運港口。即便一艘不算大的貨櫃輪，也能載運二十倍於《戰士號》運量的貨物，而且幾個小時就能卸完貨物，而非花費數天的時間。每部重達一千公噸的起重機會吊起重逾三十公噸的貨櫃，送往等待中的貨運車。這種場面浩大的工程芭蕾舞由電腦精心編排，並追蹤每個貨櫃在全球物流系統中的去向。冷藏貨櫃存放在提供電力和溫度監控的船身段，而較重的貨櫃則置於底層，藉以降低船隻重心，整個過程都經過設計和規劃，好讓船隻保

①最終，麥克林在某項冒險中，債務未能清償。一九八六年，七十二歲的他一手創立的巨大事業被逼破產。先前麥克林大量投資於高燃油效率的船隻，結果油價猛然跌落，使昂貴的投資無利可圖。五年後，麥克林東山再起。他顯然熱愛這種身為企業家不屈不撓努力奮鬥的天命。

持平衡。起重機將貨櫃放到等候的貨運車上之後，會抓起另一個貨櫃，擺動著回到貨櫃船上方，而船隻卸貨的同時也在重新裝貨。

然而，並非每個地方都能享受集裝箱化革命的好處：許多貧窮國家的港口，現在看來仍像是一九五〇年代的紐約。尤其是次撒哈拉非洲，當地由於基礎設施不良，至今半尚未與世界經濟接軌。也因為無法連通世界貨櫃運輸系統，非洲變成貿易成本最高的地區。

在送貨目的地日益增加的情況下，如今貨物能以可靠、迅速且便宜的方式送達。在一九五四年，顧客得付出每公噸四百二十美元的運費，讓《戰士號》將貨物運送到大西洋彼岸，而現在，你大概只需付五十美元不到。因此，製造業者越來越不需要將工廠設在靠近顧客甚或供應者的地方，重要的反而是找到勞動力、法規、稅制及現行薪資條件都有助於讓生產提升效率的地點。

中國勞工目前享有新的機會，而已開發國家勞工的工作則面臨新的威脅。各國政府都感覺正在和其他政府競爭吸引商業性的投資。在某種意義上，掌控一切的是消費者，他們享受著種類盡可能繁多、價格盡可能便宜的產品——玩具、手機、服飾等任何東西。而我們現在知道，這一切的基礎，正是由麥克林所開發，並且引領發展的系統。

世界如此遼闊，但近來研究國際貿易的經濟學家往往假定運輸成本為零。他們說，這讓數學運算變得簡單一些，多虧了航運貨櫃。此話的確不假。

18 條碼 The Barcode

有兩種方式可以說這個故事。

其中一種是靈感乍現，關於發明的典型故事。一九四八年，費城卓克索學院（Drexel Institute）研究生約瑟夫．伍德蘭（Joseph Woodland）正在思索當地某零售商拋出的難題：有沒有什麼方法，能將記錄交易的乏味過程自動化，加速商店結帳的手續？

伍德蘭是個聰明的年輕人，戰爭期間曾參與曼哈頓計畫（Manhattan Project）。其實早在讀大學時，他已經為電梯音樂設計出改良的播放系統。他原本打算展開商業營運，但受到父親的勸阻。他父親相信電梯音樂這種行業都被黑幫給掌控了。於是，伍德蘭回到卓克索學院繼續學業，此時他被上述的交易問題給難住了。

某次他去探訪住在邁阿密的祖父母。百無聊賴的坐在海邊一面思索，一面用手指在沙灘上隨意劃著圈圈，讓沙子從指尖滑過。當他低頭望著高低起伏的溝紋，腦中赫然冒出一個想法：摩斯電碼是利用點和劃來傳遞訊息，那麼他也可以利用細線和粗線將訊息編碼，透過機器辨讀這些編碼，讓斑馬紋圓靶圖清楚描述出產品及價格。

這個想法行得通。雖然在當時是昂貴的技術，但隨著電腦的進步和雷射的發明而變得更加可行。往後數年間，條紋掃描系統啟動了一連串的改造工程。一九五〇年代，工程師大衛．柯林斯（David Collins）將粗細線條置於火車車廂，以便讓軌道旁的掃描器自動辨讀。一九七〇年代初期，IBM 工程師喬治．勞瑞爾（George Laurer）理解到，長方形條碼會比伍德蘭的靶心形條碼更為小巧，並發展出使用雷射和電腦的系統，處理速度快到可以辨讀一個貼上了標籤、從掃描器前丟擲而過的小豆袋。伍德蘭在海邊的胡亂塗寫，就這樣轉化成真實的技術。

這個故事還有另一種講敘方式，同等重要，但無聊至極。

一九六九年九月，全美雜貨製造商（GMA）行政委員會與全國食品連鎖協會的（NAFC）成員開會。地點在汽車旅館，具體來說是辛辛那提市的旋轉木馬旋館

（Carousel Inn），不是個頂好的地方。會議主題？嗯，題目是「全美雜貨製造商的食品生產者能否就產業間的商品編碼，與全國食品連鎖協會的食品零售商達成一致的標準」。

全美雜貨製造商想要一個十一位數的編碼，以涵括他們已經在使用的各種標籤系統。但是全國食品連鎖協會需要較短的七位數編碼，好讓較簡單、便宜的結帳系統容易辨讀。最後，全美雜貨製造商與全國食品連鎖協會無法達成共識，會議以失敗告終。所幸歷經多年的斡旋，以及無數個委員會、小組委員會和特別委員會的商討，美國雜貨產業終於達成共識，以通用商品碼（Universal Product Code, UPC）作為一致的標準。

上述兩個故事都於一九七四年六月，在美國俄亥俄州特洛伊鎮的 Marsh 超市結帳櫃台開花結果：三十一歲的店員雪倫・布坎南（Sharon Buchanan）將一件十包裝的黃箭口香糖刷過雷射掃描器，自動顯示出定價為六十七美分。口香糖售出，條碼就這樣誕生了。

我們很容易以為條碼是節省成本的簡單技術，它提升了超市生意的效率，也幫助顧客享受較低的價格。但條碼的發明如同前文提到的航運貨櫃，除非整合到整個系統中，否則無法運作。就像貨櫃運輸系統一樣，條碼系統的功用也不僅止於降低成本，它雖然替某些人解決了問題，同時也讓某些人頭痛。

這正是為什麼第二種說故事的方式和第一種同樣重要，因為條碼改變了雜貨產業的均勢。這也是為什麼所有這些委員會會議都是必要的，而且非得等到委員會裡的科技怪咖被他們老闆的老闆——也就是執行長——取代後，食品零售業才終於達成共識。因為賭注實在很高。

這種發明在應用時，部分的困難在於讓使用者在缺乏大量案例的情況下，跨進一個未曾真正運作過的系統。畢竟裝設掃瞄機得花大錢，重新設計印有條碼的包裝，同樣得花大錢——要知道，美樂啤酒當時還在使用一九〇八年的印刷機印製酒瓶標籤。在製造商尚未將條碼放上產品前，零售商不願安裝掃描機；而一旦零售商未安裝足夠多的掃描機之前，製造適也不願將條碼放在產品上。

然而時間一久，便清楚顯現一件事：條碼正在改變均勢的狀態，而且有利於某類零售商。對家庭經營的小型便利商店而言，昂貴的條碼掃描機所解決的不是它們真正面臨的問題。但對大型超市來說，掃描機的成本可以分攤到更多的銷售中，他們在意的是讓結帳排隊的人龍變短。

此外，大型超市必須記錄存貨清單，只靠手動結帳，店員有可能向顧客收取商品費用，然後將現金塞入自己口袋，而沒有記錄下該筆交易。有了條碼與掃描機系統，這樣的行為會變得相當明顯。在一九七〇年代高通膨時期的美國，條碼讓超市只需在貨架貼上新的價格標籤，就能改變商品的售價，毋需逐一在每件商品上貼標籤。

一九七〇和八〇年代，隨著條碼在零售業的廣泛運用，大型零售商也相應擴張，掃描機資料成為顧客資料庫和會員卡的基礎。藉由追蹤和自動更新存貨清單，即時交貨變得更有吸引力，並且降低持有眾多種類商品的成本。整體而言，商店（特別是超級市場）開始綜合化，同時販售起鮮花、衣飾和電子產品。在條碼世界裡，經營龐大、多樣化、物流複雜的生意變得容易許多。

或許此事實的終極發展出現在一九八八年，當時折扣百貨公司沃爾瑪（Wal-mart）決定開始販售食品。如今它是全美最大的雜貨連鎖公司，也是全球最大的綜合零售商，規模是它的五大對手的總和。沃爾瑪是從早期就開始採用條碼的商店之一，而且持續投資於先進的電腦化物流與存貨清單管理。如今，沃爾瑪是中國製造業者與美國消費者之間的主要門戶。沃爾瑪擁抱技術，成長到巨大的規模，而規模巨大意味著它能派採購員到中國，以及代理大量的便宜產品。從中國製造業者的觀點來看，只為一個顧客成立一整條生產線是合理的，只要那個顧客是沃爾瑪。

科技怪咖們當然有理由讚頌發明家的靈感乍現（像百無聊賴的伍德蘭，用手指在邁阿密海灘上亂畫），或者像勞瑞爾，努力將條碼改良成我們現在所知的模樣。但條碼不只是讓生意更有效率的方法，它也改變了什麼樣的生意會有效率。

如今條碼成為全球資本主義無情力量的重要象徵，於是衍生出挖苦的抗議。從一九八〇年代起，人們用條碼作為刺青圖案，藉以表現抵制態度。這種反文化的時髦陳述承認了某個重要事物。是的，那些獨特的黑白條紋絕對是件了不起的小工程，而且這件小工程已然改變了世界經濟接合的方式。

19 冷鏈 The Cold Chain

「比抽了鴉片的半打青蛙還瘋狂！」某位觀察家如此描述豪爾赫·烏維科（Jorge Ubico）將軍。烏維科將軍自一九三一至一九四四年擔任瓜地馬拉總統，他喜歡打扮成拿破崙，甚至相信自己**就是**拿破崙再世。

如同許多二十世紀的拉丁美洲獨裁者，瘋狂的烏維科將軍與聯合果品公司（United Fruit Company）維持友好的關係。該公司被稱作「章魚」，因為它的觸手伸進各處。烏維科任內通過一條強迫瓜地馬拉本地居民替地主工作的法律，這個地主正是擁有瓜地馬拉大部分耕地的聯合果品公司；該法條還強制大多數的耕地休耕，以防未來有需要提高產能。聯合果品公司宣稱土地的價值近乎於零，因此不應該支付太多土地稅，而烏維科同意了。

後來烏維科被推翻，懷抱理想主義的年輕士兵哈科沃·阿本斯（Jacobo Árbenz）

崛起掌權。他認為「章魚」在唬人，如果土地如此沒有價值，那麼國家願意買下來，讓農民去耕作。聯合果品公司不喜歡這種想法，於是遊說美國政府，雇用公關公司將阿本斯描繪成危險的共產主義者。接著，美國中情局介入，阿本斯在一九五四年的政變中遭驅逐，被脫光到只剩下內衣，匆匆登上飛機放逐他鄉。阿本斯的女兒自殺身亡，而阿本斯本人則在酗酒中被大眾遺忘，抱著一瓶威士忌死在旅館浴缸裡。瓜地馬拉此後陷入長達三十六年的內戰。

靠外資扶持的瘋狂獨裁者所統治的貧窮國家有個名字：香蕉共和國。諷刺的是，瓜地馬拉的悲哀與它的主要輸出品香蕉緊密相關。然而，倘若沒有另一個系統的發明，瓜地馬拉政治——連同西方人的飲食——將有迥異的樣貌。這個系統稱作「冷鏈」（cold chain）。

早在冷鏈問世之前，羅倫索．貝可（Lorenzo Dow Baker）成為聯合果品公司的共同創辦人之一。貝可起初是名士兵，一八七〇年，他渡送一些金礦勘探者上溯奧利諾科河（Orinoco River），他的船在返回新英格蘭的途中破裂滲漏，只好在牙買加靠岸修理。他的口袋裡有錢，想要冒險一搏，所以買了香蕉，自信能在香蕉腐壞之前運送回家。他勉強辦到了，賣掉香蕉後獲得了不錯的利潤，於是回頭買了更多香蕉。香蕉在當時的港口城市，例如波士頓和紐約，是很受歡迎的美味食品。女士們用刀叉吃香蕉，以避免令人尷尬的性暗示。

但買賣香蕉是一樁冒險的生意，因為香蕉的保存期限從起航時就開始起算，等到運抵時往往過於成熟，禁不起進一步送往內陸。不過，只要途中能讓香蕉保持冷卻，它們會成熟得比較緩慢，如此便可抵達更大的市場。

香蕉並非唯一促使人們對冷凍船感興趣的食品。早在貝可首次從牙買加回航的兩年前，阿根廷政府就曾懸賞獎金，希望找到讓牛肉長時間保冷以便外銷的方法。這其中，在船上裝冰塊曾導致代價高昂的失敗。一個世紀以來，科學家已經懂得藉由將某些氣體壓縮成液態，然後讓它們揮發吸熱，以人為方式的降低溫度，但成功的商業應用依舊難以掌握。一八七六年，法國工程師夏爾．泰利耶（Charles Tellier）在船上安裝了冷藏系統貯存肉品，並航向布宜諾斯艾利斯進行概念驗證。是的，歷經一百零五天的航行，肉品抵達時仍適合食用。

阿根廷報紙《自由報》（*La Liberte*）欣然報導了這件事：「萬歲！科學與資本革命萬萬歲！」阿根廷牛肉從此可以順利出口。到了一九〇二年，有四百六十艘冷凍船，載運著數以百萬公噸的阿根廷牛肉、聯合果品公司的香蕉和其他更多貨品，往返於世界各海域。

同時，在辛辛那提市，一名年幼的非裔美國男孩面臨成為孤兒的處境。他十二歲輟學，在修車廠找到清理地板的工作，並學會修理汽車。他的名字是弗雷德里克·瓊斯（Frederick McKinley Jones），長大後的他是個多產的發明家。一九三八年，他擔任音響系統工程師，那時他老闆的友人也像麥克林一樣經營貨車運輸生意，抱怨陸路難以運送容易腐敗的貨品。冷凍船的冷藏設備無法應付道路上行車的震動，因此貨品仍然只能用冰包裹著，盡可能趕在冰塊溶化之前抵達目的地，但並非每次都能如願。聰明且自學成材的瓊斯能否想出解決之道？

他辦到了，結果促成一家新公司「保溫王」（Thermo King）的誕生，以及冷鏈（亦即在受控制的溫度下，保存易腐敗貨品的全球供應鏈）最後一個環節的完成。冷鏈徹底改革了醫療領域。第二次世界大戰期間，瓊斯的便攜式冷藏設備替受傷的士兵保存了藥品和血液，而冷鏈也讓疫苗得以四處運送而不變質，至少在它們抵達沒有可靠電力供應的貧窮國家偏遠地區，以及即將有新發明解決該問題之前。

更重要的是，冷鏈讓食物起了革命性的變化。在溫熱的夏天，姑且說攝氏二十五度吧，魚和肉類只能保鮮幾個小時，而水果在數天之內便會發霉。運氣好的話，胡蘿蔔可以維持三個星期。在冷鏈中，魚可保存一個星期、水果保存幾個月，而根莖類蔬菜的保存期限則長達一年。將食品冷凍無疑會有更長的保存期。

冷藏拓展了我們的食物選項：諸如香蕉等熱帶水果，現在可以運送到任何地方。冷藏食品增加了我們的營養來源，還讓超級市場得以興起：如果家裡無法冷藏食物，你得經常去市場，但如果家裡有冰箱，你可以每隔一至兩週再進行一次大採購。就像電視餐的發明，藉由簡化餵飽一家人的程序改變了勞動市場，而購物行程越少，意味著家庭主婦成為職業婦女的障礙越少。隨著低收入國家日益富裕，冰箱成為人們優先採購的項目之一。在中國，從四分之一到將近十分之九的家庭擁有冰箱，過程只花了十年。

冷鏈是全球貿易體系的一大支柱，如前文所提，航運貨櫃使得遠距貿易更加便宜、迅速，而且更可預期。條碼協助數量龐大的各種零售商追蹤複雜的供應鏈；柴油引擎讓巨大的遠洋船舶異常有效率。那麼冷鏈呢？冷鏈結合所有這些發明，將它們的效用推展到易腐敗的食品。如今肉類、魚類和蔬菜，都受到全球分工與全球貿易的經濟邏輯所支配。的確如此，你可以在法國種植四季豆，但或許你應該從烏干達空運四季豆過來？不同的種植條件意味著這樣的事情必須顧及環境和經濟的考量。研究者發現，在西班牙種植番茄，然後運往瑞典，比起在瑞典種植番茄更加環保。另一項研究則宣稱，在紐西蘭養羊，再運往英國，會比起在英國養羊排放出較少的碳。

經濟的邏輯告訴我們，分工和貿易會增加世界的產值。遺憾的是，這並不保證產值會被公平地分享。想想瓜地馬拉的現況，該國目前仍持續出口香蕉，價值數百萬美元。瓜地馬拉也養殖和種植許多牲畜和農作物，包括綿羊、甘蔗、咖啡、玉米和豆蔻，但它現是全球長期營養不良率第四高的國家，半數孩童因為食物不足而發育不良。

經濟學家至今未能完全解釋，為何有些國家變得富有，而有些國家依舊貧窮，但他們大多同意制度面的影響力，諸如貪污、政治不安和法規之類的事。根據最近一項國家制度優劣的排名，瓜地馬拉遠遠落後世界各國，在一百三十八個國家中名列第一百一十名。烏維科將軍的傳奇、香蕉驅使的政變以及內戰，現今依舊持續存在。冷鏈技術被設計來延長香蕉的保存期，但香蕉共和國似乎天生擁有很長的架上壽命。

20 可交易債務與符木

Tradable Debt and the Tally Stick

我家鄰近牛津的阿什莫林博物館（Ashmolean Museum），館中收藏世界各地的藝術品和古文物。我時常走下樓梯，來到宏偉的地下室。有鑑於我是位經濟學家，我喜歡流連在隔壁的錢幣收藏館。這裡有來自羅馬、維京人、伊斯蘭王國，以及中世紀牛津郡和索美塞特郡（Somerset）的錢幣。一般人會以為貨幣館應該滿是錢幣，但這裡大多數的貨幣卻不是以錢幣的形式呈現。

如同菲利克斯・馬丁（Felix Martin）在他的著作《金錢：非授權傳記》（*Money: The Unauthorised Biography*）中指出，我們容易誤解金錢的概念，因為貨幣史多半不是以能為博物館增光的形式留存下來。事實上，在一八三四年，英國政府決定摧毀六百年珍貴的貨幣文物，這個決定日後造成的悲劇可不只一端。

上述文物是一根不起眼的柳木條，大約八英寸長，稱作「國庫」（Exchequer）的符木。柳木採伐自泰晤士河沿岸，距離中倫敦的西敏宮不遠。符木是記錄債務的方法，這個系統極其簡單而有效，每個木條上至少有一筆刻寫在木頭上的債務紀錄。舉例來說，它可能寫著“9L 4s 4p from Fulk Basset for the Wycombe”。順便一提，福爾克·巴西特（Fulk Basset）可能聽來像《星際大戰》的角色，但其實是十三世紀的倫敦主教，他欠了國王亨利三世的債。

接下來是講究的部分。這根木條會由上到下剖成兩半。債務人保留一半，稱作「foil」，而債權人保留另一半，稱作「stock」。即便到了今天，英國銀行業者仍然使用「stock」一詞來指稱英國政府的國債。因為柳木具備天然明顯的紋理，因此這兩半只能與彼此相合。

當然，財政部門大可將這些交易紀錄保存於某處的帳本，但符木系統讓某件非常重要的事得以發生。倘若你持有一根表明巴西特主教欠你五英鎊的債權人符木，那麼除非你擔心巴西特主教不值這筆錢，否則這根符木本身就具備將近五英鎊的價值。倘若你想買東西，你很可能發現賣方願意接受這根符木，當作一種安全便利的付款形式。

符木變成某種通貨，而且是特別具有啟發性的通貨，因為它們明白說明金錢真正的本質：它是債務，特定種類的債務，可以自由交易，在人與人之間流通，直到完全脫離巴西特主教和韋甘比（Wycombe）農場。它自動地轉化，從範圍狹小的債務紀錄，變成更加普遍的可交易債務系統。

由於令人遺憾的原因，我們未能徹底瞭解這個系統的重要性，也不知道用符木進行交易的範圍有多廣。但我們知道類似的債務曾廣泛地被交易，事情發生於約一千年前的中國，當時開始出現紙幣的概念。但在現存記憶中，這種概念可不只發生一次。

一九七〇年五月四日星期一，愛爾蘭的重量級報紙《愛爾蘭獨立報》（*Irish Independent*）以大剌剌的刺眼標題，發布一則就事論事的通知：「銀行關閉。」愛爾蘭的各大銀行關閉，直到有進一步的通知為止。這些銀行和自己的員工發生爭執，員工表決要罷工，看起來整件事將拖上幾個星期，甚至好幾個月。你可能以為這種消息在世上較為先進的經濟體中將引發極度恐慌，但愛爾蘭人卻依舊鎮定。他們預期會有麻煩，因此已經儲備好現金，不過，讓愛爾蘭經濟維持運作的是其他東西。

愛爾蘭人彼此簽寫支票，這種事乍看之下實在沒道理。支票是將錢從某家銀行帳戶移轉到另一家銀行帳戶的紙本憑證，但如果雙邊銀行都已經關閉，這項移轉帳目的指示便無法執行，無論如何都得等到銀行開張。但每個愛爾蘭人都知道，銀行也許好幾個月不會營業。儘管如此，愛爾蘭人還是彼此簽寫支票，而這些支票會流通。派翠克簽下一張二十英鎊的支票，清償他在當地酒吧的帳款，酒吧老闆接著用那張支票付款給他的員工或供應商。（那張支票可以「兌現」，或簽署轉移所有權。）派翠克的支票將四處流通，這項支付二十英鎊的承諾，得等到銀行重新開張而且清理積壓案件後才能實現。

這樣的系統是脆弱的，而且顯然極可能被自知所開支票終將跳票的人濫用。拖過了五月、六月，然後是七月，總會有人弄不清楚自己的財務狀況，開始不知不覺簽寫無力支付的支票。或許最大的風險在於，「信任」將開始損耗，最後人們乾脆拒絕接受支票作為付款。

然而，愛爾蘭人繼續彼此簽寫支票。回想起來，愛爾蘭人的生意多半規模小而且是地方性的，這點必定有幫助。生意人認識顧客，知道誰的金錢信用良好。如果有誰不誠實，消息很快就會流傳開來。而且，酒吧和街邊小店能擔保顧客的信用，代表支票能夠流通。待愛爾蘭銀行的勞資衝突解決後，關閉超過六個月的銀行於十一月重新開張，愛爾蘭經濟依舊完整。唯一的問題是，積壓了價值五十億英鎊的支票，需要花三個月時間清理。

支票流通而不兌現，愛爾蘭並非唯一的案例。例如，一九五〇年代，駐守香港的英國士兵用英國帳戶的支票支付帳單，當地商人願意流通這些支票，用他們自己的簽名擔保，而且不急著兌現。事實上，香港支票一如愛爾蘭支票和符木，已經變成某種形式的私人貨幣。

如果金錢只不過是一種可交易的債務，那麼符木和未兌現的愛爾蘭支票便不是什麼奇怪的準通貨。它們**就是**金錢：它們是尤其未經掩飾的通貨，就像沒有車頂的火車頭，或者是還立著鷹架的建築，它們是裸露其機制的通貨系統。當然，我們仍毫無懷疑的認為金錢像是阿什莫林博物館裡的金屬圓盤，畢竟日後會留存下來的是金屬，而不是支票或符木。有樣東西無法放進博物館的展示櫃，那便是**信任**和**兌換**的系統，而這兩者正是現代貨幣終極的本質。

順便一提，符木遭遇不幸的結局。該系統最終被放棄，在嘗試現代化數十年後，一八三四年被紙本總帳所取代。為了以示慶祝，政府決定在上議會的煤爐裡燒毀這些木條，因為這些可是六個世紀以來無可取代的通貨紀錄，怎麼能讓國會工作人員隨便帶回家當柴火，是吧？結果沒想到，在煤爐裡焚燒一兩車的符木，正足以引發煙囪的熊熊大火。就這樣，先是上議院，接著是下議會，然後幾乎整座和符木一樣歷史悠久的西敏宮，瞬間燒成了平地。

或許這是貨幣史的主保聖人在報仇。

21 比利書櫃
Billy Bookcase

丹佛・松頓（Denver Thornton）討厭比利（BILLY）書櫃，他經營一家名叫unflatpack.com的公司。如果你從諸如宜家家居（IKEA）的地方購買扁平封裝的家具，但被暗榫、內六角扳手以及畫有快樂卡通人物、晦秘難解的安裝指南驚嚇到，那麼你可以去找像松頓先生這樣的人到你家替你定製家具。

至於「比利書櫃」是怎麼回事？那是宜家家居的原型產品，一九七八年由該公司設計師吉利斯・朗格林（Gillis Lundgren）發想出來的點子——他擔心會忘記，還將它畫在餐巾紙背面。

現在全世界有六千多萬件比利書櫃，差不多每一百人就擁有一件，對平凡無奇的書櫃而言，可謂不錯的成績。事實上，比利書櫃無所不在，彭博社用它們來比較全世界的購買力。根據彭博社「比利書櫃指數」（是的，真有這種指數），比利書櫃在埃及最貴，恰恰要一百美元出頭，而在斯洛伐克則可以用低於四十美元的價錢買到。

在瑞典南部的小村莊謝蒂爾斯托普（Kättilstorp），Gyllensvaans Möbler 工廠每隔三秒鐘就有一件比利書櫃離開生產線。工廠的數百名員工從未真正碰觸到書櫃，他們的工作是維護從德國和日本進口的機器，這些機器一天二十四小時不停裁切、膠合、鑽孔和包裝比利書櫃的各種組件。每天由卡車載運進來的六百公噸膠合板，出了工廠後已成為可裝箱的產品，在棧板上堆疊成六乘三件，準備交由卡車運送。Gyllensvaans Möbler 工廠的接待室牆上，有一封被裱框的打字信，這是該公司從宜家家居公司獲得的第一筆家具製造訂單。日期註明一九五二年。

當年的宜家家居公司並非你現在熟悉的全球龐大企業，在許多國家開設分店，營業額以百億美元計。宜家家居公司的創辦人英格瓦．坎普拉（Ingvar Kamprad）創業時才十七歲，用掉父親給的一小筆現金，作為他雖然有閱讀障礙仍勤奮向學的獎勵。到了一九五二年，二十六歲小伙子的英格瓦已經擁有多達百頁的家具目錄，但尚未想到扁平封裝的點子。那是幾年後的事，當時他和公司的第四名員工朗格林正要將拍目錄照片用的家具裝載到車上。「這張桌子佔掉太多空間了，」吉利斯說，「我們應該旋開桌腿。」

這是靈感乍現的時刻！在此之前，坎普拉一直執意於削價競爭，甚至到了某些製造商想要聯合抵制他的程度。要保持低價的辦法之一，是販售分成小部件的家具，而非付錢讓工人組裝。從這個意義上來看，要請像松頓這樣的人替你組裝比利書櫃似乎違反常情，這有點像在超市買材料，再雇請私廚替你料理晚餐。

如果說，將勞力外包給顧客，是讓扁平封裝更便宜的唯一因素，此事或許不假。但更加節省成本的原因，其實正是出自啟發朗格林的問題：運送。舉例來說，二〇一〇年宜家家居重新思考 Ektorp 沙發的設計，它將扶手變成可拆卸式。如此有助於使包裝尺寸減半，連帶使得卡車從工廠運送沙發到倉庫，再從倉庫運送到商店的車次減半。這種作法讓價格得以降低七分之一，足以打平讓松頓先生動手旋裝扶手的勞力成本。

透過不斷質疑產品的設計，而從中獲得好處的不只有家具。想想宜家家居的另一項象徵性產品：Bang 馬克杯。你可能用過它喝東西，Bang 馬克杯到處可見，年銷售額達到兩千五百萬美元。它的外型極具特色，口寬底窄、小小的把手緊鄰著杯緣，這樣的設計不全然出自審美考量。宜家家居改變了這款馬克杯的高度，因為這麼做可以微幅提升供應商在羅馬尼亞窯廠的空間利用率。藉由稍稍改變把手的設計，宜家家居使它們能夠更加緊密地疊置，堆放在棧板的數量可以超過兩倍，而且從羅馬尼亞窯廠運送到商店貨架的成本減少一半以上。

Bang 馬克杯和比利書櫃是類似的故事，這些商品自從一九七〇年代晚期被設計以來，至今看似沒有太大改變，但的確降低了百分三十的成本。這部分歸功於產品和生產方法持續的細微調整，部分則因為「規模經濟」的緣故，也就是說，當你能生產越多東西，生產成本就越便宜。

看看 Gyllensvaans Möbler，相較於一九八〇年代，目前它能製造三十七倍數量的書櫃，但員工數量僅增加了兩倍。當然，那得感謝德國和日本機器人。不過，一家公司需要信心才能將如此大筆金錢投資於機器，尤其當它沒有其他客戶時——Gyllensvaans Möbler 絕大部分的業務，是替宜家家居製造書櫃。

或者，再想想 Bang 馬克杯。起初，宜家家居要求供應商在頭一年將產量增加到一百萬件。後來它說：我們連續三年委製五百萬件如何？如此可讓成本降低十分之一，或許不多，但是每分錢都是錢。問一問以錙銖必較著稱的坎普拉便知道：在他九十歲生日的某次罕見訪談中，坎普拉宣稱他穿著跳蚤市場買來的衣服。據說他搭飛機時坐經濟艙，開的是一輛富豪老爺車。如此的節儉或許有助於解釋他為何是世界排名第八的富人，不過這與他在瑞士住了四十年以逃避瑞典的課稅也不無關係。

然而，生意要成功不光只靠錙銖必較。任何人都可以貪圖省事而做出醜陋的劣質商品，也可以砸大錢做出優美耐用的商品，但若想變成像坎普拉那般富有，你得做出便宜而且品質可被接受的東西。這似乎說明了比利書櫃長久受歡迎的原因。「簡單、實用和雋永」，朗格林曾如此描述他希望創造出來的設計，而且比利書櫃意外獲得那些對大量製造的中密度纖維板（MDF）嗤之以鼻者的讚賞。室內設計雜誌《美麗家居》（*House Beautiful*）編輯蘇菲・多納爾森（Sophie Donelson）曾告訴《廣告週刊》（*AdWeek*）：比利書櫃「簡潔、不受拘束」，而且「輕輕鬆鬆就營造出現代感」。

家具設計師馬修・希爾頓（Matthew Hilton）曾經對比利書櫃某項有趣的特質加以讚揚，那就是**無特色**。室內設計師麥特・桑德斯（Mat Sanders）表示贊同，他宣稱，宜家家居是「你真正可以好好布置，以營造出高檔感覺的絕佳場所」。比利書櫃是極簡單的機能型書櫃，除非這就是你對它的全部要求，否則它便是一片可用以發揮創意的空白畫布：在專門改裝、訂製宜家家居產品的網站「ikeahackers.net」上，你能看見其概念一再應用於從酒架、屏風到尿布檯等一切商品。

但業界和供應鏈的保守者並不欣賞比利書櫃的現代感或靈活性，他們佩服的是宜家家居不停想辦法降低成本和價格，卻沒有減損產品的品質。這正是比利書櫃何以是現代經濟中一個革新象徵的原因，它說明了革新不只關乎時髦的新技術，還關乎乏味的高效率系統。比利書櫃的革新不是iPhone那種大刀闊斧的技術革新，而是從生產與物流的限制下，努力找到小小的辦法來削減更多成本，同時製造出看來不討人厭而且確實管用的東西。此事令雙手靈巧的松頓惱怒，「那實在太過容易和單調至極，」他說，「我喜歡接受挑戰。」

22 電梯 The Elevator

以下是一個小小的謎題。

某天，有位女士決定捨棄平常的交通方式，改搭大眾運輸系統。上車前，她透過手機應用程式，顯示出她所在位置的準確經緯度。旅途過程平順且令人滿意，儘管途中經常暫停。下車時，她再度查看手機，發現她的經緯度完全沒改變。這到底是怎麼一回事？答案是，這位女士在高樓層辦公大樓上班，她不走樓梯，改搭電梯。我們往往不認為電梯是大眾運輸系統，但它們其實就是。電梯每天載送數以千萬計的人，光是在中國，一年內就裝設了七十萬部電梯。

世界第一高樓杜拜的哈里發塔，樓地板面積超過三十萬平方公尺；而設計精湛的芝加哥希爾斯大樓（Sears Tower），樓地板面積超過四十萬平方公尺。想像一下，若將這類摩天大樓分割成五十或六十座低矮的建築單位，附近有各自的停車場以及連結所有停車場的道路，那麼，整座辦公園區將會有一個小鎮的面積那麼大。事實是，若要讓這麼多人聚集在小基址上的巨大建築內一起工作，唯有電梯才可能辦到。或者，我們應該說，唯有**安全**電梯才辦得到。

電梯這種東西存在已久，通常運用極簡單的繩索與滑輪原理構成。據說阿基米德在古希臘時代就已建造出電梯。一七四三年在凡爾賽宮，路易十五利用一部電梯偷偷探訪情婦，或者反過來，讓他的情婦也能偷偷探訪他。路易國王「幽會電梯」的動力是由一名小伙子提供，他站在中空牆段內待命，有需要時便拉動繩索。至於其他電梯（在匈牙利、中國和埃及）則以牲畜為動力。

此外，蒸汽動力讓電梯更加進步，英國工業革命的兩大鉅子馬修．博爾頓（Matthew Boulton）和詹姆斯．瓦特（James Watt）製造出蒸汽機，驅動力量強大的工業升降機，將煤吊出礦坑。雖然這些電梯運作良好，但你不會想用它們把**人**抬升到危險的高度，因為有些事情不可避免會出錯。電梯有可能突然墜落電梯井，鬆脫的纜繩在黑暗中飄動，乘客消失於一陣尖叫聲中。大多數人必要時可以走五段樓梯，舉凡心智健全者，沒有人想搭**電梯**到達如此致命的高度。

因此，重要的是，製造出不僅安全、而且可證明始終安全的電梯。這個責任落在以利沙．奧蒂斯（Elisha Otis）身上。一八五三年紐約萬國博覽會期間，奧蒂斯爬上一座平臺，然後在旁觀群眾緊張不安的注視下，平臺被抬升到高處。整套新發明看起來有點像行刑架，奧蒂斯後方站著一個手持斧頭的男人，平添即將發生慘烈死法的氣氛。男人將斧頭揮向纜繩，觀眾倒抽一口氣，奧蒂斯站立的平臺一陣抖動，卻沒有往下墜落。「一切安全，各位，一切安全！」奧蒂斯大喊。這個發明電梯煞車裝置（而非電梯）的人，從此將上下顛倒城市的風貌。

「上下顛倒」的說法不假，因為新的安全電梯改變了建築物裡最高地位區段的位置。以往六、七層樓建築的最高點位於得費力向上攀爬的盡頭，那裡一向是僕人的住處、安置瘋姨母的頂樓，或者專門出租給窮困藝術家的閣樓。自從電梯發明之後，頂樓和閣樓變成高尚的居所。電梯作為都市系統規劃的一部分，其重要性再清楚不過。倘若沒有空調裝置，現代超高玻璃帷幕大樓將不適於居住；沒有鋼鐵和鋼筋混凝土，它們將無法興建，而如果沒有電梯，就到不了這些高樓。

該系統的另一項關鍵要素是大眾運輸，它將大批群眾送往稠密都會核心區的地鐵和其他城市運輸系統。在美國典型的高樓層核心地帶曼哈頓，電梯與地鐵一向共生共存。超高樓群所提供的人口稠密度，使得地鐵系統的營運更容易發揮效率，倘若沒有地鐵系統，同樣無人到得了這些摩天大樓。

結果這兩者的結合產生了驚人的綠色都會環境。超過八成的曼哈頓人搭乘地鐵或騎單車和步行上班，這個比例是全美的十倍。從新加坡到雪梨等全球高樓城市也有類似的情況，它們往往是非常令人嚮往的居住地，這點從人們願意花費昂貴租金入住就可以證明。這些城市富於創造力，證據是專利的產生量和高比例的新創公司，而且每人的經濟產能都顯示他們是富裕的。相較於鄉村和近郊區域，綠色都會區堪稱「環保烏托邦」，每人的能源使用率和汽油消耗量都偏低。這個小奇蹟包括財富、創造力和留下適度環境足跡的活力，如果沒有電梯便不可能發生。

然而，電梯的價值似乎不公平地被低估了。我們對電梯抱持著比其他交通工具更嚴苛的標準。我們可以心甘情願等候幾分鐘的公車或火車，但只等二十秒的電梯就不免發牢騷。許多人對電梯神經兮兮，然而電梯其實是安全的，至少比電扶梯安全十倍。坦白說，電梯是太常被忽視的忠僕。或許因為搭乘電梯感覺起來幾乎像心靈傳動：電梯門一關閉後，馬上產生重力移轉的感覺，當門再度打開，你已經到達別的地方。我們很難意識到自己身在何處，如果沒有指示標誌和 LED 顯示器，我們不知道將會進入哪個樓層。

儘管我們視電梯為理所當然的工具，但它仍持續在演進。超輕電梯纜繩和電腦控制器，解決了越來越高的大樓所形成的挑戰。電腦控制器讓同一座電梯井可以有兩部電梯各自上下來回，一部往上移動時，另一部往下移動。不過，較古老單純的點子往往很管用：舉例來說，在電梯廳裡放置穿衣鏡，讓等候電梯的時間變得比較快。此外，電梯天生具備能源效率，因為電梯廂設有配重塊。

當然，改進的空間永遠存在。帝國大廈——依舊是全世界最具象徵性的摩天樓——近來花費五億美元翻新，以減少該建築的碳排放量。翻修的項目包括具備再生制動裝置的電梯，如此一來，當滿載的電梯廂下降，或空電梯廂上升時，電梯便會回饋電力給建築物。

其實，帝國大廈一向是高能源效率的建築，全因它是鄰近地鐵站的稠密垂直構造體。有遠見的環保組織落磯山研究所（Rocky Mountain Institute）是規劃帝國大廈翻新的工程單位之一，它那超高效率、支持環境永續利用的總部、兼作創辦人艾默里．洛文斯（Amory Lovins）的展示屋，座落於落磯山脈的高處，距離最近的大眾運輸系統有一百八十英里。該組織似乎是環保效能的模範，但員工卻得開車上班，甚至在相距一兩英里的建築物之間往返。

如今，落磯山研究所已經擴建，員工煞費苦心運用節省能源的技術去開會——電動車、公車和電信會議。落磯山研究所是示範環保效能設計概念的櫥窗，包括窗玻璃的高科技鍍膜、填充氪氣的三層中空玻璃、水資源再利用系統和節能的熱交換器。不過，搭電梯則完全不費功夫，所以，對環境最友善的技術，其實就存在於各地的建築之中，那就是不起眼的電梯。電梯是每年移動數十億人的綠色運輸模式，但卻過度遭受忽視，只好隱藏於顯眼之處，成為一道水平思考謎題的答案。

PART

4

關於概念的概念

Ideas about ideas

某些有力的發明，作用是讓其他發明得以發揮功能。例如，條碼、冷鏈和航運貨櫃的結合，釋放了全球化的力量；而連同鋼材與混凝土、地鐵和空調裝置的合併運用，也讓電梯的功效大增。

當某人發展出某個讓其他概念得以產生的概念，便是這麼一回事。愛迪生正是做了這樣的事，他發明了「發明東西的程序」。他在門洛公園（Menlo Park）集結所需的資源，以工業規模進行實驗。以下是出自一八七六年，關於愛迪生實驗室的一段描述：

進入一樓，你會看見一座小前廳，裡面隔出一間小圖書室。接下來是一個正方形的大房間，擺放著裝滿他所發明物模型的玻璃櫃。房間後頭是設備齊全的機械間，以十匹馬力的引擎作為動力來源。二樓整棟作為實驗室，長寬為一百乘二十五英尺，每側都有窗戶提供照明。滿牆的架子擺放盛裝著各種化學藥品的瓶瓶罐罐。房間裡散置的桌子上放置著電工儀式、電話、留聲機、顯微鏡、分光鏡等。房間中央有一座放滿伽伐尼電池的架子。

有了他的「發明工廠」，愛迪生認為他每十天就能創造出一件次要的發明，而約每六個月可以有一件重大發明出爐。對於這些成果，我們心服口服，所以愛迪生的大名再三出現於本書中。

可是相較於某些已發展出來的「後設概念」，就連愛迪生發明工廠的發明，也要相形失色。這些概念關係到概念應該如何受到保護、如何商業化，以及如何保密。關於「概念」的最古老概念，幾乎就和犁一樣古老。

23 楔形文字 Cuneiform

人們曾以為書寫出自諸神。古希臘人相信普羅米修斯將書寫送給人類當作贈禮，古埃及人也認為讀寫能力是神聖的，是長著狒狒臉的「知識之神」托特（Thoth）所施予的恩惠。美索不達米亞人則相信，書寫是女神伊南娜（Inanna）從「智慧之神」恩奇（Enki）那裡偷來的，儘管恩奇沒有明智到不讓自己醉得不省人事。

現今學者不再採納「狒狒臉托特」識字理論，但古文明為何發展出書寫，長久以來原因成謎。是因為宗教或藝術的緣故？或是為了傳遞訊息給遠方的軍隊？這個謎在一九二九年變得更為複雜難解。當時有位名叫尤利烏斯．約爾丹（Julius Jordan）的德國考古學家挖掘出一座大型圖書館，裡面的黏土板有五千年歷史，遠比在中國、埃及和中美洲發現的書寫樣本更古老，而且是以抽象的筆劃書寫，後來被稱作「楔形文字」。

這些黏土板出自幼發拉底河河畔的聚居地烏魯克（Uruk）——位於現今的伊拉克。按現代標準來看，烏魯克比較像是一個擁有數千居民的大型村莊。不過如果就五千年前的標準，烏魯克的規模龐大到足以稱為全世界最早的城市之一。「他建造了羊欄之城『烏魯克』的城牆，」世上最古老的文學作品之一《吉爾伽美什史詩》（*Epic of Gilgamesh*）宣告，「看看那彷彿刻有青銅帶飾的城牆！瞧瞧那無與倫比的堡壘！」但這座偉大的城市卻創造出現代學者一度無法解讀的文字。它說了些什麼？

烏魯克還給考古學家留下另一道謎題，儘管這似乎並不相干。烏魯克和其他美索不達米亞城市的遺跡都散置著小小的黏土製物體，有些呈圓錐形、有些是球形，還有圓柱形。某位考古學家打趣地說，它們看起來像栓劑。約爾丹本人更加敏銳些，他在日誌中寫道：「它們的形狀像日常生活裡的商品：罐子、麵包條和動物。」雖然樣子看起來風格化與標準化。但它們是做什麼用的？是沒價值的小玩意兒？兒童的玩具？下棋用的棋子？至少大小剛好。當時無人能解釋。

這個問題最終由法國考古學家丹妮絲・希曼德—貝瑟拉（Denise Schmandt-Besserat）想出答案。一九七〇年代，她將從巴基斯坦到土耳其等地區發現的類似物品進行了登錄，其中一些已有九千年歷史。丹妮絲相信這些象徵物有個簡單的目的：對應計數。長得像麵包的，可以用來計算麵包數量，像罐子的則用來計算罐子。對應計數並不難，你毋需知道如何數數，只需要確定兩者的數量相同就行了。對應計數的緣起，甚至比烏魯克的歷史更悠久，在剛果尼羅河某源頭處附近發現的伊桑戈骨（Ishango Bone），似乎就是在狒狒大腿骨上使用符木記號進行對應計數的遺跡。這根骨頭有兩萬年歷史。

話說回來，在烏魯克的象徵物顯然更為複雜，因為它們被用來記錄許多不同數量的計算結果，而且可用於加、減數量。要知道，烏魯克在它所處的時代可是一座大城市，在這樣的城市裡，你無法靠自己勉強糊口。人們得開始分工，於是有了祭司和工匠。食物必須從附近鄉間採集，都市經濟需要交易和制定計畫，乃至於課稅。所以想像一下這個畫面：世界上第一批會計師坐在神廟倉庫大門前，用小小的麵包象徵物計算著一袋袋進出的穀物。

丹妮絲還指出一件更具革命性的事。楔形文字板上的抽象記號是什麼？它們可以與象徵物互相搭配。其他人都沒看出這個相似處，因為那些記號看起來不像任何東西的圖象，似乎是抽象的。但丹妮絲知道這是怎麼一回事。字板是用來記錄象徵物的出入，而象徵物本身則用來記錄羊隻、穀物和成罐蜂蜜的出入。事實上，最初這類字板可能印著象徵物的印記，以堅硬的黏土象徵物按壓在軟黏土板上所形成。

後來，這些古代會計師明白用尖筆做記號更加方便。因此，楔形文字是代表某種商品印記的風格化圖象。難怪在丹妮絲之前無人做此聯想，而她一次就解決了兩個問題。這些黏土板刻有世界最早的抽象文字？它們不是用來寫詩，也不是為了傳送訊息到遠方，而是被用於創造世界上最早的帳目。

它們也是世界上最早的書面契約，因為已支付的紀錄和未來將要償付的債務紀錄之間，有著小小的間隔。象徵物與黏土楔形文字的結合，產生一種出色的驗證裝置，那就是一顆中空的黏土球。在球的外面，契約當事人可寫下債務細節，包括用以償付的資源，而球的內部則是代表交易的象徵物。黏土球外的文字和球內的象徵物，成為彼此的驗證。

我們不知道達成如此協議的群眾是哪些人，也不確定這些協議是否為支付給神廟的宗教稅捐、課稅或私人債務而成立，但這些紀錄就是採購訂單和收據，它們催生了複雜的城市社會生活。此事非同小可。許多金融交易都奠基於明確的書面契約，包括本書在別的章節提到的保險、銀行帳戶、公開交易股票、指數基金和紙幣本身。書面契約是現代經濟活動的命脈，而美索不達米亞的黏土球，正是最早書面契約存在的考古證據。

烏魯克帳目也提供我們另一種革新。起初，該系統若要記錄五隻羊，便需要五個個別的羊印記，但這種作法很累贅。更優越的系統是利用抽象符號代表不同的數目——五劃代表五、一個圓圈代表十、兩個圓圈加上三劃代表二十三。這些數字多半用以表示**某些東西**的數量，例如，「十」這個數字實際上是指「十隻羊」，不過該種數字系統已足能表達成百甚至成千的大數目。根據文獻，某項四千四百年前的戰爭賠償，要求四點五兆公升的大麥。這是無法償付的帳單，其數量是現今美國大麥年產量的六百倍。但這的確是一筆令人印象深刻的大數目，也是世界上有關複利的最早書面證據，不過這故事得改日再說了。

這一切是相當了不起的成就。烏魯克市民面臨著大問題，一個現代經濟的根本問題，也就是在彼此不熟識、甚或不曾照面的人之間，如何處理債務與長期規劃的複雜問題。解決問題的方式意味著一連串傑出的革新：不僅是有史以來最早的帳目和契約，還得有最早的數學，甚至是最早的書寫。

由此可見，書寫並非普羅米修斯或托特給予的贈禮，而是為了十分明確的理由而發展出來的工具——那便是，讓經濟得以運作。

24 公開金鑰密碼系統 Public Key Cryptography

兩名研究生靜靜地站在講臺旁，聆聽教授在討論會中簡報他們的作品。這種情況不太尋常：通常學生會自己出來享受這份榮耀。就在幾天前，他們也想這麼做，但他們的家人說服他們打消念頭。早在幾個星期前，這兩名史丹佛大學研究生收到美國政府某個影子機構令人不安的來信。倘若他們公開討論他們的發現，信中寫道，在法律上將視為等同出口核武給敵國。史丹佛的律師認為，他們可以引用美國憲法第一修正案的「保護言論自由條款」來替這類案子辯護，但史丹佛大學只能為教授負擔法律開銷，正因如此，這兩位學生的家人勸他們保持緘默。

讓美國情報員視為如此危險的這項訊息是什麼？這兩名學生計劃公布天花的基因碼？或準備揭露涉及總統的驚人陰謀？不，他們打算在乏味的資訊理論國際座談會（ISIT）上，發表關於公開金鑰密碼系統的研究成果。那是一九七七年。倘若該政府機構成功讓學院的密碼譯解者噤聲，那麼恐怕就阻止了我們現今所認知的網際網路的產生。

持平而論，他們沒有這種打算，當時全球資訊網已存在多年。但是該機構的頭子鮑比．英蒙（Bobby Ray Inman）上將，對這些學者的動機的確感到困惑。依據他的經驗，密碼學——發送秘密訊息的學問——只對間諜和犯罪者有實際的用途。三十年前，聰明的學者曾藉由破解「恩尼格碼」（Enigma code）而贏得戰爭，讓盟軍能解讀納粹的秘密通信。而今史丹佛研究人員自由散播的情報，也有可能在未來的戰爭中協助對手，將訊息以美國所無法破解的方式來編碼。因此，這件事在英蒙看來有悖常情。

他的憂慮是有道理的。縱觀歷史，密碼學的發展確實往往由衝突所促成。兩千年前，尤利烏斯．凱撒（Julius Caesar）發送加密訊息到遙遠的羅馬帝國前哨站，他事先做好安排，接收者只需用某個業已決定的數字改變字母系統，便能解讀這道加密訊息。以「jowbef Csjubjo」為例，如果你將所有字母以它們的前一個字母代替，就可以讀出「invade Britain」（「入侵英國」）這個訊息。

那樣的東西當然不會花費「恩尼格碼」的破譯人員太多時間，而且現在通常以數字的方式加密：先將字母轉換成數字，然後再對它們執行複雜的數學運算。然而，訊息接收者需要知道如何解讀這些數字，他們必須逆向執行相同的數學運算，稱作「**對稱**加密」。這就像用掛鎖保護訊息，而在此之前，已經先給接收者鑰匙。

史丹佛研究人員感興趣的是加密能否**非對稱**。有沒有辦法傳送加密的訊息給你不曾碰面、甚至不想認識的人——並確認他們的身分，而且確保只有他們能夠解密？聽起來是不可能的事，在一九七六年之前，大多數專家都會這麼說。

接下來，惠特菲爾德．迪菲（Whitfield Diffie）和馬丁．赫爾曼（Martin Hellman）發表了突破性的報告；一年後，赫爾曼冒著被起訴的威脅，公開學生的研究。同年，麻省理工學院的三位研究人員榮恩．李維斯特（Ron Rivest）、阿迪．薩莫爾（Adi Shamir）和李奧納德．阿德曼（Leonard Adleman），將迪菲—赫爾曼理論變成實用的技術，按三人的姓氏首字母稱作「RSA 加密」。①

這些學者明白從某個方向執行的某些數學運算，比逆向執行容易許多。例如，取一個非常大的質數——除了本身之外，無法被其他數整除的數——然後再找另一個，兩者相乘。這麼做非常簡單，你會得到一個非常、**非常**大的「半質數」。該數字只能被兩個質數整除。再來，用這個質數找別人挑戰，看看對方能否找出相乘出這個半質數的兩個質數。結果證明此事異常困難。

公開金鑰密碼系統的運作，便是利用這項差異。實務上由某人公開他的半質數——**公開金鑰**——給任何人看，而RSA演算法讓擁有該數的其他人得以將訊息加密，如此一來，只有知道產生該數的兩個質數的人能將訊息解密。這就好比你發送一個打開的掛鎖，給任何想傳送訊息給你的人使用，而這些掛鎖只有你自己能打開。他們不必擁有你的私人鑰匙就能保護訊息，並將它發回給你，他們只需使用你的掛鎖封鎖住訊息。

理論上，其他人有可能藉由找出正確的質數組合而撬開你的掛鎖，但這需要難以實行的大量計算。二〇〇〇年代初期，RSA實驗室公布某些半質數，而且懸賞現金給任何能解開其質數組合的人。的確，有人拿到兩萬美元的酬賞，但卻是在使用八十部電腦連續運算五個月之後。此外，為更大數字所提供的更大獎項則無人領取。

難怪英蒙上將惟恐該知識落入美國敵人的手中。但赫爾曼教授瞭解這位情報頭子所不明白的事。世界正在改變，電子通訊將變得日益重要，如果沒有辦法安全通訊，許多私人部門的交易活動將無法進行。

赫爾曼教授是對的。我們每次送出秘密的工作電子郵件，或在線上購物、使用銀行應用軟體、造訪以'https'開頭的網站，無不在證實這件事。倘若沒有公開金鑰密碼系統，任何人都能讀取你的訊息，窺看你的密碼和複製你的信用卡資料。公開金鑰密碼系統也讓網站得以證明它們的可信賴，沒果沒有它，會有更多網路釣魚詐騙事件。網際網路絕不會是現在這個樣子，其經濟效用將大打折扣。現在，安全的訊息不再只專屬秘密單位，它們成為日常商務生活的一部分，保障了線上購物的安全。

值得一提的是，英蒙上將很快察覺赫爾曼教授的考慮有道理，不再堅持威脅要提起告訴，後來兩人甚至發展出難得的友誼。不過當時的英蒙上將也沒有錯，公開金鑰密碼系統確實讓他的工作變得棘手。加密機制對於毒販、兒童色情狂和恐怖份子來

---

①如同西蒙．辛格（Simon Singh）在《密碼書》（*The Code Book*, 1999）中指出，許久之後消息透露，替政府通信總部（GCHQ）工作的英國研究人員，確實在早幾年就發展出公開金鑰密碼系統的重要概念。該研究被列為機密，保密到一九九七年。

說，和付錢在eBay購買印表機墨水的你我一樣有用。從政府的觀點來看，理想狀態可能是這些加密不會被一般人或犯罪者輕易破解，從而保障網路經濟的好處，但政府仍可以監視一切。英蒙領軍的單位稱作「國家安全局」。二〇一三年，愛德華．史諾登（Edward Snowden）發表秘密文件，顯示那正是美國國安局的目標。

史諾登所引發的爭論砲火隆隆，而且持續進行中。如果我們無法讓加密的運用者僅限於好人，那麼國家應該擁有什麼樣的窺探權限，以及何種防範窺探的措施？同時，另一種技術恐怕將使公開金鑰密碼系統徹底失效，那便是量子計算。量子電腦利用事物以量子層次運作的古怪方式，有可能比一般電腦更為快速地執行某些數量級的計算。其中一項計算是，找出你用來相乘出一個巨大半質數的兩個質數。如果這變成容易的事，網際網路就成了一本打開的書。

目前量子計算仍處於早期發展階段。但在迪菲和赫爾曼為網路安全奠定基礎的四十年後，學院的譯解密碼者正在加緊維護這個成果。

25 複式簿記 Double-Entry Bookkeeping

約一四九五年，天才中的天才達文西，在他著名的筆記本中列出待辦事項清單。達文西的待辦事項以鏡像文字書寫，點綴以素描圖，內容洋洋灑灑：「找某位水力學大師告訴我，如何以倫巴底人的方式修復水閘、運河和磨粉機。」「向佛羅倫斯商人班奈德托．波提納里（Benedetto Portinari）詢問，法蘭德斯的人用什麼方法在冰上活動。」以及簡短得令人不解的「畫米蘭」。

這份清單還包含以下條目：「從頭向盧卡大師學習乘法。」達文西非常崇拜我們如今稱之為大師的盧卡．帕西奧利（Luca Pacioli）。帕西奧利是十足的文藝復興式人物，一生接受商學教育，同時也是魔術師、棋藝高手、謎語愛好者、方濟會修士和數學教授。但帕西奧利現在以有史以來最知名的會計師而聞名。

帕西奧利常被後人尊為「複式簿記之父」，但他並未發明複式簿記。複式簿記系統——當時稱作威尼斯式簿記——早在兩個世紀之前，約一三〇〇年就開始使用了。威尼斯人已放棄不實用的羅馬數字書寫系統，改採阿拉伯數字。他們也接受了伊斯蘭世界、甚或出自印度的複式簿記概念，在上述地方，這類技巧有可能追溯到數千年前。也可能這是當地威尼斯人的發明，為了商業目的而採用新的阿拉伯數學。

在威尼斯式簿記流行之前，做帳方法相當原始。中世紀早期商人頂多是到處旅行的銷售員，沒有記帳的必要，很容易檢查錢包是滿的或空的。封建莊園雖然需要記錄開銷，但系統極其簡單，負責照料特定產業的某人會以口頭方式報告狀況和開支的「帳目」。這些帳目由「稽核員」見證聆聽。是的，「稽核員」（'auditors'）字面上的意思就是「聆聽者」。英語中，「會計學」一詞可回溯到純粹的口說傳統。至於中國人老早就開始記帳，不過他們更專注於官僚政治運作，而非商業經營的問題，他們尤其不善處理借貸問題。

但隨著義大利城邦的商業體規模越來越大，而且更加仰賴貸款和通貨交易等金融工具，仔細記帳的需求變得再明顯不過。我們有法蘭西斯科．迪．馬可．達提尼（Francesco di Marco Datini）所留下引人注目的商務記錄，他是佛羅倫斯附近的普拉托（Prato）的商人。達提尼從一三六六年到一四一〇年之間持續記帳，時間幾乎長達半個世紀。這些紀錄起初只不過是財務日記，但隨著達提尼的業務越來越複雜，他需要某種更精密的東西。

舉例來說，一三九四年末，達提尼從西班牙外海的馬約卡島（Mallorca）訂購羊毛。六個月後綿羊剃毛，再過幾個月後，二十九袋羊毛經由巴塞隆納運抵達比薩。達提尼將羊毛盤捲成三十九捆，當然，其中二十一捆交給佛羅倫斯的顧客，其餘十八捆留在達提尼自己的倉庫——在下訂單後過了一年多，於一三九六年到達。這些羊毛歷經一百多個不同轉包商的捶打、以油脂潤滑、梳理、紡紗、起絨、染色、熨壓和摺疊，最終的成品——六匹布——經由威尼斯運回馬約卡島，但不在馬約卡島販賣，而兜售到瓦倫西亞（Valencia）和北非。最後一匹布於一三九八年售出，幾乎是在達提尼最初訂購羊毛的四年之後。

難怪達提尼如此焦慮，堅持徹底弄清楚關於存貨清單、資產和負債的問題。他斥責某位困惑不解的合夥人：「你根本看不見一碗牛奶裡的烏鴉！」並對另一位合夥人說：「你連從鼻子走到嘴巴都會迷路！」但達提尼不會迷失在自己錯綜複雜的財務中，因為早在他訂購羊毛的十年前，他已經開始採用先進的威尼斯式複式簿記系統。

那麼，一個世紀後，備受讚揚的帕西奧利為複式簿記這門學科添加了什麼？簡單來說，一四九四年他寫下《算術、幾何學、比例及均衡概要》（*Summa de Arihmetica, Geometrica, Proportioni et Proportionalita*），以密集排版的六百一十五頁內容，探討當時已知有關數學的一切。在帕西奧利這本龐大的教科書裡，其中二十七頁被許多人視為資本主義史上最具影響力的作品。內容清楚描述了複式簿記，並提供詳盡且大量的範例。

除了幾何學和算術，這本《概要》也是實用的指南。帕西奧利提醒讀者，他們有可能會在安特衛普以至於巴塞隆納等地做生意，面對每個城市不同的關稅和度量衡標準。「如果你當不好會計師，」他警告，「你會像盲人一樣摸著路前進，還可能蒙受重大的損失。」

帕西奧利的書因某項新技術而加速傳播：古騰堡發展出活版印刷機的半世紀後，威尼斯成為印刷業中心。帕西奧利的書一次印刷兩千本，數量驚人，在歐洲被廣為翻譯、複製和抄襲，這才讓複式簿記慢慢才流行起來，之前沒有受到重視，或許是因為技術要求嚴苛，以及對簡單的生意來說沒有必要。但在帕西奧利之後，複式簿記開始被視為頂尖的技術。隨著工業革命的開展，帕西奧利所創設的概念逐漸被當作商業命脈不可或缺的一部分，而且現今通行世界的系統，本質上正是帕西奧利所描述的系統。

那是什麼樣的系統？帕西奧利的系統基本上有兩個要素。首先，他描述盤點存貨的方法，然後利用兩本簿冊掌握逐日的交易——粗略的備忘錄，加上比較整齊有組織的日誌。再者，他還利用第三本簿冊作為系統基礎的總帳。每筆交易在總帳中記錄兩次：舉例來說，如果你賣出價值一達克特（ducat）的布，你必須為布料和這一達克特報帳。複式簿記系統有助於發現錯誤，因為每個帳目都應該有對應物與之保持平衡。而這種平衡、對稱彷彿近乎神聖，足夠吸引文藝復興時代的數學家關注。

到了工業革命期間，複式簿記不只是數學完美主義者的習題，也是指引實際商務決定的工具。陶器企業家約書亞．威治伍德（Josiah Wedgwood）是最早看出端倪的人。起初，獲利豐厚、事業得意的威治伍德並不費心仔細做帳，但到了一七七二年，歐洲面臨嚴重的經濟衰退，對威治伍德的裝飾性陶器的需求也突然萎縮。他的倉庫開始堆滿沒賣出的存貨，工人們無所事事。他該如何反應？

面對這個危機，威治伍德求助於複式簿記，以瞭解生意的獲利到底來自何處，以及，要如何擴大利潤？他掌握每件產品的成本——聽來簡單的問題，但其實不然——並盤算他應該擴大生產並降低售價以贏得新顧客。最後，其他人跟著仿傚他的作法，「管理會計」學科就這樣誕生了，這個不斷成長的指標、基準和目標系統，無情地引領我們走進現代世界。

但在當時那個現代世界，會計還有另一項作用。它不只關係到確保基本債務的履行，例如列出信貸和債務項目，也不只是某個威尼斯商人記錄自己的業務，或者某個陶器大亨設法掌控他的成本。它確保了股東能公平收到部分的公司獲利，而只有會計師能說出真正的獲利是什麼。

就此而言，過去的紀錄並不令人樂觀。二十一世紀一連串的醜聞：安隆（Enron）、世界通訊（Worldcom）、帕瑪拉特（Parmalat）弊案，當然還有二〇〇八年的金融危機都告訴我們，經過稽核的帳目未必可以完全保護投資者。一個企業可能因為詐欺或管理不善而處於倒閉邊緣，但我們無法保證帳目能警告我們這件事。

會計詐欺不是新把戲。最早需要大資本投資的是鐵路公司：他們必須提早募集大量資金用於鋪路軌道，得要過了很久之後才可望獲利。可惜，並非每個人都能像康內留斯・范德比爾特（Cornelius Vanderbilt）一樣，藉由這些長期投資致富。一八三〇和四〇年代的英國歷經「鐵路狂熱」，許多投機者將積蓄投入從未產生利潤回報的新鐵路，或某些根本不曾興建的案子。當然，上述的鐵路公司付不出預期中的紅利，他們乾脆假報帳目，讓泡泡繼續膨脹。作為實質投資的鐵路是一大成就，但作為金融投機事業的鐵路，往往是場災難。鐵路股票或債券的泡泡在一八五〇年可恥地被戳破。

或許這些鐵路投資者早該好好讀一讀喬叟，他是普拉托商人達提尼時代的作家。在喬叟所著〈水手的故事〉（'The Shipman's Tale'）中，某位富商因為過於關注他的帳目，而沒注意到有個教士正在追求他的妻子，而他手上的帳目也無法拯救他免於一場大膽的騙局：教士向商人借錢，把錢交給商人的妻子——用她自己丈夫的錢買通上她床的路——然後告訴商人他已經還了債，叫商人問自己的妻子要這筆錢。

因此，會計學雖是效力強大的金融技術，但無法保障我們不受公然的詐騙，而且很可能誘使我們自滿。如同這位疏忽的妻子告訴他那埋首於帳本的富有丈夫：「一切都是魔鬼的算計！」

26 有限責任公司 Limited Liability Companies

尼古拉斯・巴特勒（Nicholas Murray Butler）是他所處時代的優秀思想家之一，身兼哲學家、諾貝爾和平獎得主和哥倫比亞大學校長。一九一一年，有人要求巴特勒列舉工業時代最重要的發明。蒸汽，或許吧？電力？「不，」他說，如果沒有另一種東西（他稱之為現代最偉大的發明），前面提到的蒸汽和電力「將淪為相對重要」。那東西是？有限責任公司。

說有限責任公司「被發明」似乎是奇怪的，但它並非無中生有。'incorporate' 這個字意指「具有形體」，並非一種實體，而是法人。就法律觀點而言，公司不同於擁有、經營或為它工作的人，那是立法者必須去構思的一種概念。倘若沒有法律說明公司能做哪些事，例如擁有資產或簽訂契約，「公司」一詞將毫無意義。

現代公司的先驅出現於古羅馬時期，不過現代公司的誕生溯源於英國，時間是一六〇〇年新年前夕。當時成立一家公司不只涉及填寫制式表格，還需要皇家的特許狀，而且不包含做生意和獲利的普遍性目標。公司特許狀會具體指明這家公司被允許做哪門生意，而且往往規定他人不准涉足這門生意。

新年前夕創設的這個法人，被委以處理好望角以東的所有英國海運貿易，其股東是二百一十八名商人。至關重要的是，該份特許狀不尋常地同意這些商人對公司行為承擔**有限責任**。為何此事這般重要？因為若非如此，投資者個人就得對為公司所做的每件事負責。如果你入股一家負債而無法償還的公司，其債務人可以向你追討，不光是你投資的價值，還包括你所擁有的一切。

這麼一來就值得三思了：你會投資誰的生意？如果你知道你可能破產，甚至陷入牢獄之災？也許是關係緊密的家人，或者不得已時為可信任的朋友所做的投資。這人得是你足夠熟識，時常碰面，也能夠注意他是否行為蹊蹺。我們現在會購買從未謀面之人的公司股票，這種投資方式在當時是不可思議的。在過去，冒險事業所能募集到的資本，無不嚴重受限。

回到一五〇〇年代，那時或許問題不大，因為大多數生意都是個人經營的地方性小生意。但處理英國在半個世界的貿易可是重量級事業，伊莉莎白女王創立的公司稱作「東印度公司」，它在接下來的兩個世紀成長為更像個殖民政府，而非一間貿易公司。巔峰時期的東印度公司統治九千萬名印度人，雇用一支有二十萬士兵的軍隊，擁有菁英領導的文官體制，還發行自己的錢幣。

此後，「有限責任」的概念開始流行，一八一一年，紐約州予以引進，不是皇家的特權，而是授予任何一家製造公司。其他州和國家也相繼跟進，包括領先世界的經濟體英國也在一八五四年仿傚。當然，並非人人都贊同此事：《經濟學人》期刊（*The Economist*）便對此嗤之以鼻，並指出如果人們想要只負擔有限的責任，他們大可透過私人契約達成協議。

如我們所見，十九世紀的工業技術例如鐵路和輸電網需要資本，而且是大量的資本，那意味著要有大規模的政府計畫（這在當時並不流行），或者——有限責任公司。

有限責任公司最終證明了自身的價值。不久之後，《經濟學人》滔滔表示，「有限責任的不知名發明者，無愧於與瓦特、史蒂芬生和其他工業革命先驅相同的榮譽地位。」但鐵路熱證明，有限責任公司依舊有它的問題。其中一個問題對現代經濟思想之父亞當．斯密而言顯而易見。在一七七六年出版的《國富論》中，亞當．斯密並不相信專業經理人會善盡照顧股東荷包的職責：「不能期待經理人像私人合夥的投資者一樣，謹慎小心地看管他們自己的錢財。」他如此寫道。

原則上，亞當．斯密說得沒錯。經理人永遠可能受到誘惑，忍不住想玩弄投資者的錢。我們發展出公司治理法規，設法保護股東，但如我們所見，這些法規並非總是管用。而且，公司治理法規也會產生自身的緊張態勢。

想想時下流行的「企業的社會責任」概念，在這概念下，公司應該捐款給慈善機構，或欣然接受法律要求的勞動或環保標準。在某些案例中，這是建立品牌的聰明辦法，可以換來更高的銷售額。但或許在其他案例中，經理人會利用股東的資金買到社會地位或安定的生活。職是之故，經濟學家米爾頓．佛利曼（Milton Friedman）主張「企業的社會責任，便是將獲利極大化」。只要合法而且能賺錢，就應該做。如果人們不喜歡這種情況，大可去修改法律，而非責怪公司。

麻煩在於，公司企業也能影響法律的修定。它們能資助遊說者和捐款支持候選人的選戰活動。東印度公司很快便明白與英國政治人物保持良好關係的意義，那就是每當公司遇上麻煩，這些政客會適時幫它脫困。舉例來說，一七七〇年的孟加拉饑荒，重創了該公司的總收入，英國國會議員馬上免除了東印度公司出口茶葉到美國殖民地的關稅，藉此拯救它免於破產。此事對他們而言或許是短視之舉，因為那最終導致波士頓茶黨事件（Boston Tea Party）以及《美國獨立宣言》的發表。你可以說美國之所以存在，得歸功於公司對政治人物的過度影響力。

如今，公司的力量可說更加強大了，理由很簡單：在全球經濟中，公司可以威脅要向外遷移。有了航運貨櫃和條碼作為全球供應鏈的基礎，讓公司有能力在它們想去的任何地方找出關鍵的功能。等到英國立法者最終厭倦了東印度公司的要求，他們只得祭出終極的制裁——在一八七四年撤銷其特許狀。可見政府在處理現代跨國公司時，必須更謹慎地發揮影響力。

我們常以為自己是活在以自由市場和資本主義為主力的世界，很少人想回到毛澤東或史達林的計畫經濟，在那樣的環境中，決定要生產什麼東西的是階級，而非市場。然而，階級正好就是公司**內部**做決定的方式。也就是說，接待員或負責付帳的職員在做決定時，他們不是因為黃豆價格上揚而這麼做，他們只是聽從老闆的命令。在自由市場資本主義的堡壘美國，大約半數的私人企業員工是替至少有五百名在職者的公司工作。

有人認為現在的公司已經成長得過於龐大，而且過於具有影響力。二〇一六年，皮尤研究中心（Pew Research Center）詢問美國人是否覺得經濟系統「大致公平」，或者「不公平，較有利於掌握權勢者」——結果回答不公平的人居多，數量是二比一。連《經濟學人》都開始擔心，管理者現在不敢讓支配市場的公司暴露於健康的競爭中。

要擔心的事相當多。但在我們擔心的同時，也別忘了有限責任公司為我們所做的事。它藉由協助投資者募集資本，而不必承擔難以接受的風險，也使得大型產業計畫、股票市場和指數基金得以存在。有限責任公司在創造現代經濟中，扮演了奠定基礎的角色。

27 管理顧問 Management Consulting

地點：印度孟買附近的紡織廠。

時間：二〇〇八年。

場景：一片混亂。廠房外堆滿垃圾，而工廠內幾乎沒兩樣。裡面有成堆的易燃廢棄物，以及未加蓋的化學藥品容器。紗線同樣亂七八糟，但至少紮成捆而且放在白色塑膠袋中保存。存貨胡亂堆放在工廠各處，沒有標明品項。

如此雜亂無章的環境是印度紡織產業的典型現象，而這種情況顯示出機會。史丹佛大學和世界銀行的研究團隊即將進行一項新實驗，他們要派出一支管理顧問團隊來整頓某些公司，然後追蹤事後的獲利狀態。這將是一次嚴格的隨機對照試驗，能告訴我們，「管理顧問」到底是否值得我們付費。

近年來，這個問題往往在懷疑的氣氛下被提及。如果一般對經理人的評價並不高，我們該怎樣看待那些告訴經理人要如何進行管理的人？想像一下某位擔任管理顧問的人，你會想到什麼形象？或許是打扮得體的年輕大學畢業生，認真指著有項目符號的 PowerPoint 簡報，內容讀起來像是：「健全展望以客戶為中心的可達成目標」。

好吧，我是從線上的隨機行話產生器弄來以上的說詞，不過你應該明白我的意思。這個一貫收費過高的行業所給予的建議，如果不是毫無意義，就是一般的常識。引進顧問的經理人往往遭指控被行話所蒙蔽、委婉地承認他們的無能，或者找人來代替不受歡迎的決定受過。話雖如此，這仍然是門大生意。史丹佛大學和世界銀行在印度展開實驗的那年，光是英國政府就花了十八億英鎊在管理顧問身上。全球的顧問公司總共向客戶收取約一千二百五十億美元的費用。

這個奇怪的行業從何開始？我們有崇高的說法道出它的起源：經濟變遷創造出新的挑戰，而有遠見的商業人士提供了解決之道。十九世紀後期，美國經濟迅速擴展，多虧了鐵路和電報，美國經濟也開始整合，變得更像全國性市場，而非地方性市場的集合體。公司老闆開始明白，只要能支配這個全國性新舞臺的公司，將獲得巨大的報酬。

史無前例的合併潮於焉展開，公司彼此併吞，創造出家喻戶曉的名字：美國鋼鐵（US Steel）、通用電氣（General Electric）、亨氏食品、AT&T。有些公司雇用的員工超過十萬名。這正是挑戰之所在——以往從來沒有人設法管理如此龐大的組織。一七〇〇年代晚期，複式簿記技術已經能幫助業主瞭解他們的獲利何在，以及可以採取哪些措施增加獲利，不過利用帳目實際管理一家大型公司，還需要新方法。

後來出現一位名叫詹姆斯・麥肯錫（James McKinsey）的年輕會計學教授。麥肯錫的突破性進展是一九二二年所出版的一本書《預算控管》（*Budgetary Control*），書名並不怎麼令人興奮。但對美國公司而言，《預算控管》是一大革命。麥肯錫不是利用傳統帳目來顯示過去一年企業的表現情況，他提議為想像中公司的擬定未來的帳目。這些未來的帳目將設定一家公司未來的計畫和目標，按部門逐一擬定。等到實際的帳目完成，可以比對計畫，再加以修改。麥肯錫的方法協助經理人得以掌控情況，替未來設定願景，而非只是回顧過去。

身材高大的麥肯錫個性強悍，喜歡抽雪茄，無視於醫生的警告。他的想法迅速流行起來。到了一九三〇年代中期，他以五百美元日薪聘雇自己，這樣的薪資相當於現今幣值的五千美元。他很忙碌，於是開始雇用員工，如果他不喜歡他們寫的報告，會毫不客氣將它扔進垃圾桶。「對我的客戶，我必須圓滑，」他告訴員工，「但對你們這些混蛋，我用不著這樣！」

麥肯錫在四十八歲時死於肺炎。但在他的助手馬文・鮑爾（Marvin Bower）帶領下，麥肯錫公司蓬勃發展。鮑爾有其講究，他要求替他工作的人得穿上深色西裝、漿挺的白襯衫，以及直至一九六〇年代為止，還要戴上帽子。他說麥肯錫公司不是一種職業，而是一種「實踐」；它不接受工作，而是接受「聘雇」，最終簡稱為「公司」（'The Firm'）。

達夫・麥克唐納（Duff McDonald）撰寫過有關麥肯錫的歷史，他認為該公司以科學方法進行管理的倡議，改變了商業世界，並獲得了可能是「全球最菁英的雇主」的名聲。《紐約客》雜誌曾描述出身長春藤聯盟的麥肯錫年輕員工像「由商業哲學家—國王所組成的特警隊」，空降到世界各地的公司。

但先等一下：為何公司老闆不乾脆雇用本身曾研究過這些科學方法的經理人？你雇用了某人從事某份工作，另外還要花大錢聘請顧問，去指導他們如何做好這份工作，這種情況並不常見。要如何說明像麥肯錫這樣的公司，竟能在經濟世界中獲得如此的立足點？部分的解釋令人驚訝：政府管理者替他們開拓出利基。

一九三三年的《格拉斯─斯蒂格爾法案》（Glass-Steagall Act）是一項影響深遠的美國金融立法。該法案的諸多條款中包含了強制投資銀行必須委託他人，對這些銀行正在安排的交易進行獨立的金融研究。由於擔心利益衝突，該法案禁止法律公司、會計公司和銀行本身執行這項工作。事實上，《格拉斯─斯蒂格爾法案》讓雇用管理顧問成為銀行的法律需求。接下來，一九五六年，司法部禁止新興的電腦業巨人IBM提供如何安裝或使用電腦的建議，這件事又給予了管理顧問另一個商業契機。

儘管盡可能降低利益衝突，是一個立意高尚的目標，但一向證明不太可行。離開公司數年之後，從業已久的麥肯錫前老闆拉雅．古普塔（Rajat Gupta）因內線交易被判收監，而麥肯錫自己也曾雇用安隆公司的傑夫．史基林（Jeff Skilling），後來還因為擔任他的顧問而獲得豐富的報酬，不過等到安隆公司破產倒閉而史基林入獄，他便悄悄隱身幕後。

關於聘請管理顧問還有另一番論點：管理的概念不時推陳出新，因此為了迸發新思維，或許定期讓局外人進來是值得的？這麼做顯然有效果，但常常不管用。管理顧問反而會持續發現新的問題，以便合理化他們的繼續受雇——就像水蛭，一貼上身就決不鬆開，這稱作「先登陸再拓展」策略。英國政府某部長最近承認，他所屬單位內據稱的臨時顧問，有百分之八十已服務超過一年，有些甚至長達九年。不消說，這比起雇用他們作為公務員便宜多了。難怪顧問公司會宣稱他們的專長讓納稅人沒有白花錢。

讓我們回到本文一開始提到的印度和那個隨機對照試驗。世界銀行雇用全球管理諮詢公司埃森哲（Accenture），替孟買這些亂成一團的紡織工廠建立某種結構，制定新的執行程序，包括預防性維修、適時紀錄追蹤、將貯存備用零件和存貨清單建檔，以及記錄品質瑕疵。結果有效嗎？

確實有效。這些工廠的生產力提升達百分之十七，足以輕鬆支付埃森哲的顧問費。我們不應從上述研究中貿然下定論，認為人們對於管理諮詢業務的譏諷全屬無的放矢，畢竟這些工廠是充滿行話的 PowerPoint 簡報中所稱的「低垂的果實」。但是，它至少是某件事的科學證據，那就是在實際生活中，簡單、謙遜地運用某種概念，往往能產生效益。

28 智慧財產權 Intellectual Property

一八四二年一月，查爾斯・狄更斯（Charles Dickens）首度登上美國的海岸。他在麻州波士頓受到搖滾明星般的接待，然而這位偉大的小說家是抱持著一個目的而來，他想終結那些流落在美國廉價、草率、屬於他作品的海盜版。它們不受懲罰地四處流通，因為美國並未給予非公民版權保護。

在一封寫給友人的訴苦信中，狄更斯將這種情況比喻為被搶劫後還要穿著可笑的衣服遊街示眾。「此事殊不可忍，作者遭洗劫後，竟然還要被迫穿著粗俗的服裝，現身於可惡的群眾之間……？」這是強而有力的聳動比喻，從狄更斯身上，我們能有什麼樣的期待？事實是，狄更斯所要求的，用法律保護可任意被複製或改編的想法，再清楚不過了。

專利權和版權准許壟斷，而壟斷是壞事。因為這麼一來，狄更斯的英國出版商將盡可能提高《荒涼山莊》（*Bleak House*）的售價，而阮囊羞澀的文學愛好者，只好因為買不起書而與這部作品失之交臂。但是，豐厚的利潤的確鼓勵著新的創意源源不絕，狄更斯花了許久時間才寫出《荒涼山莊》，倘若其他英國出版商也像美國出版商那樣剽竊導致商品變得廉價，或許狄更斯才不願費事寫書呢。因此，智慧財產權反映出一種經濟的權衡，亦即某種平衡的行為。如果對創作者過於慷慨，那麼好點子就會花費太久的時間才能複製、改編和散播。可是如果對創作者過於吝嗇，那麼我們可能根本不會見到好點子。

你也許希望這種權衡的作法，是由良善的技術官員謹慎地加以操作，但它一向沾染著政治色彩。一八〇〇年代的英國法律體系強力保護英國作者和發明家的權利，因為英國當時是（如今也是）全世界的文化與革新的強國。但在狄更斯的時代，美國文學與美國革新的力量尚處於襁褓期。美國經濟全面展開抄襲模式，美國人想用最便宜的方法取得歐洲所能提供的最佳概念。美國報紙的版面充斥著厚顏無恥的抄襲，連同他們對出手干預的狄更斯所發動的攻擊。

幾十年後，當美國作者和發明家的發言更有力時，美國立法者開始對智慧財產權的概念抱持著日益認同的看法。一度反對版權的報紙，也開始依賴版權。在狄更斯發難半個世紀後，美國終於在一八九一年開始尊重國際版權。在目前的發展中國家，我們可望看見類似的轉變，這些國家越少抄襲別人的想法，便能創造越多自己的想法，而自己也會更加保護這些想法。短時間內，發生了大量的變化——中國直到一九九一年才有版權系統。

現代形式的智慧財產權，源自十五世紀的威尼斯。威尼斯人發明的專利權，明顯用來鼓勵創意的產生。他們實行一貫的規則：如果發明管用，發明家會自動收到專利權；專利權是暫時的，但在那段期間可以出售、轉移甚或繼承；專利權若未經使用則將喪失；另外，如果證明該項發明密切奠基於先前的某個主意，那麼專利權也將宣告無效。這些都是非常現代的觀念。

智財權的制度很快便衍生出非常現代的問題。舉例來說，英國工業革命期間，了不起的工程師瓦特想出辦法改良蒸汽機。他花費數個月的時間發展出原型，後來投入更多的努力以取得專利。他那有權勢的生意夥伴博爾頓，甚至以遊說國會的手段來延展專利權。就這樣，博爾頓和瓦特利用專利收取許可費，並且壓垮競爭對手，例如，當時霍恩布勞爾（Jonathan Hornblower）其實已經製造出更優良的蒸汽機，結果卻被逼得破產，身陷囹圄。

其間的細節縱或卑鄙，但瓦特著名的發明確實是值得的？或許不是。經濟學家米歇爾．博德林（Michele Boldrin）和大衛．萊文（David Levine）認為，真正解開蒸汽動力產業束縛的是一八〇〇年的專利權**期滿**，這時與之競爭的發明家才得以展露他們已擱置多年的點子。那麼，博爾頓和瓦特又如何呢，專利權期滿後，他們再也無法向這些對手提出訴訟？但無論如何，他們已然飛黃騰達，於是又將注意力從訴訟轉向挑戰製造世界上最好的蒸汽機。他們像以往一樣開出高價，而訂貨簿照樣寫滿訂單。

專利非但沒有促進蒸汽機的改良，反而拖延其進展。然而，從博爾頓和瓦特的時代開始，智慧財產權的保護範圍更加擴大，版權期限也變得更長。在美國，版權期限從原本的十四年，可延期一次，變成如今是作者死後的七十年，前後通常會超過一世紀，而且專利範圍也變得更廣泛，甚至准許授予含糊的概念。舉例來說，亞馬遜公司的「一鍵」美國專利保護了一種「只按一個鍵就能在網上購物」這種其實不怎麼激進的想法。由於智慧財產規定納入往往被描述成「貿易協定」的規範中，美國智慧財產系統現在遍及全球。越來越多事物落入智慧財產的範疇，包括植物、建築物、軟體，甚至某餐廳連鎖店的外觀和感覺，都屬於它的領域。

這些延伸難以合理化，卻容易解釋，因為智慧財產權對擁有者而言極具價值，讓雇用律師和遊說者的昂貴花費有了正當理由，同時，約束的成本則廣泛分散於幾乎無所察覺的人們身上。像博爾頓和狄更斯之流無疑擁有強烈的動機，積極遊說採行更嚴格的智慧財產法，但一般購買者不太可能設法組織強力的政治運動加以反對。

經濟學家博德林和萊文對這個問題有激進的反應，他們主張讓智慧財產權完全作廢。畢竟發明東西還有其他回報，例如獲得領先競爭者的「先機」、建立強大的品牌，或者更加深入瞭解如何讓某項產品管用的訣竅。二〇一四年，為了擴大整體電動車產業，特斯拉（Tesla）公司開放其專利檔案，就是盤算著特斯拉能從中得到好處。

對大多數經濟學家而言，完全廢除智慧財產權過於極端。他們指出重要的例子，例如新藥的發明成本十分高昂，而複製成本卻微乎其微。不過捍衛智慧財產權的人，仍傾向於認為現今的智慧財產權範圍過於寬廣、期限太久，而且太難以挑戰。如果給予作者和發明家範圍較小、期限較短的保護，便可以恢復平衡，同時仍能提供創造新想法的強烈動機。

狄更斯本人最終發現，較弱的版權保護也有利於賺錢的一面。在首度造訪美國二十五年過後，狄更斯重回舊地。他的家人花錢如流水，他需要多賺些錢。他估算，既然有這麼多人讀過他的作品的「廉價版」，那麼不妨靠著巡迴演講，將他的知名度兌換成現金。他完全猜個正著：藉由作品「海盜版」的普及，進行公開演說的狄更斯大賺了一票，按現今幣值有好幾百萬美元之譜。或許智慧財產在出讓後，反而變得更值錢。

29 編譯器 The Compiler

一、零、零、零、一、零、一、一、零、一、一……那是電腦的語言。

你的電腦所做的每件聰明事，包括打電話、搜尋資料庫、玩遊戲……，歸結到底，不外乎零與一。嗯，這麼說其實不太真確，應該說，歸結到底是半導體晶片上微小的電晶體裡是否存在著電流。零或一只不過代表斷電或通電。

幸好我們不必用零和一來設計電腦程式。想像一下那會有多麼困難。舉例來說，微軟 Windows 作業系統佔用硬碟二十個十億位元組的空間，等於一千七百億個零與一。將它們列印在 A4 大的紙上，堆疊起來會有四千公尺高。現在你必須透過這些紙張來工作，以手動的方式設定每個電晶體。姑且不論這會有多麼繁瑣，因為電晶體的大小只有十億分之一公尺。如果撥動每個開關需要一秒鐘，那麼安裝 Windows，將花費五千年的時間。

早期電腦真的必須使用相當類似的方法寫程式。就拿後來稱作「哈佛一型」（Harvard Mark 1）的自動循序控制計算機來說，它長十五公尺，高二點五公尺，布滿輪子、轉軸、齒輪和開關，內含五百三十英里長的電線。從成捲的打孔紙帶接收到指令後便颼颼運轉，像一臺自動演奏的鋼琴。如果你想讓它解決一個新的方程式，你得先想清楚哪些開關應該開或關，哪些電線應該接到哪裡。然後，你必須打開所有這些開關，插上所有電線，並且在紙帶上打出所有的孔。替它寫程式是讓數學天才絞盡腦汁的挑戰，也是一件乏味、重覆、容易出錯的手工勞作。

哈佛一型問世四十年後，比較小巧而且對使用者相對友善的機器，例如Commodore 64，進入了校園。如果你和我年紀相仿，你可能還記得小時候打出下列字行的興奮：

```
10 print ‘hello world’;
20 goto 10
```

接著你瞧，粗短、低解析度的 'hello world' 兩字便填滿了螢幕。你使用直覺、可辨識的人類語言給電腦下達命令，而電腦也能瞭解，這似乎是件小小的奇蹟。如果你問為何自從哈佛一型之後，電腦會有如此大的進展，其中一個原因肯定是越來越小巧的零組件。但倘若程式設計師無法用近似人類的語言，撰寫像 Windows 這樣的軟體，將它轉譯成最終執行工作的一與零，我們也無法想像電腦現在所能辦到的事。

讓這件事開始成真的東西，稱作「編譯器」。而編譯器的故事，得從一名叫葛瑞絲・霍普的女子說起。

時下有許多人討論如何讓更多女性進入科技產業。葛瑞絲出生於一九〇六年，當時沒有太多人關心就業市場的性別平等問題。幸好葛瑞絲那身為壽險主管的父親很在意，他看不出女兒有什麼理由得比兒子少受教育。因此，葛瑞絲就讀好學校，證明她具備數學頭腦。由於她的父親是退役海軍少將，她從小就夢想加入海軍，當時女人不准當兵，所以她只好勉強接受成為教授。到了一九四一年，珍珠港遭襲事件將美國捲入第二次世界大戰。男性人才被國家徵調，海軍才開始接受女性人才，葛瑞絲立刻報名。

如果你納悶海軍要數學家何用，想想飛彈的瞄準就知道了。你該從什麼角度和方向發射飛彈？答案取決於許多條件：目標距離、溫度和濕度，以及速度和風向。這些計算並不複雜，但以人腦運算是耗時的，或許有更快的方式。當霍普中尉於一九四四年從海軍後備軍官學校畢業時，美國海軍對哈佛教授霍華德·艾肯（Howard Aiken）近日發明的一個笨拙玩意兒感興趣。那玩意兒正是「哈佛一型」，海軍於是派霍普協助艾肯去弄清楚它能做些什麼。

艾肯對於有女性加入團隊原本興趣缺缺，但霍普很快令他刮目相看，她被要求撰寫操作手冊，其實光是要想出該寫些什麼，就涉及了大量的錯誤嘗試。一型機經常在開始運作不久後戛然而止，而且不會發出對使用者友善的錯誤訊息。某次因為一隻蛾飛進機器裡，讓我們從此有了「除錯」（除蟲）（'debugging'）這個現代用語。這蟲是比喻的說法，更可能發生的是扳錯開關、紙帶打錯孔，而偵錯的工作單調乏味、曠日廢時。

霍普和同僚開始在筆記本上寫滿經過測試、可重複使用的編碼。到了一九五一年，電腦已經進步到可以在自身記憶體系統中貯存這些稱作「副程式」的區塊。霍普後來替一家名為雷明頓蘭德（Remington Rand）的公司工作，她設法說服雇主讓程式設計師用熟悉的語句呼叫副程式——「像從薪俸中抽取所得稅那樣描述任務」，按霍普的話說，而非「設法用八進制編碼或各種符號撰寫過程」。

霍普後來宣稱，「先前沒有人想到要這麼做，因為他們不像我這麼懶。」這當然是開玩笑的自謙之詞，事實上，霍普以努力工作而聞名。但這個聲明道出一個核心事實：霍普稱之為「編譯器」的想法，涉及了某種權衡。編譯器讓寫程式變得快速，但完成後的程式卻跑得比較慢，這正是雷明頓蘭德對它不感興趣的原因。每位顧客對於閃亮的新計算機有自己預設的需求，雷明頓蘭德有理由認為，公司裡的專家應該盡可能有效率地寫程式。

即使不被支持，霍普並不氣餒，她用自己的空閒時間寫出最早的編譯器。這個編譯器至少幫助了公司同仁能夠更清楚地思考。其中一位印象深刻的顧客是工程師卡爾．漢默（Carl Hammer），他用編譯器處理同僚們接連幾個月辛苦應付的一個方程式——他寫了二十行程序碼，一天之內便解決問題。全美志趣相投的程式設計師開始將新的程式區塊寄給霍普，她將它們加入函式庫，以供下一次的發表。事實上，她正在獨力開創開源軟體。

霍普的編譯器最後演進成最早的程式語言COBOL，更重要的是，它為我們現在熟知的硬體與軟體的分界鋪路。像哈佛一型這樣獨一無二的機器，軟體本身**就是**硬體：它的開關模式無法在另一部機器上運作，因為另一部機器擁有截然不同的配線方式。但如果某部電腦能執行編譯器，那麼它也能執行任何使用這部電腦的程式。

此後，層次越來越多的抽象概念，逐漸將具有人類性格的程式設計師與實體晶片的本質區隔開來，彼此朝著霍普認為合理的方向邁出深化的一步，也就是解放程式設計師的腦力，使之聚焦於思考概念和演算法，而非開關和電線。

霍普對於同僚一開始為何抗拒編譯器自有看法，那並非因為他們在乎讓程式執行得更快。不，是因為他們樂於享受身為唯一人選的威望，只有他們能代表那些只能購買電腦的凡人，跟天神般的電腦進行溝通；霍普稱他們為「大祭司」。霍普認為每個人都應該要能寫程式，如今人人皆會，電腦也因此更加有了用處。

PART

5

發明從何而來？

Where Do Inventions Come From?

許多書籍都嘗試著解答「革新是如何發生」的謎題，光從答案的範疇便可見其牽涉層面之廣。喬艾爾．莫基爾（Joel Mokyr）的《成長的文化》（*A Culture of Growth*）一書，檢視了存在於背景中的巨大力量。莫基爾著重於論述啟蒙時代歐洲的政治分裂，使得知識份子得以自由遷移、逃避迫害和尋求贊助。史蒂文．強森的著作《好點子從何而來》（*Where Good Ideas Come From*）則拉近時代的距離，檢視從一六五〇年代的咖啡館到現今的矽谷，人們分享概念的人際網絡。基斯．莎耶（Keith Sawyer）的著作《創造力說分明》（*Explaining Creativity*），是利用神經科學與認知心理學的概念，更加縮小觀察的範圍。此外還有其他許多關於這個問題的看法。

本書不是聚焦在「發明如何成形」的議題，而更感興趣於發明對於我們周遭社會與經濟結構所造成的影響。但透過這樣的探討，我們約略也能藉此得知許多有關發明從何而來的事。

有些發明是迫於需要而產生，例如，我們不知道是誰發明了犁，但我們確切知道這是為了回應變動的世界——四處搜尋食物的游牧民族不會突然發明這項技術，然後為了使用它而從事農業。另一個例子是刺鐵絲網：人人都能看出對它的需求。在許多相互競爭的設計版本當中，格利登製造出最實用的刺鐵絲網，不過我們對於他的創造過程和細節所知非常有限。整個過程似乎平凡無奇，畢竟回顧起來，這個設計原理再明白不過；只是格利登最早將之付諸實現。

另一方面，也有因供給而驅動的發明。克羅寧替斯旺森食品工作，該公司在二戰期間供應美軍保久口糧，因而賺了大錢。它已經具備生產力和技術，但需要開發新市場——冷凍電視餐是尋求獲利之下的結果。

有些發明是藉由類推思考而產生。例如佩吉和布林從學術引用中得到靈感，發展出他們的搜尋演算法；伍德蘭用手指劃著砂子，並藉由對摩斯電碼的思索而發展出條碼。話雖如此，條碼本身好幾回都獨立地被發明，成功應用與否的癥結，在於美國零售業內部的政治問題。這提醒我們，所謂發明不光只是將東西發明出來而已。要說麥克萊恩「發明」了航運貨櫃，不全然是錯的，但更具啟發意義的是描述他得克服哪些障礙，以便使該系統能上線運作。

事實上，即便是單一發明，往往也難以明確指出那是某個個人的功勞，甚至難以察覺那個靈光乍現的時刻。本書中的許多發明擁有專利，通常是歷經數十年或數世紀的演進結果。

因此，關於「發明從何而來」這問題，誠實的答案是，「幾乎你所能想像的任何地方」。

30 iPhone 智慧型手機

The iPhone

二〇〇七年一月九日，全世界最具代表性的企業家宣布某件新東西的到來，它將成為史上獲利最豐厚的產品。

那東西便是 iPhone。

iPhone 在許多方面為現代經濟下了定義。這當然包括它十足的獲利能力，的確，世界上只有兩三家公司賺到的錢，能與蘋果公司光憑 iPhone 的獲利相提並論。事實上，蘋果公司已然創造出一種新的產品類型，那就是智慧型手機。iPhone 及其模仿者代表了一種十年前不曾存在、但現在大多數人都想擁有的產品。此外，iPhone 還改變了軟體、音樂和廣告等其他市場的樣貌。

但這些都只是關於 iPhone 的明顯事實，當你深入探究，會發現更驚人的故事。

我們將功勞歸諸於賈伯斯和蘋果公司的其他重要人物——他的早期合夥人史提夫‧沃茲尼克（Steve Wozniak）、接班人提姆‧庫克（Tim Cook），以及有遠見的設計師強尼‧艾夫（Jony Ive）——但故事中某些最重要的演員已經被遺忘。

問問自己，是什麼讓 iPhone 成為 iPhone？有一部分是酷炫的設計、使用者介面、對軟體運作和硬體感覺的細膩關注。但在它迷人的外表底下，存在著造就 iPhone，以及讓其他智慧型手機成為可能的某些要素。

經濟學家瑪麗亞娜‧馬祖卡托（Mariana Mazzucato）列出使智慧型手機得以運作的十二項技關鍵技術。第一：微處理器。第二：記憶晶片。第三：固態硬碟。第四：液晶顯示器。第五：鋰電池。以上是硬體部分。

再來是網路和軟體，所以讓我們繼續往下數，第六：快速傅立葉轉換演算法。這些是聰明的數學部分，使智慧型手機能夠將如聲音、可見光和無線電波等類比訊號轉換成電腦能處理的數位訊號。

第七——你大概早已聽過這個——網際網路。少了網際網路，智慧型手機就稱不上智慧型手機。

第八：超文本傳輸協定（HTTP）和超文件標示語言（HTML），它們將難以使用的網際網路轉變成容易使用的全球資訊網的協定和語言。第九：蜂巢式網路。少了它，你的智慧型手機不僅不算聰明，就連電話都稱不上。第十：全球定位系統（GPS）。十一：觸控螢幕。十二：Siri 人工智慧助理。

所有這些技術都是使 iPhone 或任何智慧型手機真正管用的重要構成要素。其中一些不僅重要，而且不可或缺。但當瑪麗亞娜列出這份技術清單，並回顧其歷史時，她發現某件明顯的事。iPhone 發展過程中的奠基者不是賈伯斯，而是山姆大叔。上述十二項重要技術的每一項，都是透過政府大力支持，通常是美國政府。

其中幾項很有名，許多人都知道，例如，全球資訊網的存在得歸功於提姆·伯納斯—李（Tim Berners-Lee）的研究成果。伯納斯—李是受雇於由歐洲各國政府資助的日內瓦歐洲核子研究組織（CERN）的軟體工程師。而網際網路本身起初是高等研究計畫署網路（ARPANET），這是在一九六〇年代初期由美國國防部所資助的一種史無前例的電腦網路。至於 GPS 當然是純粹的軍方技術，於冷戰期間發展，直到一九八〇年代才開放給民間使用。其他例子比較不出名，但同等重要。

快速傅立葉轉換演算法讓依靠類比訊號運作的電話、電視和留聲機世界，得以轉換到一切都數位化的世界，如此才能交由像 iPhone 這樣的電腦加以處理。這類最常見的演算法發展自傑出美國數學家約翰．圖基（John Tukey）的靈光乍現。圖基此時在做什麼？你猜對了：開發軍方的應用程式。具體而言，一九六三年時，他待在甘迺迪總統的科學諮詢委員會，設法弄清楚該如何偵測蘇聯何時在測試核子武器。

沒有觸控螢幕的智慧型手機就不算「智慧型手機」，觸控螢幕的發明者是位名叫愛德華．強森（E.A. Johnson）的工程師，他最初的研究是在受雇於名稱古板的英國政府單位「皇家雷達機構」時完成，而該研究在歐洲核子研究組織中被進一步發展——又是這些傢伙。最終，多點觸控技術由美國德拉威大學的研究人員予以商業化，而韋恩．威斯特曼（Wayne Westerman）和約翰．伊萊亞斯（John Elias）將他們的公司賣給蘋果公司。然而，即便在後期階段，政府依舊扮演著關鍵角色：威斯特曼的研究團隊得到美國國家科學基金會和中情局的資助。

接下來是擁有人工語音的女孩 Siri。二○○○年，早在第一支 iPhone 問世的七年前，美國國防高等研究計畫署（DARPA）委託史丹佛研究院發展原型的 Siri，作為一種協助軍方人員處理事務虛擬的辦公室助理。二十所大學參與計畫，全力研究所有的必要技術，以便使聲控的虛擬助理成真。二〇〇七年，該研究商業化成為新創的 Siri 公司，直到二〇一〇年蘋果公司才介入，以未公開的金額取得研究成果。

至於硬碟、鋰電池、液晶顯示器以及半導體本身，也有類似的故事可說。每個案例除了涉及卓越的科學才智和私人企業的投入，更少不了政府單位針對問題所挹注的大筆資金——通常是美國政府構構，就此而言，往往包含美國軍方部門。矽谷本身深受快捷半導體（Fairchild Semiconductor）的恩惠，該公司發展出第一種具實用價值的商用積體電路。而早期的快捷半導體公司則仰賴軍方的採購。

當然，美國軍方並未製作出 iPhone，而歐洲核子研究組織也沒有創造臉書或 Google，現今如此多人倚賴的這些技術，是經由私人企業加以磨練和商業化而來的成果，但不可諱言，給予資助和冒著風險使之全部成真的——卻是政府。當我們在思索諸如能源和生物科技領域未來的挑戰時，應該謹記這點。

話說回來，賈伯斯是天才，此事無可否認。「皮克斯（Pixar）動畫工作室」是他最受人矚目的附屬計畫之一，由皮克斯發行的電腦動畫《玩具總動員》（*Toy Story*），一舉改變了電影的世界。我們可以預見，縱使沒有觸控螢幕、網際網路和快速傳立葉轉換，賈伯斯仍有可能創造出很棒的東西，但絕不會是像 iPhone 這般撼動世界的技術，而更可能是如同胡迪（Woody）和巴斯（Buzz）這樣十足迷人的玩具。

31 柴油引擎 Diesel Engines

現在時間是晚上十點。魯道夫．狄塞爾（Rudolf Diesel）吃過晚餐，回到他在德勒斯登號（*S.S. Dresden*）上的客艙，這艘船正從比利時航渡英吉利海峽。狄塞爾的睡衣已經擺在床上，但他沒有更換。這位與引擎同名的發明家滿腦子是他的沉重債務，以及即將要支付的利息，他負擔不起。在日記中，今天的日期——一九一三年九月二十九日——他用不祥的「X」做了記號。

出門之前，狄塞爾已經盡可能籌措現金，將它們塞入一只袋子，連同那些暴露其財務窘況的文件。他將袋子交給太太，吩咐她一個星期過後才能打開，他的太太絲毫不覺事有蹊蹺。狄塞爾走出客艙，脫掉大衣，將之整齊摺放在甲板上。他半個身子探出欄杆外，望著底下打旋的黑色海水，然後縱身一躍。

情況果真如此嗎？雖然這似乎是描繪狄塞爾臨終時刻最可信的記述，但依舊只是推測。根據陰謀理論家的猜想，狄塞爾是被人推落水裡。可是誰有興趣殺害一個窮困的發明家？根據密報，有兩個可能的嫌疑人。陰謀說縱然全無事實基礎，但有助於我們瞭解狄塞爾於一八九二年發明的引擎的重要經濟意義。

為了說明背景，我們將時光倒轉二十年來到一八七二年，當時的工業經濟由蒸汽提供火車和工廠的動力，但都市的交通仍得仰賴馬匹。那年秋天，馬流感使得美國城市發展陷入停滯。雜貨店架上空無一物，酒館啤酒告罄，街上堆滿垃圾。想想，一座五十萬人口的城市可能得蓄養十萬匹馬，每匹馬每天慷慨拉出三十五磅糞便，外加一加侖尿液，覆蓋整個街道，這是無可避免的災難。若有一種可靠、讓人買得起的小型引擎能取代馬匹，將會是天賜之物。

蒸汽機是候選者：蒸汽動力汽車的進展順利。而另一個候選者是內燃機，也就是使用汽油、瓦斯甚至火藥的早期引擎。但在狄塞爾還是一名學生時，這兩種引擎的效能都極差，只能將大約百分之十的熱能轉換成有效的功。

當時，慕尼黑巴伐利亞皇家理工學院（Royal Bavarian Polytechnic）一場關於熱力學的演講，改變了年輕狄塞爾的人生，這場演講探討了引擎效能在理論上的限制。當時在實務運用上所達成的百分之十效能，在演講者命題的標準下看起來非常低，於是狄塞爾一心想要打造出一種能儘量將熱能完全轉換為功的引擎。當然，完美效能實際上是不可能發生的，但他所創造出第一部有效的引擎，效能大於百分之二十五，已經遠超過當時技術水平的兩倍。如今最好的柴油引擎，效能高於百分之五十。

汽油引擎的運作乃藉由壓縮燃料和空氣的混合物，然後用火星塞點燃。但過度壓縮的混合物可能會提早自動點火，造成使引擎不穩定的爆震。狄塞爾的發明僅壓縮了空氣，避免了上述問題，使注入的空氣熱到足以點燃燃料。這讓引擎更具效能，因為壓縮比越高，所需要的燃料越少。為了購車而做過調查的人都深諳柴油引擎優劣的基本事實，柴油車買起來比較貴，但開起來比較經濟。

可惜在狄塞爾發明的早期引擎中，可靠性問題更甚於其所獲得的效能。這位發明家不停面對要求退款的不滿顧客，讓他陷入財務的無底洞，再也無法脫身。說來諷刺：現代經濟中最實用機器之一的發明者，其動機是來自一場啟發靈感的演說，而非金錢，這倒顯得理所當然，因為他根本沒賺到錢。

但他仍然繼續研究他的引擎，在不斷改良下，其他的優點陸續浮現，包括柴油引擎可以使用比汽油更重的燃料，也就是後來稱作「柴油」（dissel oil）的一種較重的燃料，而從原油提煉柴油的成本，比提煉汽油便宜。除此之外，柴油冒煙量較少，較不容易造成爆炸。就軍用車輛來說，這點特別具有吸引力，畢竟你不希望滿車的炸彈意外引爆。到了一九〇四年，狄塞爾已讓他的引擎成功加裝於法國的潛水艇。

讓我們回到開頭關於狄塞爾之死的陰謀論。在一九一三年的歐洲，戰鼓聲不停逼近，面臨財政困難的德國正要進攻倫敦。某報紙標題駭人聽聞地推測：「發明家被拋入海中，以防專利賣給英國政府。」

直到第一次世界大戰結束，狄塞爾的發明才運用在比汽車重的重型運輸車輛上，真正開始發揮其商業潛能。首批以柴油為動力的卡車出現於一九二〇年代，而火車是一九三〇年代；到了一九三九年，全球有四分之一的海運開始以柴油作為燃料。二戰之後，動力與效能日益增加的柴油引擎，讓船舶得以越造越大，狄塞爾的發明真正堪稱全球貿易的引擎。

整體來說，燃料佔了全球貨運成本約百分之七十。你可以理解為何科學家瓦克拉夫・斯米爾（Vaclav Smil）認為，倘若全球化進程是以蒸汽而非柴油為動力，那麼貿易成長速度將緩慢許多。經濟學家布萊恩．亞瑟（Brian Arthur）對此倒不是如此肯定。亞瑟認為，上個世紀內燃機的崛起是「路徑依賴」的實例，在這個自我強化的循環中，存在著既有的投資和基礎建設，意味著我們持續以特定方式行事，然而一旦我們重新來過，就很可能有不同的作法。亞瑟主張，最遲到一九一四年，蒸汽至少和石油一樣是可行的汽車動力來源，但石油產業越來越大的影響力，確保了更多資金投入內燃機、而非蒸汽機的改良。因此，如果情勢並非如此，也就是說，倘若有等量的投資挹注在蒸汽機的研究和發展，誰知道會發生什麼樣的突破，也許我們現在正開著新一代的蒸汽動力汽車。

再者，倘若狄塞爾能為其所欲，或許全球經濟將靠花生運作。原因是，雖然狄塞爾的名字已經成為石油衍生物的同義字，但他所設計的引擎，其實可使用從煤粉到植物油等多種燃料來發動。一九〇〇年的巴黎世界博覽會上，他示範了以花生油為燃料的模型，往後他變得有點像一名理想的福音傳播者。一九一二年，在他去世的前一年，狄塞爾預言植物油將成為像汽油產品一樣重要的燃料來源。

這樣的遠景對於花生田的擁有者來說，無疑比對油田的擁有者更有誘因，不過，加以推廣這份遠景的動力，隨著狄塞爾的死而煙消雲散。因此，第二個陰謀論促成當時報紙的聳動標題：「發明家遭壟斷石油的大財團派人謀殺」。

最近，人們重新對生質柴油感興趣。生質柴油的污染性比石化燃料小，但也有爭議性，因為這好比跟農業競爭土地，抬高了食物價格。在狄塞爾的時代，這比較不令人擔心，因為那時的人口遠比現在少，而且氣候比較可預測。他的引擎能協助發展貧窮的農業經濟，這個想法讓他興奮。倘若近百年來最有價值的土地不是可以鑽油，而是可以種植花生的土地，如今的世界會有何等不同的樣貌？

就像我們永遠無法確知狄塞爾到底發生了什麼事，我們只能猜測。十天後，一具無名屍體突然出現在另一艘船旁邊，已經嚴重腐爛到無法辨識；的確，船員也不願將它撈到船上。從屍體夾克裡找到的錢包、小摺刀和眼鏡盒，後來獲得他兒子的證實，死者是狄塞爾無誤。狄塞爾的屍體再度被海浪帶走。

32 時鐘 Clocks

一八四五年，英格蘭西部愛塞特（Exeter）聖約翰教堂的時鐘多了一項古怪的特色：鐘面上出現了另一支分針，走得比原本的分針快了十四分鐘。如正《楚曼的愛塞特航空郵報》（*Trewman's Exeter Flying Post*）的說明，這是「對大眾極為便利的事」，因為它讓這座鐘「同時顯示了在愛塞特的正確時間，也就是鐵路時間。」

人類的時間感向來依照行星的運行下定義。早在我們知道地球在軸心上轉動，以及繞著太陽運轉之前，我們就談到「日」和「年」。從月亮的盈虧，我們有了月份的概念。太陽通行過天空，給予我們諸如「正午」等名稱。當然，太陽何時切確上升到最高點，取決於你從何處觀看。如果你碰巧在愛塞特，你看見它的時間大約比在倫敦的人晚十四分鐘。

當時，鐘變得普及，人們自然而然根據當地的天象觀察來設定時間。這麼做沒有問題，你只需要和其他當地人協調一致：假設我們都住在愛塞特，說好在晚上七點碰面，即使屆時在兩百英里外的倫敦，當地人會認為那是七點十四分，也幾乎沒有什麼關係。可是等到火車連結了愛塞特和倫敦，中途停靠其他許多城鎮，全都有自己的時刻概念，我們便面臨邏輯的夢魘。

早班火車時刻表直截了當地告知旅客：「倫敦時間大約比雷丁（Reading）時間早四分鐘、比賽倫賽斯特（Cirencester）時間早七分半鐘……」以此類推，將使許多人陷入無可救藥的困惑。更嚴重的是，火車司機和打信號的人員也會一頭霧水，提高了撞車的風險。

所以，鐵路採用「鐵路時間」，以倫敦格林威治自治市著名天文臺所制定的「格林威治標準時間」為基準。有些市政當局很快便理解全國時間標準化的效益，相應地調整了自己的時鐘，有些則憎惡這種霸道的大都市強制要求，以可愛的鄉土觀念，死守著如同《楚曼的愛塞特航空郵報》所說的，他們的時間才是「正確時間」的堅持。多年來，愛塞特的教長頑固地拒絕調整該市大教堂的時鐘。

事實上，並沒有所謂「正確時間」這回事。如同貨幣的價值，那只是一種協定，從其他人的廣泛接受取得共識。但準確的計時的確是存在的，這件事可追溯到一六五六年一位名叫克里斯蒂安・惠更斯（Christiaan Huygens）的荷蘭人。

當然，早在惠更斯之前就有時鐘。從古埃及到中世紀波斯等文明中，都已經出現水鐘，另有其他文明以蠟燭上的記號計時。不過，即便最精準的裝置也可能有一天多達十五分鐘的誤差。如果你是個想知道何時該禱告的僧侶，這種事並不困擾，除非上帝對守時吹毛求疵。但在一個越來越重要的生活領域中，就不是如此了，在這個領域中，無法準確守時會牽涉到重大的經濟利益，那就是航海。

水手藉由觀測太陽的角度，可以查明所在位置的南北向**緯度**，但至於東西向的經度，就只能靠猜測。一旦猜測失準，可能、而且確實經常導致船隻抵達錯誤的陸地，與海員以為的目的地相去數百英里，有時甚至觸礁而沉船。

準確的計時有何幫助？別忘了為何愛塞特的時鐘不同於兩百英里外的倫敦時鐘：愛塞特的正午晚了十四分鐘發生。如果你知道何時是倫敦格林威治天文臺或其他任何參考點的正午時間，就能觀測太陽、計算時差而推算出兩地的距離。惠更斯的擺錘時鐘比起先前的任何裝置要精準六十倍，但即使只是一天十五秒的誤差，也很快會在長途航行中累積成一大段時間的落差；況且在搖晃的甲板上，鐘錘的擺動並不俐落。

海洋國家的統治者敏銳地察覺到經度問題，例如西班牙國王早在惠更斯發明時鐘約一個世紀前，就提供獎賞尋求解決。後來是英國政府所提供的獎賞，促使一種足夠準確的裝置於一七〇〇年代被英國人約翰．哈里森（John Harrison）費心改良而成，①它的計時誤差每天只在幾秒的範圍內。

自從惠更斯和哈里森的發明問世以來，時鐘變得日益精準。而且在愛塞特教長的不妥協之後，全世界已經達成協議，同意將「協調世界時」（UTC）視為「正確時間」，調停全球不同的時區之後，維持十二點鐘至少是接近太陽上升到最高點時刻的慣例。

①哈里森解決了經度問題，但他不曾真正獲得他自認應得的獎項。在《經度》（*Longitude*, 1995）一書中，戴瓦．梭貝爾（Dava Sobel）有力地陳述嫉妒的天文學家們如何耍詭計，不公平地剝奪哈里森的獎項。但另外還有一種說法：由於哈里森小心翼翼守護其時鐘運作的細節，他並未針對經度問題提供實際的解決方案，只是證明他有能力解決問題。

「協調世界時」是以測量電子能階振盪的原子鐘為依據。位於華盛頓哥倫比亞特區西北的美國海軍天文臺（US Naval Observatory）主鐘本身，實際上結合了幾種不同的時鐘，其中最先進的是四座原子噴泉鐘。原子噴泉鐘裡，冷凍的原子被射出，再像噴泉般落下。如果事情出了差錯——就連技術人員進入房間都會改變溫度，都可能影響計時——還有幾座備用的鐘，準備在任何一奈秒（十億分之一秒）間接手。所有這些精密設備的準確度，每三億年的誤差不超過一秒鐘。

如此的精準度有意義嗎？我們不會用到毫秒（千分之一秒）來規劃每天早上的通勤。事實上，一支準確的手錶所帶來的聲望，向來多過於實用性。一個多世紀以來，在早期廣播節目發送整點報時的嗶嗶聲之前，貝爾維爾（Belville）家族成員每天早晨在格林威治調整他們的手錶時間，再將這個時間轉賣到倫敦各地，以此收取微薄的費用維生。他們的客戶多半是從事鐘錶業的商人，對他們來說，將他們的商品調校成與格林威治時間同步，事關專業的驕傲。

但如今，在某些地方，毫秒也事關緊要。其一是股票市場：搶在對手片刻之前，利用套利的機會能賺得大錢。某些金融家近來估算，花費三億美元打通芝加哥與紐約之間的山嶺，以比較筆直的路線鋪設光纖可加速兩地之間的交易通訊達三毫秒，是一件非常值得的投資。我們有理由懷疑，這是否是金錢所能買到對社會最有用處的基礎建設，但進行這種革新的誘因十分明顯，因此如果那些金融家對此顯得很熱衷，我們絲毫不需訝異。

普遍被接受的準確計時，也奠定了電腦和通訊網絡的基礎。但原子鐘最重要的影響（起初是對船，然後是火車）則與旅行有關。現在沒有人需要利用太陽的角度導航，因為我們有全球定位系統。連最基本款的智慧型手機都能藉由接收來自衛星網的訊號而定位出你的所在，因為我們知道在每個特定時刻、天空中每顆衛星應該在的位置，利用這些訊號進行三角測量，就能找出你身處地球的什麼地方。這是一項讓一切產生革命性變化的技術，從航海到航空、土地測量到徒步旅行，但這只有在衛星的時間一致時，才辦得到。

全球定位系統衛星通常裝設四座利用銫或銣來計時的原子鐘。它們的精準程度教惠更斯和哈里森只能靠做夢想像，但仍然足以讓你的所在位置有幾公尺的誤差，因為訊號通過地球電離層時會受到干擾而放大模糊。所以，自駕車除了需要全球定位系統，也要加裝感測器，因為在道路上，幾公尺的差距就決定了是安全待在車道上，或者遭遇迎頭的撞擊。

同時，時鐘仍持續在進步。近來科學家發展出一種以鐿元素為基礎的時鐘，直到大約五十億年後太陽死亡吞噬地球時，頂多只會產生百分之一秒的誤差。如此非凡的準確度將如何改變從今往後的經濟？只有時間能夠說分明。

33 哈伯—博施法 The Haber-Bosch Process

兩位傑出的科學家結為連理。克拉拉・伊梅瓦爾（Clara Immerwahr）剛成為德國第一位取得化學博士文憑的女性，為此她必須努力不懈。當年女性無法就讀布列斯勞（Breslau）大學，所以她特別請求每位講師讓她旁聽，然後想辦法運用關係，得以參加考試。院長在授予她博士學位時表示，「科學歡迎每一個人，不分性別。」不過緊接著又說，女性應以家庭為己任，他希望這不是新時代的開始。這句話頓時抹煞前番立意高尚的言論。

克拉拉看不出結婚有什麼理由妨礙她的職涯發展，她感到失望。克拉拉發現丈夫更有興趣的是身為晚宴女主人的她，而非具備同等專業能力的她。克拉拉發表過幾場演講，但很快就感到氣餒，當她知道大家都認為是丈夫替她寫的演講稿。她的丈夫工作、交朋友、旅行和拈花惹草，而她則留在家裡帶小孩。她忿忿然且不情願地讓發展專業的企圖心悄然而逝。

倘若二十世紀初的德國對於性別有不同的態度，我們即便無法知道克拉拉能夠成就什麼，也可以猜想她所不會做的事。克拉拉不會像丈夫一樣開創化學武器，為了幫助德國打贏第一次世界大戰，熱心鼓吹用氯氣攻擊協約國部隊。她控訴丈夫殘暴，而丈夫控訴她叛國。一九一五年，氯氣首度在伊珀爾（Ypres）發揮毀滅性的功效後，她的丈夫受封為上尉，而她拿起他的槍飲彈自盡。克拉拉和弗里茨·哈伯（Fritz Haber）結縭十四年。到了第八年，哈伯所做的突破如今被某些人視為二十世紀最重要的發明。沒有它，世界將近一半的人口無法活到現在。

哈伯—博施法利用空氣中的氮製造出氨，再用氨製造肥料。植物需要氮，這是它們的基本需求之一，其他還包括了鉀、磷、水和陽光。在自然狀態下，植物死亡後體內含有的氮會回到土壤，讓新生植物利用它生長。然而，農業中斷了這個循環，因為人類收割農作物並且吃掉它們。

打從農業時代初期，農夫便發現了可以防止作物產量隨著時間下滑的各種方法，其中一種解決方式，就是給農地補充氮。糞肥含氮，堆肥也是；豆科植物的根部寄生著能補充土壤氮含量的細菌，這正是包括豌豆或豆子等輪作作物有益於田地的原因。但這些技術難以完全滿足植物對氮的需求，給植物更多的氮，它們才能生長得更好。

直到十九世紀，化學家才發現這件事。諷刺的是，氮佔了空氣中的百分之七十八，卻不是植物所能利用的形式。空氣中的氮由兩個緊密連結的原子構成，植物需要這些原子與其他元素化合才能利用，例如見存於鳥糞或火藥主成分硝酸鉀中的草酸銨。南美洲出產鳥糞和硝酸鉀，經開採運往世界各地並埋入土壤中，但到了世紀末，專家們開始擔心當儲量耗盡後，會產生嚴重的後果。但願能將空氣中的氮變成植物所能利用的形式。

這正是哈伯想辦法做到的事。他在部分好奇心及部分愛國心（後來引導他走上發展化學武器的路），加上巴斯夫（BASF）化學公司有利可圖的合約驅使下完成此事。此後，該公司的工程師卡爾．博施（Carl Bosch）設法將哈伯的方法以工業的規模複製。後來兩人獲頒諾貝爾獎——哈伯的案例頗有爭議，因為當時許多人視他為戰犯。

哈伯－博施法或許是經濟學家所謂的「技術替代」最重要的例子：在我們似乎已達到某種基本的物理極限時，緊接著發現了替代的辦法。人類歷史上大多數時期，如果想要有更多食物養活更多人口，便需要更多的土地。但土地這東西就像馬克．吐溫曾開玩笑地說過：「人們再也製造不出來。」哈伯－博施法提供了替代方案，不必找到更多土地，而是製造氮肥。這種辦法就像煉金術，如同德國人所說的：「從空氣中生出麵包」。

這個嘛，從空氣中生麵包需要相當大量的石化燃料。首先，你得有天然氣作為氫元素的來源，以便和氮元素結合成氨。接下來，還需要能產生高熱和高壓的能量。哈伯發現必須透過催化劑打斷空氣中氮原子的原子鏈，驅使它們轉而與氫結合。想像一下，柴燒披薩餅爐的高溫，加上海平面下兩公里的水壓，需要多麼巨大的能量。因此，要創造出這些條件，使其規模大到足以每年製造出一億六千萬公噸的氨（大多用作肥料），現今的哈伯－博施法消耗掉了全世界超過百分之一的能源。

這種作法勢必會產生大量的碳排放，這還不是唯一的生態憂患。肥料中的氮只有少部分經由農作物進到人類肚子，可能少至百分十五；大部分的氮最終是進入空氣或水中。這是嚴重的問題，理由有幾個：氧化亞氮這類化合物是強效的溫室氣體。

它們會污染飲用水、製造酸雨，使土地變得更酸，讓生態系統出差錯，威脅生物多樣性。當氮化合物流入河裡，同樣會促成某些有機體的生長，結果造成海洋「死區」，在這種環境下，靠近表面的藻類會大量滋生，阻擋住陽光，導致下方的魚類死亡。

哈伯—博施法雖說不是造成這些問題的唯一成因，卻是禍首，而且無法擺脫，因為下個世紀對肥料的需求預計將達到兩倍。事實上，科學家尚未完全掌握，將如此大量穩定的惰性氣體氮轉變成其他各種高反應性的化合物，將對環境造成何種長期影響。我們正處於一項全球實驗的中途點。

不過，這項實驗的結果之一已經清楚顯現：大量的食物得以供應給更多的人口。觀察全球人口圖表，你會發現當哈伯—博施法肥料開始廣泛施用時，人口陡然增加。同樣的，哈伯—博施法不是食物產量攀升的唯一因素，各種新作物如小麥和稻米，也扮演了它們的角色。然而，假設我們運用哈伯時代最好的技術來種植作物，地球能供養約四十億人口。而目前全球約有七十五億人口，儘管成長率已經下降，但未曾停止成長。

回到一九〇九年，哈伯成功證明了他的製氨程序，克拉拉不知道丈夫才華所獲致的成果，是否值得她為此犧牲。「弗里茨這八年的成就，」她哀怨地寫信告訴友人，「是我所失去的。」她無法想像她丈夫的研究成果多麼具有翻轉力，在總帳的一邊是可以多養活數十億人的食物；而另一邊則是需要更多天才來解決的永續生存危機。

對哈伯本人而言，其研究造成的結果並非他所期待的。年輕時代的哈伯從猶太教改信基督教，他渴望成為他自認為的德意志愛國人士。哈伯的研究除了將氯變成武器，哈伯—博施法也幫助了一戰期間的德國。氨能製造炸藥，也能製造肥料——不只從空氣中生出麵包，還生出炸彈。

然而，等到納粹黨於一九三〇年代掌權，所有這些功勞都抵不上他的猶太出身。哈伯丟了工作，被逐出德國，落魄地死在一家瑞士旅館。

34 雷達 Radar

在肯亞的裂谷，薩姆森・卡瑪烏（Samson Kamau）坐困家中，想知道何時能返回工作崗位。他原本應該在奈瓦沙湖（Lake Naivasha）畔的溫室，就像平常一樣採摘出口到歐洲的玫瑰。但飛往外國的貨運班機停飛，因為冰島的艾雅法拉（Eyjafjallajökull）火山絲毫未顧及薩姆森的生意，噴發出危險的火山灰雲佈滿歐洲的空域。

沒人知道這次交通中斷會持續多久。像薩姆森這樣的工人為工作而憂心，他們的雇主則得丟棄成噸的花朵，任它們在奈洛比機場的條板箱裡枯萎。幾天後航班復飛，但此次干擾戲劇化地說明了現代經濟是多麼仰賴空運，除了每天載送數以千萬計的乘客之外。艾雅法拉火山讓二〇一〇年的全球產能減少了近五十億美元。

我們倚賴空運的程度，可以追溯到許多發明，也許是噴射引擎，或者飛機本身。

但有時，發明也需要其他發明來完全釋放它們的潛力。對航空業而言，故事要從死光的發明說起。

不，等等，應該從**嘗試**發明死光說起。時間回到一九三五年，當時英國空軍部官員擔心在武器競賽中落後納粹德國。死光的點子令他們著迷，因此懸賞一千英鎊的獎金給能在百步之外殺死一頭羊的人。到目前為止，無人認領。但他們是否應該資助更有效的研究？真的有死光這回事嗎？他們非正式地試探羅伯特．瓦特（Robert Watson Watt）的意向，他在無線電研究站（Radio Research Station）工作。而羅伯特向他的同僚史基普．威金斯（Skip Wilkins）提出一個抽象的數學問題。

假設，只是假設——羅伯特．瓦特對威金斯說——有八品脫的水在一公里高的地方。假設這水的溫度是華氏九十八度，你想將它加熱到一百零五度，從五公里距離外得需要多少無線射頻能量？威金斯可不笨，他知道八品脫是一個成年人的血液量，華氏九十八度是人體正常體溫，而一百零五度熱到足以殺人，或至少讓人昏迷，如果你是在飛機駕駛艙內，情況也沒什麼兩樣。威金斯和瓦特彼此心知肚明，他們很快達成共識，死光是無望的，因為它需要太多能量。但他們也瞧出其中的機會，空軍部顯然有些研究經費可花，或許瓦特和威金斯能提出某種替代方案，好讓他們掏錢出來？

威金斯左思右想後，提議藉由發射無線電波，並利用回波偵測遠距離外無法目視的飛機位置，這辦法也許可行。瓦特匆匆寫下備忘錄，交給空軍部新成立的空防科學考察委員會。對這樣的點子，委員會是否感興趣？他們確實感興趣。

威金斯所描述的東西最後成為雷達。德國人、日本人和美國人全都各自展開研究。到了一九四〇年，首先達成驚人突破的是英國人。他們發明出共振空腔磁控管，功效遠勝於先前的一種雷達發射機。不過，在德國轟炸機的猛攻濫炸下，英國工廠難以生產這種裝置，但美國工廠可以。接連數個月，英國領導人打算以磁控管作為籌碼，交換美國在其他領域的秘密。後來邱吉爾掌權，認為非常時期需行非常之事，因此乾脆將他們所知的告訴美國人，並且要求協助。

就這樣，一九四〇年八月，威爾斯物理學家艾迪．鮑溫（Eddie Bowen）帶著裝有十二根原型磁控管的黑色金屬箱，忍受了惶惶不安的旅程。首先，他在倫敦搭上一輛黑色計程車。計程車司機拒絕讓這個沉重的金屬箱放進車內，鮑溫只好期盼它不會從車頂行李架掉落。然後，他搭上長途火車前往利物浦，與一名裝束俐落、看來像軍人的神秘男子共處一個廂房，男子默默看報紙，整趟旅程完全不理會這位年輕科學家。接著，他搭船渡越大西洋，假如這艘船遭受德國U艇攻擊該怎麼辦？磁控管絕不能落入納粹手裡，因此他在箱子上鑽了兩個洞，確保萬一沉船，箱子會下沉。幸好船沒有沉。

磁控管這個東西震驚了美國人，原來他們的研究落後了英國好幾年。羅斯福總統立刻同意資助，在麻省理工學院成立了新的實驗室，這是美國戰時唯一由民間單位而非軍方負責管理的實驗室。產業界也涉入其中，頂尖的美國學者被網羅加入飽溫及其英國同僚的團隊。

無論按什麼標準看，這個「放射實驗室」（Rad Lab）成效卓著，產生了十名諾貝爾獎得主。它所發展出來的雷達被用於偵察飛機和潛艇，協助打贏了戰爭。但戰時的緊迫性到了承平時期很快便告消退。其實，在民航事業的迅速擴張下，對雷達的需求應該是顯而易見的事，例如一九四五年戰爭結束那年，美國國內航空公司載運了七百萬名乘客；而到了一九五五年，乘客人數增至三千八百萬。天空交通越繁忙，防止飛機相撞的雷達就越有用處。

然而，實際上雷達的進展卻緩慢且零散。有些飛機安裝了雷達，許多飛機卻沒有安裝。理論上，飛機駕駛預先交出飛航計畫書，應可確保兩架飛機不會在同一時間出現於同一空域，不過避免撞機的預防措施最終歸結成七字協定：「看得見和被看見」。

一九五六年六月三十日早晨，兩架班機相隔三分鐘從洛杉磯起飛：一架飛往堪薩斯市，一架飛往芝加哥。兩者預定的飛行路線在大峽谷上空交叉，但處於不同高度。不久，天空形成了雷雨雲，其中一架飛機的機長用無線電通話，要求准許飛到暴風雨上方。飛航管制員批准他上升到雲層上方一千英尺——保持看得見和被看見。

沒有人知道那個瞬間究竟發生什麼事：當時的飛機沒有黑盒子，事後也沒有生還者。大約在十點三十一分之前，航管中心收聽到片段的無線電傳訊「拉升！」「我們進入……」。從失事殘骸散落峽谷地面好幾英里的情況來看，兩架飛機似乎以二十五度角彼此靠近，大概是要穿越雲層。調查人員推測雙方駕駛為了設法在雲層間找空隙而分心，好讓乘客可以欣賞美景。

意外難免會發生。問題在於，我們願意為經濟利益承擔多少風險。這個問題隨著空域變得擁擠而再度重要。許多人對於無人飛機懷抱著高度期望。目前無人機的運用層面極廣，從製作電影到噴灑農藥等各種用途，甚至像亞馬遜這類公司，也期待著城市天空很快就會出現送貨無人機的嗡嗡聲。民航權責單位正努力弄清楚應該核准哪些項目。無人機具備相當先進的「感測與閃避」技術，但是它夠好嗎？

大峽谷上方發生的空難確實值得嚴肅看待。如果技術的存在是為了預防此類事件，我們難道不應該更加努力改良運用？兩年後，現在的「聯邦航空總署」在美國誕生。如今美國的天空比以往更加忙碌約二十倍。全球最大的機場平均每分鐘有兩架飛機起降。無論天氣多麼陰霾，撞機事件少之又少，這得歸功於許多事物，但最大的功臣，就是雷達。

35 電池 Batteries

十九世紀初的倫敦殺人犯有時會在行刑之前自殺。如果辦不到，他們便要求朋友，當他們吊在絞刑架上，務必用力拉扯他們的雙腿。他們想百分之百確認自己一定死得成，因為他們的新鮮屍體會交給科學家進行解剖研究。他們可不想吊死不成，而在被切割時恢復知覺。

倘若一八〇三年被處決的喬治．福斯特（George Foster）果真在實驗臺上甦醒過來，他會處於十分難看的場面。在既顯得著迷又有點驚恐的倫敦民眾面前，有表演天分的義大利科學家將電極插進福斯特的直腸。

有些觀眾以為福斯特醒了過來。通電的探針使他無生命的屍體瑟縮、拳頭緊握。接在臉部的電極則使他的嘴做出怪相，一隻眼睛猛然睜開。其中一位旁觀者顯然驚嚇過度，不久後暴斃身亡。這位科學家審慎地向觀眾保證，他不會真的讓福斯特復活，但那是未經測試的新技術，誰知道會發生什麼事？警方在一旁待命，以防萬一福斯特需要重回絞刑臺。

福斯特的屍體接受「電流刺激」（galvanised）——這個詞源於這位義大利科學家的叔父路易吉・伽伐尼（Luigi Galvani）。在一七八〇年代的義大利，伽伐尼發現用兩種不同種類的金屬碰觸從死青蛙身上切下來的腿，會讓牠的腿抽動。伽伐尼認為他發現了「動物電」，而他的姪子開始接手研究。「流電」（galvanism）曾短暫地令大眾著迷，還啟發瑪麗・雪萊（Mary Shelley）寫出科學怪人的故事。①

伽伐尼是錯的，動物電並不存在。你無法讓已經絞殺的屍體復活，維克多・法蘭克斯坦（Victor Frankenstein）醫師所創造的怪物，依舊安全存在小說之中。但伽伐尼的錯誤是有用的錯誤，因為他將實驗展示給友人兼同僚亞歷山卓・伏打（Alessandro Volta），伏打對所見所聞有更敏銳的直覺。伏打明白，重要的不是青蛙的動物身體，而是這個身體含有導電的液體，讓電荷得以在不同種類的金屬間流通。當兩種金屬互相連接，也就是伽伐尼的解剖刀碰觸到吊掛蛙腿的黃銅鉤，便形成完整電路，引發的化學反應會造成電子流動。

伏打以不同的金屬組合和不同的青蛙腿替代品做實驗。一八〇〇年，他證明將一層層鋅片、銅片和浸泡濃鹽水的硬紙板堆疊起來，就能發出持續穩定的電流——伏打發明了電池。如同他的朋友伽伐尼，伏打留給我們的名詞是「伏特」（*volt*）。他也為世人留下一個你此刻可能正在使用的發明，如果你正好在平板電腦上聽有聲書或閱讀。多虧有了電池，才可能有這類可攜式裝置。想像一下沒有電池的世界，我們得用手搖曲柄發動汽車，還有電視機和遙控開關之間，勢必連結著糾纏不清的電線。

伏打的洞察力為他贏得廣大的欽佩者，拿破崙封他為伯爵。但伏打的電池起初並不特別實用，因為金屬會鏽蝕，鹽水會潑濺，電力不持久，而且無法重新充電。直到一八五九年，我們才有了第一顆以鉛、二氧化鉛和硫酸製成，可以再次充電的電池。這種充電電池龐大而笨重，一旦傾倒，酸液便濺灑出來。但它管用，相同的基本

①瑪麗·雪萊在「沒有夏季的那年」想到這個點子，歐洲這種天啟式的氣象發生於坦博拉火山爆發後。接連不斷的雨水將瑪麗和她的死黨——包括雪萊和拜倫——困在一棟能俯瞰日內瓦湖的別墅。他們比賽創作出最嚇人的故事。除了受到流電的影響，瑪麗故事中遭拋棄而無家可歸、沒有朋友的怪物，可能反映出她曾見過挨餓農民逐村尋覓食物的慘狀。相同的可怕經歷激發了年輕的李比希終生致力防止饑荒。

設計至今仍用於發動汽車。第一顆「乾」電池，也就是我們所熟悉的現代電池於一八八六年問世。接下來的重大突破需再花上一個世紀的時間，這個突破發生在日本。

一九八五年，日本化學家吉野彰申請鋰電池專利，後來Sony公司將它商業化。研究人員更早之前便熱衷於讓鋰在電池裡發揮功效，因為鋰非常輕，而且極容易起反應，鋰電池能以小空間容納大量的電力。可惜，鋰一接觸到空氣和水，會出現令人擔憂的爆炸傾向，因此需要某種巧妙的化學作用，使其穩定性達到可被接受的程度。

倘若沒有鋰電池，行動電話的流行可能得慢上許多。想想吉野彰提出專利申請時，最先進的電池技術是什麼模樣。摩托羅拉（Motorola）才剛發表世界上第一具行動電話DynaTAC 8000x，差不多重達一公斤，早期使用者暱稱為「磚頭」，持續通話時間為三十分鐘。

鋰電池背後的技術確實已經改進。一九九〇年代的筆記型電腦不僅笨重，而且很快就沒電；如今時髦的超薄型筆電可以在一趟長途飛行中持續使用。然而，電池壽命的成長速率比起筆記型電腦其他組件（如記憶體和處理器效能）的進步，則慢上許多。輕巧便宜、可快速充電且電力不衰退的電池何在？我們仍然在等待。

電池化學的另一項重大突破可能即將來臨——或者不會來臨。有不少研究者希望想出下個重要點子：有人正在發展液流電池，藉由泵送帶電的電解液發電；有人從事結合新材料與鋰的實驗，包括硫磺和空氣；有人將奈米技術運用於電極線，以便讓電池更為持久。但歷史告訴我們，翻轉局面的事物不常出現。無論如何，未來數十年內，電池真正的革命性發展可能不在於技術，而在於使用方式。我們習慣地認為電池是讓我們可以脫離輸電網的東西。不久後，或許我們會視電池為讓輸電網運作更有效率的東西。

可更新能源的成本正在逐漸下降，但即使是便宜的可更新能源，也存在著一個問題：它們無法隨時發電。縱使天氣完全可以預測，我們仍會在夏季白晝有供過於求的太陽能，而在冬季夜晚一無所有。在沒有陽光和風的時候，我們需要煤、瓦斯或核能讓電燈繼續發亮。還有，既然已經興建發電廠，為何不讓它們全天運轉？近來一項針對亞利桑那州東南部輸電網所做的研究，權衡了停電與二氧化碳排放的成本，得到的結論是，太陽能應可提供百分之二十的電力。美國亞利桑那州真是陽光充足之地。

如果要讓輸電網更能善加利用可更新能源，意味著我們得找到更好的能源貯存方法。有一項由來已久的解決方案如下：在有多餘能源時，將水泵送往高處，等到需要更多能源時，再讓這些水流經水力發電廠。不過這需要合適的多山地形，數量有限。電池會是解決方案嗎？或許有部分取決管理者刺激產業往這個方向發展的程度，部分則取決於電池成本下降的速度。

伊隆·馬斯克（Elon Musk）希望電池成本能迅速下降。這位電動車製造公司特斯拉背後的企業家，正在內華達州興建一座巨大的鋰電池工廠。馬斯克宣稱它將是世上第二大建築，僅次於波音七四七客機工廠。特斯拉打賭它能大幅降低鋰電池生產成本，不是透過技術突破，而是透過規模經濟。當然，特斯拉的車輛需要電池。但除此之外，它也開始像其他公司一樣供應電池組給住家和企業：如果你家屋頂安裝了太陽能板，家裡設置電池讓你可以選擇貯存白天的能源供夜間使用，而不必將多餘的電力賣回輸電網。

我們距離完全利用可更新能源和電池運作的輸電和運輸網的世界，還有一大段路要走，但這個目標逐漸可以想像，在克服氣候災變的競賽中，這世界需要刺激它展開行動的某種東西。伏打的發明，或許才正要開始發揮最大的影響力。

36 塑膠 Plastic

「除非我錯得離譜，否則這項發明將在未來證明它的重要性。」利奧．貝克蘭（Leo Baekeland）在一九〇七年七月十一日的日誌寫下這段話。他的心情愉快，為什麼不？當時四十三歲的貝克蘭一帆風順。

貝克蘭出生於比利時。倘若聽父親的話，他仍然待在家鄉修補鞋子。他的父親是個補鞋匠，沒受過教育，不明白年輕的利奧為何想唸書。他安排年僅十三歲的兒子進入補鞋業。但他那從事幫傭的母親另有打算。在她的鼓勵下，利奧去讀夜校，並獲得就讀根特大學（University of Ghent）的獎學金，二十歲時，他取得化學博士學位。他娶了導師的女兒，兩人遷往紐約，利奧因為發明了一種新的照相印刷紙而致富——至少讓他不用再工作。他在紐約市以北的揚克斯市（Yonkers）買下一棟俯瞰哈德遜河的房子，並在家中打造一間實驗室，醉心於用化學藥品東拼西湊。一九〇七年七月，他以甲醛和苯酚進行實驗。

愉悅的日誌條目一則接一則。七月十八日：「又是悶熱的一天，但我不介意，我衷心感激可以捲起襯衫袖子待在家裡，不用結上衣領出門工作的奢侈。」並非所有富人都是快樂的，貝克蘭深諳這個道理：「牆壁（華爾）街那些百萬富豪奴隸又如何，儘管天氣這麼悶熱，還是得去上班賺錢。我今天一整天待在實驗室。」他以滿意的口氣作結。或許他在思考這種無憂無慮的快樂生活要感謝誰——隔天日誌中記載他匯了一百美元給母親。四天後他寫道：「今天是我拿到博士學位的二十三週年紀念日……二十三年過得真快……我現在又當回學生了，我要一直當學生，直到死神召喚我安息。」

關於這件事，貝克蘭不全然是對的。等到死神來召喚時，年屆八十的他精神健康已走下坡，成為一名孤僻古怪的遁世者，住在他的佛羅里達宅第，靠罐頭食品維生。但同時，他過著極為不凡的人生，他二度致富，名氣大到《時代雜誌》用他的臉當封面，而且毋需提及他的名字。標題只寫著：「它不會燃燒，也不會熔化。」那年七月，貝克蘭發明了第一種完全合成的塑膠，他稱之為「電木」。

他正確預測塑膠在未來的重要性，如今塑膠無所不在。作家蘇珊．弗蘭克（Susan Freinkel）著手撰寫有關塑膠的書時，曾花了一整天時間記下所碰觸到的塑膠製品：電燈開關、馬桶座、牙刷、牙膏管；她也記錄了不是塑膠的東西：衛生紙、木地板、陶瓷水龍頭。一天結束，她列出一百零二項非塑膠製品，以及一百九十六項塑膠製品。這世界製造出如此多的塑膠，消耗掉約百分之八的石油產量——一半作為原料，一半作為能源。

電木公司（Bakelite Corporation）毫不客氣地大肆宣傳：人類已經超越動物、礦物和植物界的舊分類法，現在有了範圍不受限制的「第四界」。這些話縱使誇大，但確實不假。科學家先前也想過要改良或模擬天然的物質，例如較早期的塑膠（如賽璐璐），便是以植物為基底；而貝克蘭自己也曾找尋蟲膠的替代品，蟲膠是膠蟲分泌的膠質，曾用於製作絕緣體。然而，他很快明白電木的用途不只如此。電木被稱為「萬用材料」，這種說法並不離譜：電木可以用於製造電話、收音機、槍枝、咖啡壺、撞球和首飾，甚至還用在第一枚原子彈上。

電木的成功，改變了人們的心態。最終，受到《時代雜誌》讚揚的電木不會燃燒或熔化，而且是一種優良的絕緣體，外觀好看又便宜。還有什麼人造材料比起你在自然界可以找到的東西來得更輕、更堅固、更有彈性，而且價格更便宜？一九二〇和三〇年代，各種塑膠陸續湧出世界各地的實驗室，包括聚苯乙烯，通常用於包裝；尼龍，因襪子而普及；聚乙烯，製作塑膠袋的材料。由於第二次世界大戰過度消耗天然資源，塑膠的生產快速填補了空缺。戰爭結束後，令人興奮的新產品如特百惠（Tupperware），在消費市場大受歡迎。

但它們沒有令人興奮太久：塑膠的形象逐漸改變。一九六七年電影《畢業生》（*The Graduate*）著名的開場鏡頭中，主角班傑明聆聽某位年長自滿的鄰居給予他職涯的建議。「只有兩個字，」這位鄰居斷言，他領著班傑明走到安靜的角落，彷彿要透露人生的秘密。「塑膠！」這段臺詞常被引用，因為它具體說明塑膠一詞正在改變中的意涵：對這位年長鄰居來說，「塑膠」仍意味著機會和現代化，但對班傑明這樣的世代來說，塑膠代表一切騙人、膚淺的人造事物。

話雖如此，那依舊是個好建議。接下來的半世紀，儘管有形象問題，塑膠產量成長了二十倍。往後二十年會再呈倍數成長，即使有越來越多證據顯示塑膠會製造環境問題。塑膠中的某些化學物質被認為會影響動物的發育和繁殖，當塑膠製品終於進入垃圾掩埋場，這些化學物質最終將滲入地下水中，然後進入海洋，被某些生物吃下肚。有人估計到了二〇五〇年，海裡的所有塑膠會比全部的魚加起來還重。（我們不清楚該說法的可信度，因為沒人想辦法去量秤兩者的重量。）

當然，還有反方說法——塑膠不僅有益於經濟，也有益於環境。以塑膠零件製造的汽車較輕，所以會消耗比較少的燃料。塑膠包裝延長了食品保存期限，從而減少浪費。如果不用塑膠製造瓶子，就得改用玻璃，你比較傾向讓哪一種東西被丟棄在兒童玩耍的地方？

最終，我們必須更有效地回收塑膠，因為石油無法永久供應。不過，某些塑膠無法回收再利用，電木就是其中一種；而更多可以再利用的塑膠，卻沒有被回收。目前只有約七分之一塑膠包裝材料被回收，遠低於紙或鋼鐵；相較於其他產品，比例偏低。要改善這種情況需要靠大家的努力，你可能見過塑膠製品上的小三角形符號，裡面標明一到七的數字，稱作「塑膠辨識碼」，這是塑膠同業公會的倡議。塑膠辨識碼有助於回收，但該系統並不完善。如果塑膠產業能夠做得更多，相信許多政府也能，可惜全世界的塑膠回收率彼此相去甚遠。台北是成功的典範，藉由提供市民方便的管道回收塑膠，甚至規定不回收得罰款，從而改變了浪費的文化。

處理塑膠有何技術解決方案？科幻小說迷會喜歡最近的一項發明：ProtoCycler舊塑料回收機。餵它吃廢棄塑膠，它會吐給你3D列印的線材。可惜就如同瓦楞紙板，塑膠無法不斷地重複利用，只能回收到品質變得難以接受為止。不過ProtoCycler是目前最像《星艦迷航記》中「複製機」的東西。

感覺起來，當年的電木想必像我們現在所認為《星艦迷航記》的複製機那樣地具有革命性。電木是一種簡單、便宜的合成製品，堅韌到足以取代陶瓷餐具或金屬拆信刀，而且美觀到可以當作首飾，甚至取代珍貴的象牙。電木實在是神奇的材料，但即便如此，就像現在所有的塑膠，我們視之為理所當然。

不過如今的製造商一直沒有放棄利用便宜無價值的材料，製造出珍貴實用物品的想法。最新的技術已經能將塑膠垃圾「升級改造」。舉例來說，我們可以將舊塑膠瓶變成類似碳纖維的材料，堅韌輕盈到足以製造可回收利用的機翼。一般而言，混合廢棄塑膠和其他廢料，再攙上少量的奈米粒子，便可望創造出具備新屬性的新材料。

對此，貝克蘭想必會舉雙手贊同。

PART 6

看得見的手
The Visible Hand

亞當・斯密的「看不見的手」，是經濟學中著名的比喻。這個說法他使用了三次，最著名的一次是一七七六年出版的《國富論》，他寫道，當每個人嘗試投資時，「只顧及自己的安全……想到的只有自己的獲利，在這樣或其他許多情況下，看不見的手引導並促成了一個並非他本意中的結果。」

至今學者們仍激烈地爭辯亞當・斯密所謂「看不見的手」的切確意涵。但對現代經濟學家而言，這個隱喻已經遠超過亞當・斯密當初的意思。它現在用來描述，當個人或公司在市場中競爭，其結果會是對社會有利的概念：不但產品的製造有效率，而且是被最珍視它們的人們所消費。或許有少數擁護自由市場的人，認為這是對市場真實運作方式的準確描述，不過，經濟學主流視之為有用的起始點。市場確實傾向於妥善分配資源，但該趨勢並非一項保證。看不見的手未必總是引導我們，有時我們也需要政府伸出看得見的手。

這類例子我們已經見過許多。例如，雷達是現今不可或缺的民間技術，但原本是為了軍事目的而發展，而且由政府慷慨資助。iPhone 是資本主義天才的成果，某種程度上是有史以來最成功的產品，但它無疑仰賴政府對於計算機、網際網路、全球定位系統和全球資訊網的資助。某些形塑現代經濟最重要的發明，不只一路受到政府的協助，而且完全由國家所創造，例如有限責任公司、智慧財產權，以及最明顯的——「福利國家」本身。

如果市場會失靈，那麼政府管理者也會。日本女性接連數十年無法取得口服避孕藥，因為管理者拒絕批准。麥克萊恩在引進貨櫃運輸時，他所面臨的一大障礙就是美國貨運管理者的官僚習氣，他們似乎覺得唯一可接受的選項是一切照舊。還有，當研究者發展出公開金鑰密碼系統這項能使網路商務變可行的非凡技術，美國政府還曾設法加以阻撓。

國家有時會為新概念的發明奠定基礎，有時卻成為新發明主要的障礙。有時情況更加複雜，例如下文所舉 M-Pesa 行動支付的例子，這個概念實則仰賴英國政府所提供的種子基金，以及肯亞當局善意的忽視。國家與市場之間的舞碼令人著迷，國家有時進一步，有時退一步，有時踩到大家的腳趾。

37 銀行 The Bank

在倫敦繁忙的佛里特街，就在法院巷對面有一道石拱門，穿越之後便可以回到過去。往南幾碼處，安靜的庭院裡有一座奇怪的圓形禮拜堂，緊鄰的圓柱上是兩名騎士共跨一馬的雕像。這座禮拜堂是聖殿教堂，一一八五年成為聖殿騎士團在倫敦的總部。聖殿教堂不只是重要建築、歷史與宗教場所，也是倫敦的第一家銀行。聖殿騎士是戰士僧侶，他們是教團組織，具備神學所啟發的等級制度、宗旨和倫理規範，但也有厚重的武裝，矢志奉獻給聖戰。這些人怎麼會涉入銀行業務？

聖殿騎士致力於保衛前往耶路撒冷朝聖的基督教徒。耶路撒冷於一〇九九年第一次十字軍東征時被收復，此後朝聖者便橫越歐洲，旅行數千英里開始湧入這個聖地。如果你是朝聖者，你會面臨一個問題：你需要想辦法支付幾個月伙食、交通和住宿的開銷，而且你也想避免身上攜帶大量現金，因為那會讓你成為強盜下手的目標。幸好，有聖殿騎士團支援，朝聖者可以將現金存放於倫敦的聖殿教堂，再到耶路撒冷支領。這麼一來，朝聖者不必攜帶現金，只需帶著信用狀。

聖殿騎士團隸屬西部十字軍聯盟，我們並不確切知道他們如何讓這個系統成功運作，以及防止自身不受詐騙。是否有什麼秘密代號用來證實文件和旅人的身分？我們只能靠猜測。但那不是籠罩在聖殿騎士身上唯一的謎團，該組織豐富的傳說，足以讓丹・布朗（**Dan Brown**）將《達文西密碼》（*The Da Vinci Code*）其中一個場景設定於聖殿教堂。

聖殿騎士也不是全世界最早提供這種服務的組織。早在幾個世紀前，唐朝時期的中國就曾使用「飛錢」。那是一種兩部分的文件，讓商人可以將盈餘儲存於地區辦公室，在首都取回現金。不過，該系統由政府負責營運，而聖殿騎士更類似私人銀行——教皇所擁有的私人銀行，與歐洲各地的國王和王公結盟，由發誓守貧的僧侶團體負責經營。

聖殿騎士團不只長途轉移金錢，還提供多種我們能辨識的現代金融服務。如果你想購買法國西海岸外的美麗島嶼——英國亨利八世曾於一二〇〇年代買下波爾多西北方的奧萊龍島（Oléron）——聖殿騎士也可以仲介這筆交易。亨利八世連續五年、每年支付兩百英鎊給倫敦的聖殿教堂，等到他的手下佔領了該島，聖殿騎士再確保島嶼的前主人收到付款。喔，還有那現在貯藏於倫敦塔的「英國皇家御寶」是怎麼回事？在一二〇〇年代，皇家御寶存放在聖殿教堂，作為借貸的擔保品。聖殿騎士是高檔次的典當商人，但當然不是永久的歐洲銀行。等到一二四四年歐洲基督徒完全失去對耶路撒冷的掌控後，聖殿騎士團便失去存在的理由，最終於一三一二年解散。接下來，是誰填補了銀行業的真空狀態？

倘若你來到一五五五年在里昂舉行的大集市，你就會看見答案。里昂集市曾是全歐國際貿易的最大市場，其歷史可追溯到古羅馬時代。在這個集市裡，流言蜚語是這麼說的：聽說那裡有個義大利商人，見過他嗎？他賺了一大筆錢！他是怎麼辦到的？他沒有買東西，也沒東西可賣，只有一張桌子和一個墨水瓶架。開市期間，他日復一日坐在那裡，接待其他商人和簽寫文件，不知怎的就變得非常有錢。了不起。老實說，當地人覺得他很可疑。不過對歐洲巨賈家族的國際菁英而言，這個義大利人的活動完全合法。他發揮了極為重要的功能：他在買賣債務，藉此創造出巨大的經濟價值。

以下是該系統的運作方式。某個想採購佛羅倫斯羊毛的里昂商人，可以來找這位銀行家，借貸稱作「匯票」的東西。這種匯票是一種借條，不是以法國的里弗爾（livre）或佛羅倫斯的里拉（lira）為單位，而是用馬克埃居（*écu de marc*）計價，算是國際銀行家圈子裡使用的私人貨幣。如果這位里昂商人前往或派代理人到佛羅倫斯，從里昂銀行家那裡拿到的匯票可以得到佛羅倫斯的銀行家承認，他們樂於以當地貨幣進行兌換。

因此透過這種銀行家網絡，地方商人不僅可以兌換貨幣，也能在無人認識他的佛羅倫斯兌換他在里昂的好信譽。這是一項極具價值的服務，難怪那位神秘的銀行家會發大財。每隔幾個月，這個銀行家網絡的代理人會像里昂的銀行家一樣開會核對帳本，計算出彼此所有借條的淨利，並且處理剩餘的債務。

我們現今的金融系統與上述系統仍有許多共通之處。持信用卡的澳大利亞人可以走進超市——就說在里昂的超市吧，有何不可？——再帶著各種雜貨走出來。超市向某法國銀行查核，這家法國銀行告知某澳大利亞銀行，而這家澳大利亞銀行批准了該筆付款，這位女士的信用良好，於是皆大歡喜。

可是，這種銀行服務網絡向來有黑暗的一面。這些中世紀銀行家藉由將個人債務轉變成國際可交易債務，創造出自己的私人貨幣，而且這種私人貨幣不受歐洲國王掌控。他們有錢有權，而且還不需要君主鑄造的錢幣。

以上的描述如今聽起來甚至更加真切。國際銀行緊密連結成不讓人瞭解或控制的共同債務網絡，利用其國際影響力來規避課稅和規範。由於它們彼此之間的債務是真正的私人通貨，所以當這些銀行脆弱時，全世界的整個貨幣系統也變得岌岌可危。我們仍在設法思考該如何處置這些銀行。看來我們不能沒有它們，可是也不確定想和它們共存。政府一直在想辦法約束它們。有時這個辦法是放任，有時不是。

手段最激烈的管理者莫過於法國國王腓力十四世。他欠聖殿騎士錢，而他們拒絕豁免他的債務。因此一三〇七年在現今巴黎地鐵的聖殿站，腓力國王對巴黎聖殿發動突襲，這是全歐一連串攻擊事件的第一起。聖殿騎士遭到刑求，被迫招認宗教裁判所能安上的任何罪名。最終，聖殿騎士團被教皇解散，倫敦聖殿出租給律師。騎士團最後一任大團長雅克・德・莫萊（Jacques de Molay）被押解到巴黎市中心公開燒死。

38 刮鬍刀與刀片 Razors and Blades

「思想領域上飄浮著雲朵，我們所呼吸的空氣，充滿著預告奇妙改變即將發生的活力。」一八九四年的某本書開頭如此寫道，作者懷有一個願景，這個願景最終將形塑現代經濟的運作方式。

這本書認為，我們當前的競爭體系孕育出浪費、貧窮和犯罪，因此提倡一個平等、良善和快樂的新系統。這個新體系中只有一家公司——聯合公司（United Company）——以盡可能發揮成本效益的方式，生產一切生活必需品。順便一提，這些生活必需品是食物、衣服和住所，其他無助於生活之必需的產業將被消滅。抱歉了，銀行家和律師，說的就是你們。

這也是金錢的末日；取而代之，製造生活必需品的勞力將由每個人完全公平地分攤，應該只需花費每個人生命中約五年的時間。其餘時間大家都能自由從事智識的追求：有為者不是為了物質財富而競爭，而是為了促進同胞之幸福與快樂。

該計畫有著更具體的描述：所有這一切將發生在名為「大都會」的地方，位於加拿大與美國紐約州交界的伊利湖與安大略湖之間。大都會靠水力發電運作，它將是北美唯一的城市，居民們住在巨大的公寓房子……其規模之壯觀，為以往任何文明所未見。建築物是圓形的，橫跨六百英尺，被兩倍距離的林蔭大道、人行道和花園分隔開來。人造公園有瓷磚構成的柱子，上方是附帶著美麗圖案的彩色玻璃圓頂，成為一條沒有盡頭的漂亮長廊。

我剛才說，構思出這個烏托邦的作者懷抱著終將形塑經濟的願景。你可能已經猜到，我要談的並不是這個願景，而是一年後這位作家所想出的另一個點子。他的名字叫金恩．吉列（King Camp Gillette），發明了可拋式刮鬍刀片。

你也許納悶它為何如此重要。請聽我說明：如果你買過噴墨印表機的墨水匣，你可能惱怒地發現，墨水匣幾乎和印表機本身一樣貴。這似乎是沒道理的事，印表機相當大，而且技術複雜，怎麼可能只比供應些許墨水的小塑膠盒貴上一丁點價錢？

答案當然是否定的。不過對製造商來說，販售便宜的印表機和昂貴的墨水是合理的商業模式。畢竟，你還有別的選擇嗎？向另一家製造商購買全新的印表機？只要它比你現在的墨水貴一些，你還是會不情願地買墨水匣來補充。這種商業模式稱作「兩部分定價」，也稱作「刮鬍刀和刀片」模式，因為它最早就是從這件商品中引起注意——先用價格誘人的刮鬍刀吸引人們購買，然後再不斷以定價過高的替換刀片剝削消費者。

吉列發明了讓這件事變成可能的刀片。在此之前，刮鬍刀是較大而厚重的東西，當刀刃變鈍時，得花不少錢去磨利，而非將之丟棄，另買一把新的刮鬍刀。吉列發現，如果他能為刀片設計出巧妙的把手，使之堅固耐用，便能讓刀片變得更薄，從而降低生產成本。

不過他並非立即想出兩部分定價模式。起初，他讓**兩個**部件一樣貴。吉列的刮鬍刀要價五美元，約為一般工人週薪的三分之一。吉列對於「浪費」和「貧窮」的哲學式關注，似乎沒有蒙蔽他的生意頭腦。一九一三年，西爾斯（Sears）百貨公司的商品目錄上，吉列刮鬍刀的售價高到讓西爾斯百貨附上道歉啟事，說明他們依法不得打折扣，連同聽起來惱怒的聲明：「我們報出吉列安全刮鬍刀的售價，是為了方便某些想買該款刮鬍刀的顧客。我們並未聲稱這種刮鬍刀比本頁中其他售價較低的刮鬍刀，更令人滿意。」

便宜的刮鬍刀配上昂貴刀片的模式，是後來才發展出來的，那時吉列的專利權期滿，競爭者開始如法炮製。想想 PlayStation 4，Sony 公司每賣一台都要賠錢，因為零售價低於製造和配銷成本。但這沒有關係，每當 PlayStation 4 的擁有者買了遊戲，Sony 就能大大獲利。Nespresso 咖啡機又如何？雀巢公司並非從咖啡機賺錢，而是靠咖啡膠囊。

這種模式若要成功運作，顯然需要想辦法防止顧客將便宜的普通刀片裝進你的刮鬍刀。其中一種解決之道關乎法律：用專利權保護你的刀片。但是，專利權無法永遠持續。咖啡膠囊的專利權已經期滿，因此像 Nespresso 這樣的品牌，現在得面對販售便宜的相容替代品的競爭者。於是，有些品牌開始尋求另一種解決之道：訴諸技術。就像其他廠商的遊戲無法在 PlayStation 上玩，有些咖啡公司已經在機器裡設置晶片讀卡機，阻止你試圖偷偷用一般咖啡膠囊沖泡咖啡。

兩部分定價模式之所以行得通，是利用經濟學家所稱的「轉換成本」。你想要沖泡別種品牌的咖啡？那得另買一部機器。這種模式在數位商品上尤其盛行。如果你擁大量的PlayStation遊戲，或者在Kindle閱讀器上看的電子書，你會知道要轉換平臺可是件大事。

轉換成本不必然關乎金錢，也可能是耗費時間或造成麻煩。例如，我已經熟悉Photoshop，我可能寧願花大錢更新升級，而不願意買便宜的替代軟體，免得到時還要重新學習如何使用。正因如此，軟體供應商會提供免費試用版，而銀行和公用事業公司則提供前期優惠費率；等到他們偷偷調高售價，許多人已經懶得更換了。

轉換成本也涉及心理因素——品牌忠誠度的結果。如果吉列公司的行銷部門說服我，一般刀片刮鬍效果較差，那麼我可能樂意繼續付更高的價錢購買吉列牌刀片。這也許說明了吉列在專利權期滿後，競爭者被容許製造相容刀片時，吉列的獲利反而**增加**的古怪事實。或許到了那時，顧客已經認定吉列才是高檔的品牌。

但吉列所開創的兩部分定價模式效能極差，經濟學家弄不明白為何它會得到消費者的支持。看似最可能的解釋是，消費者被兩部分定價弄昏頭了。他們若非不明白之後會被剝削，那就是他們確實理解，卻發現難以從令人困惑的選項中挑出最划算的。這正是我們會期待政府管理者插手干預，強制要求市場透明的時機，包括用廣告誤導售價的許多情況：例如強迫附加的費用，或假稱從較高價格降下來的售價。

全世界的管理者都曾設法找尋能防止這類模糊手段的規定，但要找到可行的規定，證明是困難的。或許這並不讓人訝異，因為兩部分定價未必總是為了引誘顧客上當，它對公司而言，往往是打平成本極合理且有效的方法。舉例來說，電力公司可能對接通輸電網收取大量費用，然後以低單價供應電力。這樣的定價策略固然極為合理，但仍教讓顧客摸不著頭緒。

諷刺的是，刮鬍刀和刀片模式，也就是在墨水和咖啡這類基本用品上向顧客索取高價的作法，與吉列的願景相去甚遠。他理想中唯一的聯合公司，會為大家製造盡可能便宜的生活必需品。在吉列著作的結語中，他華而不實的文章更上層樓：「來吧！大家都來吧！加入勢不可擋的聯合人民黨行列……讓我們拆開層層束縛人類才智的蝶蛹，讓每顆思想的北極星找到自然真理的光芒。」看來激發新的商業模式，顯然比激發新的社會模式更加容易。

39 租稅庇護所 Tax Havens

你想少繳一點稅嗎？辦法之一是製作三明治，具體來說，是「雙層愛爾蘭夾荷蘭的三明治」。假設你是美國人，在百慕達群島開設一家公司，將你的智慧財產賣給它；然後它在愛爾蘭成立分公司，接著在愛爾蘭又成立**另一家**公司，由它替你為歐洲營業的獲利開帳單。然後你又在荷蘭開設一家公司。

讓你的第二家愛爾蘭公司匯錢到你的荷蘭公司，再讓荷蘭公司立即將錢匯回你的第一家愛爾蘭公司。你知道的，就是那家總部設在百慕達群島的公司。你是否開始覺得厭煩和暈頭轉向了？如果是，那正是部分的重點所在。倘若兩部分定價法有時將顧客搞糊塗，相較於跨越邊界的稅法，那都只能算是簡單的手段。往好處想，租稅庇護所靠的是讓你難以弄清楚金融的流向，往壞處想，你根本不可能查明任何事實。讓你腦子受傷的會計技巧，促使如 Google、eBay 和宜家家居等跨國公司能將稅金減到最低，而且完全合法。

你明白這事為何令人苦惱。稅金有點像是俱樂部的會員費，會員想逃避繳費，但仍想得到俱樂部所提供的服務，包括國防、警力、道路、下水道和教育等，感覺起來是不公平的。但租稅庇護所的形象不是一向如此之差。有時它們的功能就像其他任何庇護所，讓受到迫害的少數人得以逃避在家鄉的壓迫。舉例來說，身處於納粹德國的猶太人能要求秘密的瑞士銀行家幫他們藏錢。可惜不久之後，秘密的瑞士銀行家也樂於協助納粹隱藏他們設法偷取的黃金，而不願歸還給正主，因此壞了先前的好名聲。

如今，租稅庇護所因為兩個原因而引發爭議：避稅和逃稅。**避稅**是合法的，就像雙層愛爾蘭夾荷蘭三明治那樣。法律適用於每個人，例如較小的企業、甚至一般大眾都能設立跳躍國界的合法結構，只不過他們賺到的錢，不足以讓支付給會計師的費用變得划算。

至於一般人若想少繳點稅，其選項侷限於各種形式的**逃稅**，那些是非法的，例如增值稅詐騙、未申報以現金結算的工作，或者攜帶香菸走免申報通關道。英國稅務權責單位估算逃稅大多出自這類數不清的違法情事，它們往往無關緊要，並非富人將錢託付給那些表示能保守秘密的銀行家，但是此事難以查證。倘若能切確估量這個問題，一開始它就不會存在。

秘密銀行肇始於瑞士或許不值得大驚小怪，因為目前已知最早限制銀行家分享客戶資料的規定，便是由日內瓦的大議會於一七一三年通過。隱密的瑞士銀行業務在一九二〇年代展開，那時許多歐洲國家猛然提高稅金，以償還第一次世界大戰留下的債務，逼得許多歐洲富豪想盡辦法藏錢。瑞士人發現這對於提振經濟大有助益，於是在一九三四年加重他們替銀行業務保密的承諾：制定法規，讓銀行家揭露金融資訊的行為，變成是非法的犯罪。

近來，租稅庇護所的婉轉說法是「離岸」（'offshore'），而瑞士甚至連海岸線都沒有。租稅庇護所漸漸出現在如澤西島（Jersey）、馬爾他島，或最著名的加勒比海諸島。理由十分合乎邏輯，因為小島不利於從事製造業或農業，因此提供金融服務可作為明顯的替代方案。但真正能說明境外租稅庇護所之所以崛起的是歷史因素：二戰後的數十年間，歐洲帝國紛紛瓦解。英國不願以明確的補助扶持百慕達或英屬維京群島，因此轉而鼓勵他們發展金融業，與倫敦接軌。最後，補助終究來了，也許算是隱微或說是意外的，但稅金收入卻不斷漏進這些島嶼。

經濟學家加布里埃爾・祖克曼（Gabriel Zucman）想出一個聰明的辦法，來估算隱藏於境外銀行系統的財富。理論上，如果你加總全球所有金融中心申報的資產和負債，其帳面應該達成平衡，但事實上並沒有。每個金融中心所報告的負債，往往多於資產。祖克曼仔細計算這些數字，發現全球總資產比總負債多出了百分之八，意味著至少有百分之八的世界財富非法未申報；其他計算方法甚至得出更高的估算數字。

在發展中國家，這個問題尤其嚴重。舉例來說，祖克曼發現非洲百分之三十的財富隱藏於境外。他估計每年的稅收損失為一百四十億美元，足以興建大量的學校和醫院。祖克曼提出的解決方案是維持透明度，例如建立全球資產登記制度，終結銀行秘密業務和保持匿名的空殼公司和信託。這很可能有助於防止逃稅，然而，避稅是更加微妙且複雜的問題。

想知道為什麼嗎？不妨想像我在比利時擁有一家麵包坊，在丹麥有一家製酪廠，而在斯洛維尼亞有一家三明治店。我每賣出一份乳酪三明治，獲利一歐元。在我販售三明治的斯洛維尼亞、生產乳酪的丹麥以及烘焙麵包的比利時，我的獲利該如何被課稅？我們沒有明確的答案。一九二〇年代提高稅金的政策，正好遇上逐漸擴大的全球化，國際聯盟為此設計出解決這類問題的協議，給予公司一些餘裕，可以選擇登記其獲利的地方。這麼做是有道理的，但也為某些可疑的會計手法開啟了方便之門。在某件喧騰一時、讓人記憶猶新的案例中，一家設籍千里達的公司販賣每支售價八千五百美元的原子筆給姊妹公司。結果較多的獲利登記在低稅的千里達，而較少的獲利則登記在其他稅率較高的國家。

這些手法大多比較不明顯，因此難以量化。不過祖克曼仍估算出設籍美國的公司，百分之五十五的獲利經由看起來不可信的稅收管轄權（如盧森堡或百慕達）逃稅，讓美國納稅人每年損失了一千三百億美元。另一項估計，則算出開發中國家政府損失的稅金，是他們所獲得外援的許多倍。

解決方法還是想得出來的：獲利可於全球課稅，由各國政府設法分配哪些部分的獲利應於何處課稅。類似的公式已經存在，可將美國公司在全國的獲利分配給個別的州。但這需要有處理租稅庇護所的政治動機。近年來已經出現某些倡議，特別是經濟合作發展組織所提出的，但它們目前缺乏有效的手段。如果考慮到其中牽涉的誘因，或許我們不該訝異。比起設法關閉漏洞，聰明人可以利用漏洞賺取更多的金錢；而個別政府則面臨以較低稅率競爭的誘因，到底是聊勝於無。對於棕櫚環繞的島國而言，將稅率設定為零，甚至也是合理的，因為法律和會計的蓬勃發展，能帶動當地經濟。

最大的問題或許是租稅庇護所泰半讓金融菁英受惠，包括某些政治人物，以及他們的大部分金主。再者，由於該問題無趣和令人困惑的本質，選民要求採取行動的壓力也有限。好了，現在有人想來份三明治嗎？

40 含鉛汽油 Leaded Petrol

含鉛汽油是安全的，發明者如此確信。面對記者會上表示懷疑的記者，湯瑪斯．米基利（Thomas Midgley）戲劇化地準備了一個裝有四乙基鉛（一種遭質疑的添加物）的容器，開始在裡面洗起雙手。「這沒有任何危險，」米基利宣稱，「就算我每天這麼做，也不會有危險。」米基利大概有些不誠實，他原本應該提及他近來在佛羅里達州待了幾個月，剛從鉛中毒恢復過來。

那些替米基利製造他的發明物的人，有些可就沒這麼幸運了，這正是記者感興趣的原因。一九二四年十月某個星期四，在新澤西州的標準石油（Standard Oil）工廠，一位名叫厄尼斯特．奧爾格特（Ernest Oelgert）的工作人員開始出現幻覺。到了星期五，他在實驗室到處奔跑，驚恐地吼叫。星期六，奧爾格特嚴重精神失常，他的姊妹報警求救，他被送到醫院強制拘留，星期日便一命嗚呼。一週內，他的四名實驗室同事也相繼死亡，另有三十五名同事住院。附帶一提，那裡只有四十九名工作人員。

標準石油工廠其他廠房的員工對此並不訝異，他們知道四乙基鉛有問題。他們稱開發四乙基鉛的實驗室為「瘋人汽油屋」（'the loony gas building'）。標準石油、通用汽用或杜邦（Du Pont）公司全都不該驚訝，這三家公司都涉及將四乙基鉛添加至汽油中。兩人死亡後，在俄亥俄州的第一條生產線已經關閉。設置於新澤西州的第三座工廠也傳出死亡事件，不停產生幻覺的工人看見昆蟲，想要揮趕牠們——廠內實驗室被稱作「蝴蝶屋」。

如今世界各地都禁用含鉛汽油，那是形塑現代經濟的諸多規章之一。不過「規章」已成為不好的字眼——政治人物經常承諾要予以掃除，我們現在甚少聽見有人要求更多規章。這是保護人民與增加企業成本負擔之間的權衡。含鉛汽油的發明，標誌出這種權衡首度引發的強烈公眾爭議。

科學家感到驚恐。在汽油裡添加鉛，讓汽車將廢氣排放到城市街道，果真是明智之舉嗎？米基利巧妙地回答：「一般街道的鉛含量，可能低到無法偵測或被吸收。」他的蠻不在乎是否有資料作為依據？不，沒有。科學家敦促政府展開調查，政府確實做了調查——由通用汽車提供調查所需的資金，條件是必須贊同調查結果。

正當媒體風風火火報導奧爾格特中毒的同事，報告出爐了，證實四乙基鉛對健康無礙，但大眾抱以懷疑的眼光。在壓力之下，美國政府於一九二五年五月在華盛頓哥倫比亞特區籌組討論會。這是攤牌的時刻，其中一個角落坐著乙基公司（Ethyl Corporation）副總裁法蘭克・霍華德（Frank Howard），乙基公司是通用汽車和標準石油的合資企業。他稱含鉛汽油為「上帝的贈禮」，主張「汽車燃料的持續發展，對於文明至關重要」。

另一個角落坐著鉛研究領域的一流權威人士愛麗絲・漢米爾頓（Alice Hamilton）博士。她認為含鉛汽油是不值得冒的風險：「只要有鉛的地方，」她說，「遲早會發展出鉛中毒的案例，即便受到嚴格的監督。」

漢米爾頓知道鉛毒害了人類數千年。一六七八年，根據描述，製作鉛白（一種繪畫顏料）的工人的發病症狀包括「頭暈、額頭持續劇痛、失明、遲鈍。」在古羅馬時代，鉛管用於輸水，拉丁文的 *plumbum*（鉛）成為鉛管工（plumber）的字源。即便在當時，也已經有人明白使用鉛管的不智。「透過陶管導引的水，比透過鉛管導引的水更健康，」兩千年前的土木工程師維特魯威（Vitruvius）寫道，「從觀察製鉛工人可以證實，他們有著過於蒼白的膚色。」

最終，美國政府決定忽視漢米爾頓和維特魯威。含鉛汽油繼續銷售，但半個世紀後，他們改變了心意。再過幾十年，經濟學家潔西卡．雷耶斯（Jessica Reyes）注意到某件有趣的事，那便是暴力犯罪的比例開始下降。有許多原因可解釋該現象，但雷耶斯懷疑兒童腦部特別容易受到慢性鉛中毒的影響。不再吸入含鉛汽油廢氣的兒童，是否可能長大後比較不會暴力犯罪？美國不同的州開始在不同時期逐步淘汰含鉛汽油，因此雷耶斯將清淨空氣的立法與隨後的犯罪數據做了對照，斷定犯罪率的下降，超過一半的原因，是因為汽車改用無鉛汽油。

這並不證明含鉛汽油是錯誤的發明。當國家貧窮時，人們可能認為污染是為了追求進步而值得付出的代價。等到收入增加了，他們就認為負擔得起修法讓環境變乾淨。對於這種型態，經濟學家給予一個名稱：「環境庫茲涅茨曲線」（‘environmental Kuznets curve’）。

不過，含鉛汽油絕非值得交換的妥協。鉛添加物確實解決了一項問題，它使引擎以更高的壓縮比運作，從而提升汽車的動力。但乙醇也能達到差不多的效果，卻不會弄昏你的腦袋，除非你喝下它。為何通用汽車要推銷四乙基鉛而非乙醇？懷疑者可能會說，任何老農夫都能從穀物中提煉出乙醇，而且乙醇無法申請專利，或者以有利可圖的方式控制其銷售。

評估含鉛汽油的經濟利益另有他法：問問看清淨空氣的立法開始施行時，將汽車改裝成使用無鉛汽油的成本為何。雷耶斯努力計算出數字：大約低於犯罪成本總和的二十分之一。這還沒算上孩童吸入鉛，造成諸如學習能力降低等潛在成本。

美國如何能讓錯得如此離譜的事，這般長久地延續下去？相同的故事也出現在遭受質疑的科學，以及遲遲未加以規範的石棉、菸草或其他會緩慢殺人的產品。美國政府的確曾在一九二〇年代要求持續進行研究，接下來四十年的研究，委託給獲得乙基公司和通用汽車資助的科學家執行。直到一九六〇年代，美國大學才發展出研究的利益衝突迴避政策。

現今的經濟不乏在健康方面令人恐慌的事物。基改食品安全嗎？奈米分子又如何？wifi 是否會致癌？我們如何分辨漢米爾頓的智慧言語和某個閉塞奇怪的消息所引發的憂慮？從含鉛汽油這類災難中，我們學習到關於研究與制定規範的事，但如果你以為問題已經完全解決，那麼你恐怕太過樂觀了。

最早在汽油裡添加鉛的科學家是什麼樣的人？根據大多數人的說法，米基利為人和藹親切，他甚至可能相信每天在四乙基鉛裡洗手是安全無虞的說法。但身為發明家，他的靈感似乎受到詛咒。他對文明的第二項重大貢獻是發明了氟氯碳化物，它能夠促進冰箱的效能，卻對臭氧層造成破壞。

中年的米基利為小兒麻痺症所苦，他運用發明家的才智，設計出巧妙的滑輪和繩索系統，從床上抬起自己孱弱的身體。結果被糾纏的繩索絞住脖子，斷氣身亡。

41 禽畜抗生素 Antibiotics in Farming

在江蘇省無錫某座破爛的養豬場，有位外國人下了計程車。住在養豬場的那戶人家難免訝異，他們家的養豬場位於田間崎嶇道路的盡頭，不常有外國人搭著計程車過來，要求借用廁所。

這位陌生人是菲力浦・林貝里（Philip Lymbery），他主持一個名叫「關懷世界農業」的運動組織。他不是來苛責養豬場主人罔視豬隻的生活條件，儘管情況令人沮喪。母豬被塞進條板箱裡，沒有活動空間。至於那家人的生活條件也好不到哪去，林貝里發現他們的馬桶是地上的一個坑洞，位於房舍和豬圈之間。不，林貝里不是來調查豬糞是否污染了當地水道。他曾設法造訪附近的大型商業飼養場，但他們不想見他。所以他冒險現身於某個家庭飼養場。

場主樂於交談。是的，他們將廢棄物傾倒入河。不，他們不該這麼做。但不要緊，他們賄賂了地方官員。後來林貝里注意到成堆的針頭，仔細一瞧，發現是抗生素。那些是獸醫開的處方？不，場主解釋，買抗生素不需要處方。況且請獸醫要花大錢，而抗生素很便宜。她定期替豬隻施打抗生素，希望預防牠們生病。

她絕非唯一的案例。擁擠髒亂的密集飼養環境是滋生疾病的溫床，但定期施打低劑量的抗生素，有助於抑制疾病。抗生素也能讓牲畜增肥。科學家會研究重要的微生物，以瞭解為何如此，但飼養者不需要知道原因，他們只知道更肥的牲畜，讓他們能夠賺更多錢。難怪健康的牲畜比生病的人類注射了更多抗生素。在新興的大型經濟體，對肉品的需求隨著收入而增加，二十年後，禽畜抗生素的用量很可能倍增。

在不是真正需要的情況下廣泛使用抗生素，這種例子不限於農牧業。許多醫師也有過失，而且他們應該有不止如此的認識；此外，允許毋需處方便可直接購買抗生素的管理者，同樣也應該清楚。但細菌才不管該向誰究責，它們忙著形成抗藥性，公衛專家擔心我們正進入「後抗生素時代」。

近來一項檢視估計，到了二〇五〇年，具有抗藥性的病菌將殺死上千萬的人口，多於目前因癌症而死亡者。抗生素失效的損失難以用金錢衡量，不過該項檢視設法計算出這個數字是一百億美元。你可能以為我們正盡一切努力保存抗生素的救命能力，可惜事實不然。

抗生素的故事始於某個有益健康的意外發現。一位名叫亞歷山大．弗萊明（Alexander Fleming）的年輕人原本在運輸業從事無聊的工作維生，他的叔父死後留下足夠的財產，讓他得以辭掉工作，就讀倫敦的聖母醫院醫學院。在那裡，他成為來福槍俱樂部的重要會員。射擊隊隊長不希望弗萊明在完成學業後離開俱樂部，所以替他在當地安排了一份差事，弗萊明就這麼成為一名細菌學家。那是一九二八年的事，有一回，準備返回蘇格蘭家鄉的弗萊明，不想費事在放假前清理他的培養皿。結果，收假回來後，他注意到有一個培養皿在他不在的期間已經發霉，而這些霉殺死了他所培養的細菌。

弗萊明製造出更多的霉，想進一步研究，但他不是化學家，不知道如何製造足夠的數量。弗萊明發表了他的觀察，但沒有引起注意。十年過後，又有更多意外發現。在哈佛大學，恩斯特．柴恩（Ernst Chain）瀏覽醫學期刊時，碰巧看見弗萊明的舊文章。已逃出納粹德國的柴恩曾是個化學家，而且是個傑出的化學家。

柴恩和他的同僚霍華德・弗洛里（Howard Florey）著手分離和純化足夠的青黴素，進一步做實驗。這需要數百公升的發霉液體，他們的同僚諾曼・希特里（Norman Heatley）臨時趕製出一個看起來異想天開的系統，包含牛奶桶、浴缸、委託當地陶廠製造的陶製便盆、橡膠管、飲料瓶和一個門鈴。他們雇用六名女子來操作該系統，人稱「青黴素女孩」。

第一位接受實驗劑量的病人是四十三歲的警察，他在修剪玫瑰時刮傷臉頰，引發敗血症。弗萊明的臨時系統無法及時製造出足夠的青黴素，該名警察最終死亡。然而到了一九四五年，第一種大量製造的抗生素「青黴素」離開生產線。柴恩、弗洛里和弗萊明共同獲得諾貝爾，而弗萊明趁機發出警告。「要使微生物對實驗室裡的青黴素產生抗藥性並不難，」弗萊明提及，「只要將它們暴露在不足以殺死它們的濃度之下。」弗萊明擔心某些「無知的人」可能施予不足的劑量，結果讓細菌反而發展出抗藥性。但無知向來不是問題——我們都知道風險，但我們也面臨著冒著風險的誘因。

假設我生病了，如果是病毒所引起，那就表示抗生素無用武之地；而如果是細菌引起，即便我能靠自己戰勝細菌，但只要抗生素有機會加速我的復原，我便有施打抗生素的誘因。又或者，我經營養豬場，定期給豬施打低劑量抗生素，這是培養出有抗藥性細菌的最理所當然的條件，但那不是我的問題。我唯一在意的是給豬隻施打抗生素，所增加的收入是否高過抗生素的成本。這是群眾悲劇的典型例子，其中，個人非理性地追求自身利益，最終造成集體的災難。

直到一九七〇年代，科學家不停發現新的抗生素，當細菌演化出對某一型抗生素的耐受力，我們還可以引進另一種抗生素；但後來這條發展管道卻枯竭了。不過，新的抗生素還是有可能繼續出現：舉例來說，某些研究者想出一種有希望的新技術，可以從土壤中找到抗菌的混合物。但是，癥結點依舊不變，一切都關乎**誘因**。這世界真正需要的，是我們讓它上架，但只在最危急情況下才會使用的新抗生素。然而對藥品公司來說，未經使用的產品無法賺大錢。因此，我們需要想出更好的誘因，以鼓勵更多研究。①

關於新抗生素的使用，我們也需要明智的規章來規範醫師和飼養場經營者等相關

①有一種可能：我們在談「時鐘」一章時討論過的創新獎項，尤其是由五個政府捐贈者和蓋茲基金會提供資金的「肺炎球菌疫苗先期市場委託」。該計畫已經使肺炎球菌疫苗廣為散布。

群體。丹麥已經發展出可行的案例，該國以出產燻豬肉聞名全球，並嚴格控管抗生素的使用。關鍵之一似乎在於改進**其他**規章，使家禽畜的生活環境更加寬敞和衛生，減少疾病的傳播。近來研究顯示，低劑量的抗生素幾乎無法對飼養環境較好的禽畜成長造成影響。

無錫那座養豬場的主人本意良善，不過她顯然不明白過度使用抗生素的禍患。即便她明白，她同樣面臨過度使用抗生素的經濟誘因，這終究才是需要改變的事。

42 M-Pesa 行動支付

M-Pesa

五十三名阿富汗警察在查看手機，他們確信一定有什麼事情搞錯了。他們知道自己參與了二〇〇九年的某項試驗計畫，以試測公部門薪水可否透過新的行動支付服務 M-Paisa 發放，但他們是否忘了因參與計畫而加薪的事？或者，有人錯誤輸入支付給他們的金額？訊息顯示，他們的薪水明顯比平常高出許多。

事實上，這數目是他們一直以來應該領到的金額。但先前他們支領的是現金，由政府部門透過上司轉交給他們。過程中，他們的薪資遭到苛扣，部分現金不翼而飛，大約短少了百分之三十的數目。的確，政府部門很快就明白，他們按規定發放現金薪水的警察，有十分之一其實是不存在的幽靈名單。

這些警察對突然能支領完整的薪水感到雀躍，但他們的長官可就沒那麼高興了，因為這代表少了額外的進帳。據聞，某位長官十分生氣，表示願意替他的手下省去光顧 M-Paisa 辦事處的麻煩，他說，只要交出你們的手機和 PIN 碼，我親自幫你們領薪水。

阿富汗是目前正在被行動支付改造其經濟的發展中國家之一，行動支付能以文字訊息發放薪水。販售行動電話預付通話時間的亭子無所不在，這些亭子實際上的功能有如銀行分行：你存入現金，代理者會寄發簡訊，通知該筆金額已加入你餘額中，或者你發簡訊給代理者，她會給你現金。你也可以傳送訊息，將部分餘額撥交給其他任何人。

這是一項起源自於許多地方的發明，但最早出現在肯亞，故事要從二〇〇二年約翰尼斯堡的某次演講說起。演講者是沃達豐（Vodafone）公司的尼克．休斯（Nick Hughes），他出席了「世界永續發展高峰會」。休斯演講的主題是，如何鼓勵大公司將研究經費分配給看似冒險、但有可能協助貧窮國家發展的概念。

聽眾中有個人針對這個問題提出解決之道，他是英國國際發展部的官員。該部門將資金投注於某項「挑戰基金」，以改善金融服務的利用，而行動電話看起來是有趣的項目。國際發展部注意到，非洲行動電話網的顧客習於彼此轉移預付的通話時間，將之當成一種準貨幣。因此這位官員向休斯提議，假設國際發展部捐助一百萬英鎊，條件是沃達豐也撥出相同金額，或許有助於讓休斯的想法能夠吸引他老闆的注意？

事情就這麼說定了。

但休斯的初衷並不是處理公部門的貪污問題，或者開發目前行動支付五花八門、富於想像力的各種用途，而是著力於範圍更加有限的微型貸款，那是當時國際發展的熱門議題。無數想成為企業家的人，由於太過貧窮，沒有銀行體系願意費事和他們交涉，因此他們無法取得貸款。倘若能借到一小筆錢，足以買一頭牛，或者縫紉機和腳踏車，他們便能開創興隆的生意。休斯想嘗試看看，如何讓微型貸款客戶透過簡訊系統償還借貸。

到了二〇〇五年，休斯的同僚蘇西．羅尼（Susie Lonie）已帶著沃達豐公司部分持有的「薩法利電信」行動網絡進駐肯亞。這項試驗計畫並非一看就注定會成功。蘇西想起當年在一間悶熱的鍍錫鐵皮屋裡講習推廣活動，還得應付附近足球比賽的噪音和不知所以然的微型貸款客戶。在她著手解釋何謂 M-Pesa 之前，她必須示範如何操作一支基本的手機（在肯亞，'Pesa' 的意思是「錢」，如同在阿富汗的 'paisa'。）

接下來，人們開始使用該項服務。事情很快變得明朗，除了用來償還微型貸款，他們還用它做許多事情。感到好奇的蘇西派研究人員去弄清楚到底發生了什麼事。試驗計畫裡的某位婦女說，她丈夫被搶劫，她撥轉了一些錢給他，好讓他搭公車回家。其他人說，他們使用 M-Pesa，出門前先存入款項，等到達目的地再提領出來，這樣可以防止在路上被搶。公司行號則會在前一天晚上將錢存入，而非放在保險箱過夜。人們利用 M-Pesa 支付給彼此的費用，城市裡的工人用它寄錢回去給家鄉村莊的親人。這比起以往將現金裝在信封袋，託付給公車司機更為安全。

蘇西明白他們有了大發現。M-Pesa 創設僅八個月，就有一百萬肯亞人加入，現在增加到大約兩千萬。兩年之內，透過 M-Pesa 轉移的金額，達到肯亞 GDP 的十分之一，此後高達將近一半。很快的，在肯亞的 M-Pesa 服務亭數量已經是自動提款機的一百倍。

M-Pesa 活脫脫像教科書裡的「蛙躍」技術，亦即某項發明因為其他替代方案發展不良而被接受。行動電話讓非洲人跳過往往極度不合格的有線電話網絡；M-Pesa

則暴露出通常缺乏效率，而無法從服務低收入群眾中獲利的銀行體系。當我們在使用金融系統時，很容易理所當然地以為繳個水電帳單不需要浪費幾小時長途跋涉到某間辦公室排隊等候；或者，我們有更安全的地方存放積蓄，用不著藏在床墊下。但全世界約有二十億人缺乏這種便利。不過，這個數量正在急速下降，這多半得歸功於行動支付。大多數最貧窮的肯亞人——每日收入低於一點二五美元——都已在幾年內加入 M-Pesa。

截至二〇一四年，行動支付佔了發展中國家市場的百分之六十。有些國家，例如阿富汗，迅速接受行動支付，但有些國家甚至尚未有行動支付的系統進駐。而且大多數已開發國家的顧客無法選擇以簡訊轉帳，即便它比銀行的應用程式更為簡便。為何 M-Pesa 在肯亞成長茁壯？其中一大原因是當地寬鬆的銀行與電信管理方式，而其他地方的政府官僚，未必如此樂於協助解決這種困境。

某項研究指出，鄉村地區的肯亞家庭特別推崇 M-Pesa 方便讓家人寄錢回家的機制；但 M-Pesa 還有兩項更顯得深刻的好處。第一項是阿富汗警察發現的：它可以用來對付貪污。在肯亞也有類似的功效，司機很快就明白，將他們靠邊攔下來的警察無法用 M-Pesa 收賄，因為過程會連結到他們的電話號碼，可能被當成證據。這些國家的許多地區貪污問題猖獗，例如在阿富汗，賄賂的金額就高達GDP的四分之一。肯亞的戴客迷你巴士matatu公司，有三分之一的收入得損失在偷竊和勒索上。

所以你可能以為matatu經營者會歡迎肯亞政府宣布一項有野心的計畫，那便是強制matatu巴士採用行動支付系統。畢竟如果司機沒有現金，就不會被索賄。然而，許多司機卻採取抗拒的態度，原因其實不難理解：現金交易雖然容易助長貪污，但也容易逃稅。matatu司機知道一旦他們的收入可以被追蹤，也就可以被課稅。

這就是行動支付的另一項重大前景：藉由使灰色經濟正式化而擴大稅基。從貪污的警察局長到逃稅的計程車司機，行動支付終將在未來造成巨大的改變。

43 產權登記 Property Registers

現代經濟最重要的某些部分是無形的，例如你看不見無線電波，也看不見有限責任。或許最重要的是，你看不見財產權，但你聽得見它們。那是大約二十五年前，祕魯某經濟學家在印尼峇里島的稻田間散步，飽覽田園風光時所得到的結論。

他穿過一座農場，有隻狗在他靠近時吠叫。然後，第一隻狗突然停止吠叫，另一隻接著開始狂吠。兩座農場之間的分界對他來說是隱形的，但這些狗確切知道界線所在。這位經濟學家名叫埃爾南多・迪・索托（Hernando de Soto）。他返回印尼首都雅加達，與五位內閣部長討論建立正式的產權系統。他們已經知道他們需要知道的一切，他厚著臉皮說。他們只需問峇里島的狗，誰是哪些財產的擁有者。

迪・索托是發展經濟學中鼎鼎大名的人物。他積極反對祕魯的毛派共產黨「光明之路」，使得自己三度成為暗殺對象。他的意圖是，確保司法制度可以像峇里島的狗一樣眼睛雪亮。

但我們話說得太快。

正當印尼政府想辦法要使財產權正式化，許多政府卻走上相反的路子。舉例來說，在一九七〇年代的中國，毛派已經不是亂黨，而成為執政者，任何人可以擁有任何東西的想法，均被視為具有煽動性的資產階級思想。共產黨官員告訴集體農場的農民：你們不擁有任何東西，一切都屬於集體所擁有。那麼我的牙齒呢，其中一位農夫問？喔，官員回答：連你的牙齒都是集體財產。

但這個辦法成效極差。如果你不擁有任何東西，哪會有好好幹活、全心投入和改良土地的動機？集體農場使農民陷入痛苦絕望的貧窮深淵。一九七八年在小崗村，一群農夫秘密集會，達成放棄集體農場的共識，並將土地分割，每人保有符合農場生產配額要求後多出的盈餘。這項秘密協議在共產黨眼中是叛逆之舉，因此得瞞著官員。

但這些農夫的協議終究露了餡，洩密的原因是他們的田地年產量多於先前五年的總和。此刻極其兇險，他們如罪犯般受到虐待。幸好當時的中國有了新領導人——鄧小平。鄧小平隨即表示這是他同意的某種新實驗，一九七八年是中國迅速從赤貧轉變成世界上最大經濟體的起點。

中國的實驗說明了財產權的力量無比強大，已達到能由社區非正式加以處理的程度。但迪．索托說，非正式的社區協議有其極限。如果所有鄰居都承認我擁有我的房子，意味著我能以某些重要方式使用它。我可以在那裡睡覺，也可以重新粉刷廚房，或者設置全新的廚房。如果有竊賊想闖入，我開口呼救，鄰居會來幫我。但在某個重要層面上，即便鄰居公認我擁有我的房子，也幫不上我的忙。那就是，這種協議無法幫我取得貸款。

任何人想要提高貸款最高限額的標準作法，是以財產作為抵押。土地和建築物是特別好的抵押品，因為它們往往會增值，而且難以對債權人隱藏。但如果我想用房子作為抵押品向銀行貸款，以便創業或設置新廚房，我必須證明這棟房子確實是我的。而銀行也必須確定如果我沒有償還貸款，它可以從我這裡拿走房子。把我睡覺的地方變成作為商業借貸的基礎，需要一個法律和銀行系統都能運用的隱形資訊網絡。對迪．索托來說，這個隱形資訊網絡就是把我的房子作為資產——我所擁有的有用事物——和作為**資本**的差別，資本是金融系統承認的資產。

在貧窮國家，許多資產顯然是非正式地被擁有，這些迪．索托稱之為「無效資本」的東西，無助於取得貸款。他估計在二十一世紀初，發展中國家幾乎存在價值將近十兆美元的無效資本，平均每人四千多美元。其他研究者則認為這是過度估算，真正的數字大概介於三兆至四兆美元之間。不過仍是一筆大數目。

但資產如何變成資本？隱形的資訊網絡要如何織造？有時那是由上而下的事。現代的財產登記或許最早出現於拿破崙時代的法國。拿破崙需要課稅來資助他接連不斷的征戰，而地產是課稅的好標的。因此他宣布法國的全部地產都要仔細丈量，並登記其所有權。此種地產圖稱作「地籍冊」，拿破崙驕傲地宣布：「完善的地籍冊將補足我的民法。」攻克瑞士、荷蘭和比利時後，拿破崙也將地籍冊引進當地。

一八〇〇年代中期，土地登記的概念也迅速傳遍大英帝國，國家勘測員著手製作地圖，而土地部門發放所有權狀，整個過程迅速且相當有效率。當然，當時握有權力的人並不太在意，大多數分發的土地，沒收自更早對土地提出所有權要求的當地居民。

在美國，其方式是由下而上。這個國家接連數十年將未經允許而定居的人視為罪犯，後來開始視他們為勇敢的拓荒者。美國政府利用一八四一年的《先佔權法案》（Preemption Act）和一八六二年的《宅地法案》，嘗試將非正式的地產要求正式化。因此，已在當地居住了數千年的原住民的權利再度遭到忽視。此舉殊無正義可言，卻有利可圖，這些土地登記程序將土地霸佔變成合法承認的財產權，從而開啟了數十年的投資和改良。某些經濟學家（其中最重要的是迪．索托本人）認為，開發中國家創造產權登記和地籍冊最好的方法，就是利用同樣由下到上承認非正式財產權的過程。

但改善產權登記果真能釋出迪．索托所稱的「無效資本」？答案當然是「視情況而定」。那得看是否存在一個有能力借貸的銀行系統，以及值得借錢投資的經濟。此外，這也端賴產權登記運作的順暢與否。迪．索托發現，在埃及要合法登記產權，涉及七十七道程序和三十一個機關，需耗時五到十三年。在菲律賓，一切事情要複雜兩倍，包括一百六十八道程序、五十三個機關，加上十三至二十五的等待期。面對如此高的障礙，就連正式登記的財產很快也會再度變得非正式，等到下一回財產交易，賣主與買主雙方難免認為交易過程實在太耗費時間而放棄。

但如果這類機制施行得當，結果會令人印象深刻。舉例來說，在迦納，可以較清楚地將產權轉移給他人的農夫，就會願意在土地上投注更多心力。縱觀全球，世界銀行發現，在控制了收入和經濟成長的變數後，產權登記較為簡單迅速的國家，也會有較少的貪污問題、較少的灰色市場活動，以及更多信譽和私人投資。

產權登記在政治光譜中佔了奇特的位置。往右，人們要求政府站遠一些，給予企業家空間。往左，人們力促政府伸手介入經濟活動。創造與維持產權登記是坐落於維恩圖重疊（交集）部分的活動：如果迪．索托是對的，政府必須有所作為，但要透過最少的繁瑣手續採取行動。同時，產權登記並不時髦、不受喜愛，甚至沒人知道。但倘若沒有產權登記，許多經濟活動將因此沒落。

PART 7

輪子的發明

Inventing the Wheel

如同我在引言中所提到的，本書嘗試闡述五十個關於發明如何形塑現代經濟的故事，而且，我絕非想定義五十種在經濟史上最重要的發明——這種共識不太可能達成。不過倘若我們試著列舉，有一項發明，肯定包含在大多數人的清單中，那就是輪子。

輪子並未入選本書的案例，部分是因為需要用一整本書的篇幅，才能賦予輪子應有的地位。在現代世界，輪子隨處可見，從明顯的存在（汽車、單車和火車）到隱微的（洗衣機滾筒、電腦散熱風扇）存在。考古學家相信，最早的輪子可能不是如我們所以為的用於運輸，而是用來製作陶器。我們可以合理地將櫥櫃裡所有陶器的製造，全部歸功於輪子的發明。

但本書的確含有大量隱喻的「輪子」。輪子這項簡單的發明已經達成如此大的功效，要「重新創造輪子」，不免痴人說夢。事實上，我們已經見識過部分這些「輪子」了——犁是其一，還有航運貨櫃，刺鐵絲網也是；而書寫的概念更可謂終極的「輪子」之一。當然，我們總是致力於改良這些想法，但在每個案例中，這些最原初的基本概念已經極為有效。

我必須承認在撰寫本書時，輪子是我特別喜愛的發明。

44 紙 Paper

古騰堡印刷機，由來自美因茲的金匠約翰尼斯．古騰堡（Johannes Gutenberg）發明於一四四〇年代，普遍被視為人類的重大發明之一。古騰堡想出如何大量製作出耐用的金屬活字，以及如何固定住活字——穩固到能印刷某一頁達數百次，又足夠靈活，可重新用於印刷完全不同的頁面。古騰堡著名的印刷版《聖經》字跡，漂亮到足以媲美僧侶的手抄本。你不妨閉上眼睛想像，這麼一頁紙張，乾淨俐落的黑色拉丁文字母完美地構成兩欄文字，間或用醒目的紅色墨水強調某些字母。

的確，你可以爭辯古騰堡的歷史地位。他不是第一個發明活字印刷的人，活字印刷起源於中國。甚至，當古騰堡在歐洲心臟區（現今德國的美因茲）發明他的印刷機時，韓國人為了更方便印刷，拋棄了整個書寫方法，廢除數以萬計的文字，只留下二十八個字母。人們往往說，古騰堡獨力創造出大量讀寫能力，但那不是真的——早在

六、七百年前，在疆域橫跨中東和北非的阿拔斯王朝，識字已經是普及的事。

然而，古騰堡印刷術改變了世界，催生出歐洲的改革、科學、報紙、小說、教科書等。但倘若沒有另一項發明，上述成就都不可能辦到，這項發明與印刷術同等重要，卻更常被忽略，那就是紙。

紙是距今兩千多年前中國的另一項發明。起初，中國人用紙包裹貴重的物品，但不久後就開始在上面寫字。紙比竹簡輕，比絲綢便宜。阿拉伯世界很快便接納了紙，①但歐洲基督教徒在許久之後才跟進。直到古騰堡印刷機問世數十年前，紙才來到德國。時間為何拖這麼久？地處較潮濕氣候的歐洲人所需要的紙，與阿拉伯人製造的那種紙略有不同。然而，真正的障礙是缺乏需求。

許多世紀以來，歐洲人根本不需要紙，他們有動物皮革製成的羊皮紙。羊皮紙價格高昂，一本羊皮紙《聖經》需要用掉兩百五十隻羊的皮。因此很少人讀寫，那簡直不算重要的事。但隨著商人階級崛起，寫契約和記帳等日常需求越來越高，阿伯人所使用的便宜書寫材料才開始顯得吸引人。便宜的紙張也讓印刷術的經濟效益看起來具有吸引力，因為大量的印刷次數很容易就可以抵銷排版的設置成本。那意味著屠宰一百萬隻羊，或者是，改而使用紙。

印刷只不過是紙張用途的起點。我們用紙裝飾牆壁，作為壁紙或海報和照片。我們用紙過濾茶和咖啡，將牛奶和果汁包裝在裡面。我們用瓦楞紙板製作箱子，甚至建築物。建築師蒂娜・霍夫塞皮安（Tina Hovsepian）製作出‘Cardborigami’建築，這是從摺紙術獲得靈感的耐風雨硬紙板結構，可以摺疊、搬運，一個小時內就能在需要緊急救援的現場重組。

另外還有包裝紙、防油紙和砂紙，以及紙餐巾、紙收據和紙票券。一八七〇年代，電話和燈泡問世的十年間，英國的「穿孔紙公司」（Perforated Paper Company）製造出一種柔軟、強韌且吸水力強的紙張，成為世界上最早的專用衛生紙。紙看似傳統匠人的迷人手工製品，但其實是典型的工業產品，以令人不可置信的規模大量生

①「令」，一令是五百張紙，這個字源自阿拉伯語的‘rizma’，意指「束」或「捆」。但大多數關於紙的英語單字都忽視了它的起源：拉丁文的 *papyrus* 和希臘語的 *khartes*（因此衍生出 cartoon〔卡通〕、cartography〔製圖〕、card〔卡片〕）都指涉埃及的一種蘆葦，而非真正的紙。紙莎草不太適合製作書籍，因為不耐綁摺，而且邊緣容易磨損。

產。

的確，等到基督教世界的歐洲人終於欣然接受「紙」這種東西，他們創造出可說是世界上最早的重工業。起初，他們用打成漿的棉布造紙，過程中需要某種化學藥品分解粗糙的材料。他們發現從尿液中提取的氨效果良好，所以許多世紀以來歐洲的造紙廠散發著惡臭，因為髒衣服被浸泡在人尿中搗碎。打紙漿也需要極大量的機械能，在早期造紙地點之一義大利的法布里亞諾（Fabriano），便是利用快速流動的山中溪流，驅動巨大的搗槌。

一旦充分軟化，棉布的纖維素便會分離，漂浮在濃湯似的液體中，接著，將這種液體攤薄和乾燥，促使纖維素重新形成強韌有彈性的薄墊。此後，紙張的製程歷經不斷的革新：絞碎機、漂白劑、添加劑，每一種都是為了更快速和便宜地造紙，即便結果往往得到更容易隨著時間變得脆弱和泛黃的紙面。紙成為價錢低廉的商品，極適合中產階級在日常生活中草草記下東西。到了一七〇二年，便宜的紙運用於製造一種顯然二十四小時後便要被拋棄的商品：《每日新聞》（*Daily Courant*），這是世界上第一份日報。

後來發生一個幾乎無法避免的產業危機：歐洲和美國需紙孔亟，開始將破布消耗殆盡。情況變得十分危急，拾荒者甚至會在戰爭之後徹底搜查戰場，剝下滿身血污的死者制服，好賣給造紙廠。

其實，造紙的纖維素有替代的來源，那就是木材。中國人早就知道如何加以處置，但這個概念很晚才在歐洲開始流行。一七一九年，法國生物學家德．雷奧穆爾（René Antoine Ferchault de Réaumur）的一篇科學報告指出，胡蜂能藉由咀嚼木材建造紙巢，為何人類不行？雷奧穆爾的點子長期遭到忽視，等到這個想法被注意到，造紙者也發現木材並非容易處理的原料，而且所含的纖維素不像破布那麼多。直到十九世紀中期，木材才變成西方世界重要的造紙原料。

如今，越來越多的紙透過紙本身來製造，通常在中國適當地回收再利用。一個硬紙板箱出產自上海以南一百三十英里的寧波造紙廠，用於包裝筆記型電腦；箱子被運送渡過太平洋；取出電腦後，紙箱丟進西雅圖或溫哥華的垃圾桶。然後再運送回到寧波，打成紙漿製成另一隻箱子。這個過程可以重複六、七次，直到紙纖維變得太過脆弱而不堪使用。

不過，一談到書寫，有人說紙的來日無多，因為電腦將引進「無紙辦公室」的時代。問題是，愛迪生在十九世紀晚期便預言過無紙辦公室的來臨。還記得那些蠟圓筒，這種技術用於錄音，開啟了音樂家收入極不均等的時代？愛迪生認為它們可用於取代紙：辦公室備忘錄將會被記錄在他的蠟圓筒上。即便有遠見者如愛迪生，也不是事事皆如諸葛，提起紙的滅亡，其他許多預言者至今看來都像傻瓜。

一九七〇年代，當電腦開始進入工作場所，無紙辦公室的概念確實大行其道，接下來的四分之一個世紀，興奮屏息的未來學家不停預告此事。與此同時，紙的銷售卻持續激增。沒錯，電腦讓不需要紙的文件變得容易發送，但印表機讓接收者同樣容易地將它們列印在紙上。美國的影印機、傳真機和印表機，持續吐出每五年可以覆蓋全國面積的日常辦公室用紙。不久之後，無紙辦公室的概念變得不太像預言，而像妙語。

或許事情終究會改變。二〇一三年，全球達到用紙量的高峰，紙的消耗量終於開始下降。許多人仍偏愛書本的質感或紙本的報紙，勝過在螢幕上掃視閱讀，但如今數位傳播的成本降低許多，我們會趨向更便宜的選擇。最終，數位之於紙張，就像在古騰堡印刷機幫助下的紙張之於羊皮紙，數位會在競爭中贏過紙張，不是因為品質，而是以價格取勝。

紙也許正在式微，但我們難以想像它會消失，就像輪子不可能消失。紙不只會在超市貨架或實驗室倖存下來，也會留存於辦公室。古老的技術自有其持久不滅的習性，就像我們現在仍在使用鉛筆和蠟燭，而全世界所生產的單車依舊多於汽車。紙張絕對不只用於印製美麗的古騰堡《聖經》，它是日常的用品。說到匆忙記下手邊的事物、羅列名單和胡亂塗鴉，能有什麼東西比信封背面更為趁手？

45 指數基金 Index Funds

以下有個問題：什麼是世界上最好的金融投資？

如果有人知道答案，這人非華倫・巴菲特（Warren Buffett）莫屬，他是世界上最富有的投資者，也是全球首富之一，我想這麼說就夠了。數十年的精明投資，讓巴菲特累積出數百億美元的身價，對此巴菲特有何建議？在寫給太太的信中，巴菲特建議她在他死後該如何投資。這封信已經在線上發表，任何人都可以讀到。其中的指示：選擇你所能想像最平凡的投資。將幾乎所有一切投入「極低成本的 S&P 500 指數基金」。

是的，指數基金。指數基金的概念在定義上顯得平凡，也就是被動地追蹤整體的市場，每種都買一些，而非設法用聰明選股戰勝市場——巴菲特本人行之超過半世紀的聰明選股。

指數基金現在似乎是再自然不過的事，它已經成為投資語言的一部分。但在一九七六年之前，它們並不存在。在有指數基金之前，先要有「指數」。一八八四年，財經記者查爾斯．道（Charles Dow）想出一個聰明的點子：他可以將某些知名公司股票的價格予以平均計算，然後公布平均的漲跌。最後，他不只成立了道瓊公司，還創辦了《華爾街日報》。

道瓊工業指數不妄求包辦一切，而只追蹤股票的整體表現。但多虧了查爾斯．道，現在的專家可以談論股票市場上漲二點三個百分點，或下跌一百一十四點。更精密的指數隨後出現，包括日經指數、恒生指數、那斯達克指數、**FTSE** 指數，以及最有名的 **S&P 500** 指數，它們迅速成為世界各地商業報導的重頭戲。

到了一九七四年秋天，全球最知名的經濟學家薩繆森對此產生興趣。他改革了運用和教授經濟學的方式，使它更加數學化，也使得這門學科變得更像工程學而不像辯論社。他的著作《經濟學》（*Economics*）曾蟬聯美國所有學科中最暢銷的書，時間幾乎長達三十年。他擔任過甘迺迪總統的顧問，贏得最早期的諾貝爾經濟學獎。

薩繆森證明了金融經濟學中最重要的概念：如果投資者理性地思考未來，那麼諸如股票和債券等資產的價格，理應隨機波動。聽起來似乎自相矛盾，但直覺上所有可預測的動作都已發生，例如許多人會買進顯然划算的股票，從而讓價格上揚，所以這張股票明顯變得再也不划算。這個概念稱作「有效市場假說」。它或許不完全真確，因為投資者並非是完全理性的，而且有些投資者更感興趣於自我保護，而非承受即便是已經過審慎判斷的一丁點風險。但有效市場假說存在著部分真實。如果它越是真實，任何人就越難戰勝股票市場。

薩繆森觀察資料後，發現一個說來令投資業尷尬的情況。的確，長期而言，最專業的投資者並沒有戰勝市場。即便有人辦到了，好的表現往往也不持久，其中含有許多運氣的成分，而且難以區分運氣和技術。

薩繆森在一篇名為〈判斷的挑戰〉（'Challenge to Judgement'）的文章中提出他的想法，談到最專業的投資者應該辭職，改做其他有用的工作，例如修水管。薩繆森更進一步指出，由於專業投資者似乎無力戰勝市場，所以應該有人成立某種指數基金，讓一般人可以就股票市場的整體表現來進行投資，而用不著付一大筆錢給花俏的專業基金經理人，讓他們去嘗試、失敗，然後學聰明。

就此而言，發生了一件有趣的事：某位務實的商人確實注意到這位學院派經濟學家所寫的東西。約翰·柏格（John Bogle）才剛成立了一家名為「先鋒」（Vanguard）的投資公司，其任務是為一般投資大眾提供簡單的共同基金——沒有小題大作、沒有花言巧語，而且收費低廉。能有什麼比指數基金更簡單、更便宜，況且還得到世界上最受敬重的經濟學家的推薦？因此柏格決定讓薩繆森的願望實現。他成立了全球第一個指數基金，等著投資者蜂擁而至。

可是，沒有投資者來。柏格於一九七六年秋天創設第一指數投資信託（First Index Investment Trust），結果失敗了。投資者對於保證平庸的基金不感興趣。金融專業人士痛恨這個點子，有人甚至說它「很不美國」。這確實打了他們一耳光，柏格實際上是這麼說的：「別付錢給這些傢伙幫忙挑選股票，因為他們做得不比胡亂買股票要來得好。我也是，但至少我收的錢比較少。」人們稱先鋒公司的指數基金為「柏格的蠢事」。

但柏格保持信心，人們也逐漸開始被吸引。畢竟主動式基金是昂貴的，它們往往大量交易，買進賣出股票以尋求賺頭。投資者付給分析師大把鈔票，好讓他們飛來飛去和公司董事開會。年費聽起來可能不多，只要百分之一或百分之二，但很快就累增成一筆大數目。如果你為了退休而存錢，百分之一的年費很容易就會吃掉你四分之一或更多的退休基金。當然了，倘若分析師持續戰勝市場，那麼那樣的費用算是花的值得，但薩繆森告訴我們，長期而言，大多數分析師都辦不到。

久而久之，超級便宜的指數基金看起來是主動式基金完全可靠的替代品，而且省除主動式基金的一切成本。因此，柏格的基金逐漸穩定成長，並且出現越來越多模仿者，每個都被動地追蹤某個概略的金融基準指標。人人利用薩繆森的基本洞察，也就是說，如果市場運作良好，你大可在一旁閒著，順其自然。柏格成立他的指數基金四十年後，整整四成的美國股票基金都是被動的追蹤者，而非主動的挑選者。你可以說剩下的六成依附希望超過經驗。

指數投資象徵著經濟學家改變了他們所研究世界的力量。當薩繆森及其後繼者發展出「有效市場假說」，他們改變了市場本身的運作方式，使之變得更好或更壞。不只是指數基金，其他金融產品例如衍生性金融商品，在經濟學家想出如何估算其價值後，無不大行其道。

有些學者認為，「有效市場假說」本身在金融危機中扮演了推手，因為它助長了

「市場對市場」的會計，也就是銀行會計師可以憑藉檢視其資產在金融市場上的價格，而估算其價值。這種會計方式存在著自我強化的繁榮與蕭條風險，因為隨著金融市場的波動，大家的帳冊會突然而且同時變得好看或難看。

可想而知，薩繆森本人則認為指數基金使世界變得更好，而且已經讓一般投資大眾實質省下數以千億計的美元。這是一大筆數目，對許多人來說，意味著精打細算度日與舒適安享晚年的差別。

在二〇〇五年的某場演講中，高齡九十歲的薩繆森公開讚揚柏格。他說：「我將柏格的發明與輪子、字母、古騰堡印刷術、葡萄酒和乳酪並列。未曾讓柏格變得富有的共同基金，卻提高了共同基金持有者長期的利潤回報。這可說是太陽底下的新鮮事了。」

46 S形彎管
The S-bend

「優雅的措辭已經不管用，」一八五八年倫敦《城市報》的某篇社論大聲疾呼，「它真是臭氣沖天！」

上述的惡臭有一部分是隱喻，嘲諷政治人物無法處理一個明顯的問題。隨著倫敦人口的成長，該城的人類廢棄物處理系統嚴重不足，污水坑往往滲漏滿溢，還噴發會爆炸的沼氣；為了緩解污水坑的壓力，權責單位轉而鼓勵將污水排放到溝渠。然而，此舉引發了不同的問題，因為這些溝渠原本只設計用來排放雨水，而且直接排進泰晤士河。

那可是實實在在的惡臭，泰晤士河變成一條露天下水道。著名科學家麥可．法拉第（Michael Faraday）的某次河上之旅，促使他投書《泰晤士報》。他描述泰晤士河河水是「不透明的淡棕色液體……靠近橋梁處，濃密的穢物翻滾攪動，在水面上歷歷可見。」其氣味，他說「十分難聞……如同街道水溝孔排出的臭味。」

當時霍亂蔓延，某次疫情爆發曾奪走一萬四千名倫敦人的性命，死亡率幾乎達到百分之一。土木工程師約瑟夫．巴瑟傑特（Joseph Bazalgette）制訂出新的封閉式下水道計畫，打算將廢水抽送到遠離城市的地方。這些計畫讓政治人物有非得贊同的壓力。

在《泰晤士報》這篇文章的最後，法拉第呼籲「那些行使權力或負責的人」別再忽視這個問題，以免「炎熱季節給予我們傷心的證據，證明我們因疏忽而犯下的愚行。」三年後，事情果然不出所料。一八五八年悶熱的夏季，讓倫敦這條臭河無法被委婉地忽視，或者用「優雅的措辭」拐彎抹角地談論。這波熱浪的通俗名稱是「大惡臭」（‘Great Stink’）。

如果你住在具備現代衛生設施的城市，你很難想像充滿人類排泄物臭味的日常生活。為此我們得感謝許多人，但或許最需要感謝的是亞歷山大．康明（Alexander Cumming）。康明是「大惡臭」發生一個世紀之前的倫敦鐘錶匠，以精通複雜的機械而聞名。他曾擔任經度獎（Longitude Prize）的裁判，該獎項激發哈里森發明出世界上最準時的裝置。英國國王喬治三世委託康明製造出一種能記錄大氣壓力的精密儀器，而且康明還首創切片機，用於切割出超薄的木片，以進行顯微鏡分析。

然而，康明改變世界的發明與精密工程並不相干，而只不過是一段彎曲的管子。一七七五年，康明取得S形彎管的專利。這項發明補足了沖水馬桶欠缺的一環，從而開創我們現在所知的公共衛生。沖水馬桶先前曾因氣味問題而失敗，因為馬桶排水管的設計是直接連通下水道，好沖走尿液和糞便，但同時也避免不了下水道的臭氣往上飄送，除非你能創造出某種氣密封蓋。

康明解決問題的辦法相當簡單：將管子弄彎。水留置在彎管凹陷處，阻止臭味上傳，每次沖馬桶會重新補水。儘管我們已經從S形彎管進化到U型彎管，但沖水馬桶運用的依然是相同的灼見，康明的發明幾乎無可挑剔。

然而，相關進展卻相當遲緩，直到一八五一年，沖水馬桶在倫敦仍然非常新奇，甚至在水晶宮舉行的萬國博覽會中被介紹時還造成轟動。想使用這項設備，需要收費一便士，讓英語留下「花一便士」（'to spend a penny'，意指行方便之事）的委婉語。數以千計的倫敦人排隊等候解放自我的機會，同時驚異於現代馬桶的奇蹟。

萬國博覽會讓倫敦人見識到公共衛生的可能遠景——乾淨無臭，這無疑增加了大眾對於政治人物的不滿，因為他們遲遲未想辦法為巴瑟傑特規劃的下水道找尋資金。這些計畫其實並不完善，當時的人們誤信是臭氣引發疾病，因此，巴瑟傑特認為將污水傾注到泰晤士河較下游處便已足夠。如此一來，確實大致解決了霍亂的實際根源，也就是受污染的飲用水；但如果你想在河口捕魚或者在附近海灘泡澡，這麼做根本於事無補。相較於一八五〇年代的倫敦，如今這個面臨人口爆炸且基礎建設吃緊的現代城市，有著更多知識可以援用。

但我們依舊未能確實設法解決集體行動的問題，也就是如何使「那些行使權力或負責的人」，如法拉第所言，提高工作效率。時至今日，我們已有長足的進步，根據世界衛生組織的說法，能享用所謂「改善的公共衛生」的世界人口比例，從一九八〇年的約莫四分之一，增加到現今的約莫三分之二。這是一大進展。

然而，仍有二十五億人未能獲得改善的公共衛生，而改善的公共衛生本身只算是低標，其定義是「以衛生的方式隔離人類及其排泄物」，這並不表示必然處理了污穢物問題。世界上只有不到一半的人口，得以享用實際處理污穢物的公共衛生系統。

未能營造適當的公共衛生，導致我們得付出多種經濟代價，從腹瀉等疾患，到因有衛生憂慮而短少的觀光收益。世界銀行的「衛生倡議經濟學」試圖合計出標價，舉例來說，在非洲各國，不良的公共衛生使 GDP 減少一至兩個百分點；在印度和孟加拉，降幅超過六個百分點；在柬埔寨是七個百分點。隨即專家又補充說，已經善用康明 S 形彎管的國家，整體而言比較富裕。

難題在於，公共衛生並非市場必然提供的事物。沖水馬桶要花錢，但在街上排泄是免費的。如果我要裝設沖水馬桶，我得負擔全部的費用，但街道乾淨的好處是由大家共享。按經濟學的說法，這稱作「正面外部性」（positive externality），而具有正面外部性的商品被購買的步調，往往慢於社會整體想要的步調。

正面外部性最顯著的例子，是肯亞首都奈洛比的貧民窟基貝拉（Kibera）的「飛行馬桶」。飛行馬桶的運作方式如下：你大便在塑膠袋裡，趁著半夜盡可能將它拋得遠遠的。當你用沖水馬桶取代飛行馬桶，不止對馬桶主人有好處，我敢打賭鄰居肯定也會感激你。拿行動電話做對照吧。行動電話就沒有那麼多正面外部性，雖然多少還是有一些。例如，如果我買了行動電話，有行動電話的鄰居就更方便和我連絡，這對他們有好處。不過相較於上述的馬桶案例，我的鄰居肯定更加希望我不要亂丟排泄物，至於擁有電話的好處，則多半歸我個人獨享。

所以，假設我正在決定是要買電話，或者拿這筆錢來買馬桶。如果我利他地將好處分給我自己和鄰居，我可能會決定買馬桶；但如果我自私地只重視自己的利益，我寧可買電話。這正是為什麼儘管S形彎管存在的時間是行動電話的十倍，但目前卻有更多人擁有行動電話，而沒有沖水馬桶的原因之一。在基貝拉，消滅飛行馬桶的努力，集中於少數具備公共廁所的街區，以及發送特別設計的馬桶袋，可用以搜集糞便作為堆肥。這是考慮到基貝拉的條件限制的特殊解決之道。

當然，現代公共衛生需要的不只是沖水馬桶，還得有下水道系統可以接通馬桶才會管用，而創設下水道系統更是一項大工程，無論在財務或後勤方面。等到巴瑟傑特終於取得倫敦下水道的資金，前後花費十年時間才建造完成，而且其間必須挖開兩百五十萬立方公尺的土石。

由於外部性問題，這類計畫可能難以吸引私人投資者，因此得由果斷的政治人物、心甘情願的納稅人和運作良好的市政府來完成。但這些東西不常有。舉例來說，根據最新的人口普查，印度擁有五千一百六十一座城鎮。那麼，有多少城鎮成功建造了（即便只是局部的）下水道系統？答案是不到百分之六。

倫敦的立法者同樣拖沓，但等到他們終於採取行動時，他們並不含糊。他們只花了十八天，便緊急通過巴瑟傑特計畫的必要立法。如我們所知道的，不管是解除對美國貨車運輸的限制、改革祕魯的產權登記，或者確保銀行業務不會造成經濟不穩定，政治人物往往難以展現迅速和明智的行動。那麼，該如何解釋這種難得的迅捷？

事情的轉折與地理位置有關：倫敦的國會正好座落於泰晤士河畔。為了設法讓國會議員聞不到「大惡臭」，國會大廈的窗簾浸泡了漂白粉以掩蔽臭味。儘管官員們如何賣力嘗試各種去味方法，但終究沒有效果，對此政治人物無法坐視。《泰晤士報》用稱心如意的嘲諷筆調，描述議員們如何棄守國會大廈的圖書館，「每位先生都拿著手帕掩住鼻子。」但願要讓政治人物用心解決問題，永遠可以這麼容易。

47 紙幣 Paper Money

差不多七百五十年前，名叫馬可波羅的年輕威尼斯商人寫了一本不尋常的書，記錄他的中國之旅。書名叫作《馬可波羅遊記》，內容充滿他聲稱見識到的奇風異俗。但其中有件東西尤其特別，讓他簡直無法自持：「無論我怎麼說，」他寫道，「你們絕對不會相信我神智清楚，說的是事實。」什麼東西讓馬可波羅這般興奮？他是第一位看見紙幣的歐洲人，這項發明至今仍是現代經濟的基礎。

當然，紙本身不是重點。現代的紙幣不是紙張做的，而是用棉花纖維或柔韌的塑膠材料製成。讓馬可波羅如此著迷的中國貨幣也不是紙做的，而是由取自桑樹皮的黑色薄片製成，經多位官員簽名，再加蓋中國皇帝忽必烈本人的鮮紅色硃砂印，使之生效。馬可波羅書中的文章標題多少讓人屏息以待：「大汗如何讓桑樹皮被製成某種像紙的東西，使之成為錢而通行全國。」

重點在於，無論這些紙幣由什麼材料製成，其價值都不是來自材料本身的珍貴，如同金幣或銀幣那般；它的價值純粹產生自政府的權威。紙幣有時稱作法定貨幣（fiat money），拉丁文*fiat*意指「按此辦理」。大汗宣布正式蓋印的桑樹皮是錢——瞧，就按此辦理吧，它就是錢。該系統的創意震驚了馬可波羅，他解釋紙幣的流通彷彿金、銀般無往不利，而那些不流通的黃金都到哪去了？被皇帝緊捉著不放。

馬克波羅聽說的桑樹皮錢並非新鮮事。它早在三個世紀之前就曾出現，在大約西元一千年的中國四川，一個現今以麻辣料理出名的地方。四川是邊境省份，緊鄰時有敵意的外國。中國統治者不希望高價的金銀幣從四川流入境外，因此教四川人使用鐵幣。

鐵幣十分不實用。如果你以少數銀幣進行交換，只要五十公克便能兌與你等重的鐵幣。即便像鹽這樣簡單的商品，都比同重量的鐵有價值，因此，如果你拿著整袋鐵幣上市場採辦雜貨，買回來的商品可能還沒有鐵幣重。

難怪人們開始用替代品進行實驗。這種替代品稱作「交子」，實際上就是借條。如此一來，信譽良好的商人不必帶著整車的鐵幣，只要寫張借條，承諾之後當大家都方便時再支付帳單即可。但後來發生了意想不到的事。

這些「交子」借條開始自由交換。假設，我供應某些商品給聲譽卓著的張先生，而他開給我一張借條。日後我到你的店裡，我不用鐵幣付款——誰會幹這種事？——而是寫借條給你。但事情可以更簡單，不如我直接給你張先生的借條，而你的確更喜歡這樣，畢竟我們都知道張先生在錢方面是講信用的。

現在你、我和張先生共同創造出某種原始的紙幣，它承諾償還本身可銷售的價值，並且可以在不同人際之間流通而不必兌現。這個概念起初有點令人困惑，但如同我們在第二十章所見，這種可交易的債務在其他時期也出現過，例如一九七〇年代銀行罷工期間在愛爾蘭，或者一九五〇年代在香港流通的支票，甚至中世紀晚期英國的符木。

這種新的可交易承諾的系統對張先生來說是好消息，因為只要人人都發現流通他的借條是便於付款的方式，他就不需要真的付出鐵幣。實際上，只要他的借條持續流通，他便享受了無息貸款。更棒的是，他可能永遠不會被要求償還這條貸款。

難怪中國政府當局開始覺得，這樣的好處應該收歸國有，而非給像張先生這樣的人。起初他們規範交子的發行，並制定樣式和規格，很快地，當局就宣布私人交子為非法，而接管了全部的業務。官方的交子貨幣因而成功流行起來，在各地、甚至國際上流通。事實上，交子甚至以高於面值進行交易，因為它們遠比金屬錢幣便於攜帶。

起初，政府發行的交子可以應要求兌取錢幣，正如先前私人的交子。這是極合乎邏輯的系統，基本上，它將紙幣視為某種具有實質價值事物的象徵。但是政府很快偷偷邁向法定貨幣系統，維持相同的原則，但放棄兌現交子為金屬幣的原則。帶著舊交子到國庫兌換，你會收到……嶄新的交子。

這是非常現代化的一步。現今全世界使用的錢都是由中央銀行發行，除了政府以新幣替換舊幣的承諾，沒有任何特別的擔保。我們已經從張先生的借條到處流通而不曾償還的情況，進入到靠政府的借條流通、但**無法**償還這種難以理解的情況。

對政府而言，法定貨幣是種誘惑：有帳單要付的政府可以乾脆印製更多的貨幣。當更多的貨幣追逐相同數量的商品和服務，價格便會上揚。這種誘惑很快便大到難以抗拒。十一世紀初發明交子之後的幾十年內，交子就開始貶值而且失去信用，兌換價值只有面值的十分之一。此後其他國家遭遇更加嚴重的情況。威瑪德國和辛巴威就是過度印製鈔票，使得價格變得沒有意義，最後導致經濟崩盤而陷入混亂的著名例子。一九四六年的匈牙利，物價每天翻漲三倍。走進當時布達佩斯的咖啡店，你最好一到店裡就結帳，而不要等到喝完咖啡離開時才結帳。

這些罕見卻嚇人的事件，使得某些經濟激進派人士相信法定貨幣絕對不可靠，他們渴望回到金本位制的年代，那時紙幣可兌換一小塊貴金屬。但現今主流經濟學家通常認為，將貨幣供應量與黃金掛鉤，才是糟糕的想法。大多數經濟學家主張，可預測的低通膨完全不是問題，甚或可作為有益於經濟活動的潤滑劑，因為它防範了通貨緊縮的可能，而通貨緊縮會造成經濟災難。儘管我們可能無法永遠信任中央銀行會印製數量剛好的新鈔，但或許我們更不能信任礦工會挖出數量剛好的新黃金。

危急情況下，燒壞印刷機的能力特別有用。二〇〇七年發生金融危機後，美國聯邦儲備系統傾注數兆美元拯救經濟，卻沒有造成通貨膨脹。事實上，印刷機是比喻的說法，因為這幾兆美元是在全球銀行系統的電腦上按鍵創造出來的。大為驚奇的馬可波羅可能會這麼說：「偉大的中央銀行在電腦螢幕上創造數字，做成某種像表格的東西，而那些東西被當作是錢。」雖說技術已然改變，但被認為是錢的東西，持續教人吃驚。

48 混凝土 Concrete

二十一世紀初期，一項稱作 *Piso Firme* 的社會計畫，提供了墨西哥科阿韋拉州（Coahuila）貧窮人家不尋常的施捨品。那不是就學方案、疫苗接種、食物或金錢，而是價值一百五十美元的預拌混凝土。工人開著混凝土攪拌車穿梭於窮困地區，停在貧窮人家門前，傾倒出粥狀的混合物，流進大門，沒入客廳。然後指導住戶如何鋪平這些黏糊狀液體，確保他們知道要等多少時間讓它乾燥，接著再開往下一戶人家。

Piso Firme 意思是「堅固的地板」，經濟學家在研究該計畫時發現，預拌混凝土大幅改善了孩童的教育。原因何在？先前大多數人家的地板是泥土地板，寄生蟲會在泥土中繁衍散播疾病，害得孩童在成長的過程中生病。混凝土地板比較容易維持乾淨，孩童因此變得更健康，更常去上學，考試成績自然跟著進步。此外，住在泥土地板上，許多方面是不舒適的，包括經濟學家發現住在有混凝土地板的住家，會讓這些

家庭的父母也變得比較快樂、不會緊張或情緒低落。這一百五十美元看來花得相當值得。

出了科阿韋拉州的貧窮地區，混凝土的名聲通常沒那麼好。它是對生態粗心大意的代名詞，因為混凝土由沙、水和水泥調和而成，而且水泥的製造需要耗費大量的能源，製作過程還會排放溫室氣體二氧化碳。這件事本身可能問題不大，畢竟生產鋼需要更多能源，麻煩在於，全世界消耗了數量無比龐大的混凝土——每人每年五公噸。因此水泥產業排放的溫室氣體和航空業一樣多。

在建築方面，混凝土意味著懶惰、沒有靈魂的建築物，它一般用於土氣官僚的醜陋辦公大樓，或者樓梯井有尿騷味的多樓層停車場。不過混凝土也可以塑造出讓許多人覺得漂亮的建築形式，想想雪梨歌劇院，或者在巴西利亞由奧斯卡・尼邁耶（Oscar Niemeyer）設計的大教堂。

混凝土能引發如此令人困惑的情緒，或許不足為奇。這種材料的本質似乎難以確認。「它是石頭？可以說是，也可以說不是。」美國傑出建築師法蘭克・萊特（Frank Lloyd Wright）於一九二七年表示。他接著又問，「它是灰泥？是也不是。它是磚頭或瓷磚？是也不是。它是鑄鐵？是也不是。」

然而，混凝土是絕佳的建材，此事數千年來受到認同，甚至打從人類文明肇建之初，就已經開始使用。有一個理論主張，人類最早的聚落之所以形成——大約一萬兩千年前在土耳其南部的哥貝克力丘（Göbekli Tepe）——是因為有人想出如何製作水泥的方法，從而產生了混凝土。混凝土確實在八千多年前曾被沙漠商人用於建造秘密的地下蓄水池，以貯存稀有寶貴的水；某些這類蓄水池留存於現今的約旦和敘利亞。三千多年前，邁錫尼人用混凝土建造那些你至今可以在希臘伯羅奔尼薩半島看到的墳墓。

古羅馬人認真看待混凝土。他們利用龐貝和維蘇威火山附近普泰奧利（Puteoli）的火山灰堆積處天然形成的水泥，以混凝土建造水渠和浴場。走進羅馬的「萬神殿」這個即將慶祝一千九百周年的建築，望著它那直至一八八一年仍是世界第一大的圓頂，你在看的正是呈現驚人現代感的混凝土。

許多古羅馬磚造建築早已消失，不是因為磚塊本身毀損，而是被拆下來當作建材。古羅馬磚塊可能用於建造現代建築。但由混凝土打造的萬神殿呢？它之所以能長久留存，原因之一是堅硬的混凝土結構絕對無法用於其他任何用途。磚塊可以重新利用，但混凝土不行，它只會變成瓦礫堆。混凝土變成瓦礫堆的機會，取決於製造品質。不良的混凝土（沙子太多、水泥太少）是地震來臨時的危險場所。但調配得當的混凝土卻能防水、防風暴、防火，堅固耐用又便宜。

這正是混凝土基本的矛盾之處：當你要建造某種東西時，它的靈活性讓人難以置信，可是一旦建造完成，就變得剛硬無比。在建築師或結構工程師手中，混凝土是出色的材料，你可以將它灌入模子裡，變成你想要的幾乎任何形狀，而且硬挺堅固。它可以染色或呈現灰色，可以粗糙，也可以像大理石般打磨光滑。但等到建築物一完成，它的靈活性便告消失，因為經過濕治處理的混凝土是頑固不屈的材料。

或許這就是為什麼混凝土與自負的建築師和專制的客戶，是如此脫不了干係，這些人相信他們的願景永垂不朽，不可能需要隨著時代和環境的變遷而解構和重構。

一九五四年，當時的蘇聯領導人赫魯雪夫曾發表長達兩小時的演說，讚揚混凝土，並詳細提出要進一步使混凝土標準化的想法，也就是，他想要採納「適用於全國的單一建造系統」。無怪乎我們認為混凝土是某種強加於人，而非人們自行選擇的東西。混凝土是如此耐用，但只能使用一次。混凝土持久不壞，百萬年後當鋼鐵鏽蝕、木材腐爛，混凝土依舊存在。不過，我們現今所建造的混凝土結構，幾十年後就會報廢無用，因為一個多世紀前發生了革命性的混凝土改良，不過卻是帶有致命瑕疵的進步。

十九世紀中期，法國園丁約瑟夫．莫尼耶（Joseph Monier）不滿足於現有的花盆種類。當時混凝土花盆已經流行起來，但它們不是容易損壞，就是過於笨重。顧客喜愛它的現代化外觀，但莫尼耶不想費力拖動笨重的花盆，所以將混凝土澆鑄在鋼網上做實驗，結果成效非常好。

事實上，莫尼耶相當幸運。用鋼筋來強化混凝土根本不應該奏效，因為不同材料在受熱時，往往有不同程度的延展。陽光曝曬下的混凝土花盆照理要龜裂，因為混凝土和裡面的鋼筋以不同的速率延展。可是由於天大的巧合，混凝土和鋼筋在受熱時，有著類似的延展程度，結果成為完美的組合。莫尼耶鴻運當頭，往後他明白鋼筋混凝土除了做花盆，還有其他更多用途，包括鐵路枕木、建築用板和輸送管，他申請了該項發明的幾個專利，在一八六七年的巴黎世界博覽會中展出。

其他發明家運用這個點子，測試鋼筋混凝土的極限，想知道如何加以改良。莫尼耶在獲得第一項專利的不到二十年間，也為鋼筋預加應力的聰明想法取得了專利。預應力使混凝土更強固，部分抵消了作用於混凝土的力量。預應力讓工程師可以大幅減少鋼筋和混凝土的用量，而且一百三十年後，還是跟現在一樣好用。

鋼筋混凝土比未經強化的混凝土更加堅固實用，可以跨接更大的間距，讓混凝土成為飛躍的橋梁和摩天樓。但這裡面有個問題：當水逐漸透過細縫滲入鏽蝕鋼鐵時，粗製濫造的鋼筋混凝土會從內部腐朽。這個過程目前正在摧毀全美各地的基礎建設；①二、三十年後，中國會是下一個。二〇〇八年後，中國在三年之內澆鑄的混凝土，超過整個二十世紀美國的澆鑄量，沒有人敢說所有這些混凝土都是按照嚴格的標準製成。

目前有許多種改良混凝土的方案，包括預防水滲入到鋼鐵的特殊處理。「自癒

①美國土木工程師學會（ASCE）在《二〇一三年美國基礎建設報告書》中提到：「據評估，全國九分之一的橋梁有結構缺陷」，而「聯邦公路局（FHWA）預計在二〇二八年之前汰換全國橋梁，我們需要每年投資兩百零五億美元，但目前只花費了一百二十八億。」

合」混凝土充滿了能分泌石灰石的細菌，可以重新封閉任何裂縫。「自潔淨」混凝土則注入了二氧化鈦，能分解髒污的二氧化鈦使混凝土得以保持雪白；各種改良的技術，甚至讓混凝土街道能夠淨化汽車排放的廢氣。科學家正在想辦法降低製造混凝土的耗能和碳排放，如果成功了，是環保的一大福音。

但說到底，我們能夠以已經擁有的簡單、可靠技術做更多的事。全世界有無數人住在泥土地板的房子，像 *Piso Firme* 這樣的計畫能改善他們的生活。其他研究顯示，在孟加拉鄉村地區鋪設混凝土道路的成效甚大，同時提升了上課出席率、農業生產力和農場工人的薪資。或許，混凝土在簡單使用時，功效最佳。

49 保險 Insurance

十年前，我為了在廣播節目上耍噱頭，打電話給英國某個頂尖的彩票經理部，設法跟他們打賭說我快死了。他們拒絕接受這個賭約，結果錯過賺錢的機會，因為我到底是還活著。但彩票經理部顯然不願以生死這種事來打賭。相形之下，人壽保險公司就專幹這種事。就法律和文化而言，賭博與保險之間有著明確的區別。但從經濟面來看，其差異就不是這麼容易區分了。賭徒和保險業者都同意，金錢會隨著不可知的未來中所透露的事而易手。

這是一個古老且近乎原始的概念。諸如骰子之類的賭具，起源可追溯到好幾千年前，或許是五千前的埃及。在印度，兩千五百年前這些玩意兒流行之盛，足以讓佛陀將它列入拒玩的遊戲名單中。保險可能同樣古老。巴比倫的《漢摩拉比法典》擁有將近四千年的歷史，它極度關注「以船舶作抵押」的主題，諸如商人借錢資助船隻的航行，可是一旦船隻沉沒，便無需償還該筆貸款的規定。

大約相同時期，中國商人藉由交換船上的貨物以分攤其風險，如果任何一艘船沉沒，損失的是來自許多不同商人的各種貨物。但將貨物移來移去終究太過麻煩，更有效率的辦法，是建構金融契約形式的保險。數千年後的羅馬人便這麼做，因而形成活躍的海運保險市場。後來，義大利城邦如熱那亞和威尼斯也持續這種作法，發展出越來越複雜的方法，來替地中海的船舶投保。

一六八七年，有一家咖啡店在靠近倫敦港區的塔街（Tower Street）開張，這家店環境舒適寬敞、生意興隆，主顧享受店內的爐火、茶、咖啡和果子露，當然還有閒談。當時有許多事情可聊，因為倫敦剛經歷了瘟疫、大火、荷蘭海軍進逼至泰晤士河，以及推翻國王的革命。

但最重要的，這家咖啡店的顧客喜歡聊跟船有關的事，包括哪艘船載了什麼貨物，從哪裡出航，以及是否會安全抵達。有閒話的地方就有賭博的機會，顧客們喜歡打賭。舉例來說，他們打賭海軍上將約翰．拜恩（John Byng）是否會因為與法國海軍作戰不力而被槍斃，結果確實如此。這家咖啡店的主顧會毫不遲疑接受我以生命為注的打賭。

店主發現他的顧客迫切需要能替他們的打賭和閒聊提供材料的訊息，於是開始籌組消息人士的網絡，以及一份充滿關於外國港口、潮汐和船隻行蹤訊息的時事刊物。店主名叫愛德華．勞埃德（Edward Lloyd），他的刊物變成《勞埃德日報》（*Lloyd's List*）。勞埃德的咖啡店主持了船隻的拍賣活動，而且店裡聚集了想要分享故事的船長。如果有人有意替某艘船投保，也可以在這裡完成手續：雙方擬訂契約，由保險業者在下面簽署他的名字，因此有了'underwriter'（「擔保人」）這個用語。我們很難弄清楚，這家咖啡店結束賭博活動與開始從事正式保險的分界點何在。

保險商自然而然聚集在最能獲得靈通消息的地方，因為他們需要盡可能掌握買賣的風險。勞埃德開設咖啡店的八十年後，一群經常在店裡出沒的保險商成立了「勞合社」（Society of Lloyd's）。如今，倫敦的勞合社是保險業中最知名的招牌之一。

但並非所有現代保險業者都是從賭博起家。另一種形式的保險發展自山區，而非港口。它不屬於賭場資本主義，而是社區資本主義。十六世紀初期的阿爾卑斯山農民組織了互助會，協議如果有牛隻或小孩生病，大家會互相照料。不同於勞埃德保險商視風險為可分析和交易的東西，阿爾卑斯山農民的互助保險社認為，風險是可以分擔的。這樣的保險觀或許流於感性，但這群農民下山來到蘇黎世和慕尼黑後，開創出全球幾家最大的保險公司。

風險分擔互助社如今見諸世界上資金最雄厚、規模最龐大的組織，我們稱之為「政府」。政府起初涉入保險生意是作為賺錢的手段，通常是為了在一六〇〇和一七〇〇年代動盪的歐洲打仗。政府不販售定期攤還、直到期滿的一般債券，而是販售定期攤還、直到**受領者**壽終的年金。政府非常容易供應這種產品，而且有很大的需求。年金是受歡迎的產品，因為它們也是某種形式的保險，確保個人能長期對抗生活的風險，直到他用光所有的錢。

對政府而言，提供保險不再只是生財手段，也被視為政府的重要優先事務之一，用以協助國民應付人生中的某些最大風險，例如失業、疾病、失能和變老。我們在第八章曾探討過的「福利國家」，大體上說來其實就是某種形式的保險。原則上，這種保險可以部分由市場提供，但面對如此深的風險池，私人保險商往往只淺涉其中。在比較貧窮的國家，面對威脅生命的風險如農作物歉收或疾病，政府幫不上太大的忙，而私人保險商也不甚感興趣。因為其獎金太低，而成本太高。

此事殊為遺憾。越來越多證據顯示，保險不只提供安穩的心境，也是健全經濟的要素。舉例來說，近來賴索托的一項研究發現，乾旱的風險讓高生產力的農民裹足不前，不敢進一步將農作專門化和擴大規模，因為他們不確信自己能對抗這種風險。等到研究人員創設了保險公司，開始販售農作物保險，這些農民才買下保險，開始拓展事業。

不過對於私人保險業者而言，在小小的賴索托提供農作物保險，並沒有太多賺頭。因此，他們利用我們對於被命運矢石無情摧殘的恐懼，販售給更富有的消費者定價過高的保險（例如手機螢幕破裂險），以賺取更加豐厚的利潤。

如今，最大的保險市場，模糊了保險與賭博之間的界線，那就是衍生性金融商品市場。衍生性金融商品是讓雙方在其他某件事物上打賭的金融契約，內容可能是匯率的波動，或者某項債務能否清償。它們也可以是某種形式的保險，例如保障出口商防範匯率升值，或者讓小麥種植公司免於遭受小麥價格勢必會下降的損失。對這些公司來說，購買衍生性金融商品的能力，使他們得以專攻某一特定市場。否則他們就必須多樣化經營，就像四千年前那些不想把所有貨物放在同一艘船上的中國商人。我們知道，經濟分化的程度越高，生產力也越高。

但衍生性金融商品不像乏味的老派正規保險，你不必找到需要保護自己免於某種風險的人，你只需要找到願意對世界上任何地方、任何一件不確定的事情下賭注的人。獎金很容易就倍增，或者乘上百倍。隨著利潤的倍數增長，你需要的是承擔風險的胃口。

二〇〇七年，在爆發國際銀行危機之前，未清償的衍生性金融商品的總面值，是世界經濟本身的好幾倍。真正的經濟變成餘興節目，而場邊下注成為主要事件。故事最終以不好的結局收場。

結論——展望未來

Conclusion

當我們評價世界經濟，不應以二〇〇八年全球金融危機這樣的經濟災難來以偏概全，事實上，現今大多數人的生活比過去大多數人的生活要好得太多。

舉例來說，一個世紀前，全球人類平均壽命只有三十五歲；等到我出生時，人類平均壽命是六十歲；最近則超過七十歲。如今出生在最不利的國家，例如緬甸、海地和剛果民主共和國的嬰兒，他們安全度過嬰兒期的機率，高於一九〇〇年的任何一個嬰兒。生活在赤貧環境的世界人口，從兩個世紀前的約佔百分之九十五，下降到五十年前的約百分之六十，以及如今的約百分之十。

如此的進步最終得歸功於本書所描述的那些新發明。然而，我們所述說的發明故事，鮮少是完全正面的。某些發明造成重大的傷害，而某些發明倘若我們善加利用，本來應該有更好的貢獻。我們可以合理假定，未來的發明也有類似的模式：整體而言，它們會解決問題，讓我們變得更富裕、更健康，但利益分配會不平均，而且會犯下錯誤和錯失機會。

推測未來的發明是有趣的事，但歷史告誡我們，不要對未來學抱持太大的信心。五十年前，赫曼．康恩（Herman Kahn）和安東尼．韋納（Anthony J. Wiener）出版了《二〇〇〇年：以供思索的架構》（*The Year 2000: A Framework For Speculation*）一書，他們彷彿透過凝視水晶球，獲得了許多有關資訊和通信技術的正確預測。他們預言了彩色影印、雷射的多重用途、「雙向袖珍電話」和自動化即時銀行，準確性令人佩服。但他們也預言了海底殖民地、直升機合體計程車，以及用人造月亮照明的城市。最過時的東西，莫過於過去的技術展示和科幻小說。

不過，我們可以發出兩項預言。首先，我們越是鼓勵人類的發明才能，這些發明越有可能對我們有用。第二，無論哪種新發明，我們至少都應該自問，要如何將好處極大化和降低其風險。從本書到目前為止提及的四十九項發明之中，我們學到什麼教訓？

書裡關於發明的故事，幫助我們學到關於鼓勵發明的一大課題：大多數社會已然瞭解，浪費掉其半數人口的才能是不明智的。你想必注意到我們所遭遇的發明家多半為男性，這也難怪——誰知道有多少像克拉拉．伊梅瓦爾這樣聰明的女性，在她們的企圖心無意被粉碎後，黯然地沒入歷史。

教育也至關重要，問問貝克蘭的母親或霍普的父親便知道。在此，我們有理由保持樂觀，透過技術來改善學校教育，我們應該有更多可著力之處，而那些技術可能是改變未來經濟之發明的候選者。況且，現在能連上網路的都市貧民窟小孩，比起一九〇年代在大學圖書館裡的我，取用知識的管道更加方便了。

其他因素似乎比較容易被忽略，例如允許聰明人沉迷於不知道會帶領人們到何處的好奇心。在昔日，這意味著像貝克蘭這樣自己在實驗裡摸索的富人；而在較近的過去，這意味著政府願意資助基礎研究，產生能讓賈伯斯及其團隊發明出 iPhone 的那類技術。然而，基礎研究天生便難以預測，有可能得花費數十年的時間，才有人藉由將研究成果付諸實行而賺到錢，因此這類計畫很難推銷給私人投資者，而且容易成為撙節時期政府削減預算的目標。

有時候，發明就是在沒有預期特定用途下突然湧現的點子，雷射是著名的例子。

又例如紙張，原本的用途是包裹東西，而非書寫。但許多時候，我們所遭遇的許多發明，是為了解決某個特定問題而產生，例如從開利的空調系統到弗雷德里克·瓊斯的冷藏卡車。這表示，如果我們想要鼓勵更多的好創意，不妨專注於提供獎賞給解決問題的人。別忘了經度獎如何激發哈里森創造出非凡的時鐘。

近來人們對於鼓勵發明重新感興趣：舉例來說，創始於二〇〇四年的 DARPA 大挑戰，協助帶動了自駕車的進展；還有在原始經度獎的三百週年紀念日，英國的創新機構 Nesta 設立了「新經度獎」，鼓勵測試微生物對抗生素抗藥性的進展；或許最大的獎項是「肺炎球菌疫苗先期市場委託」，以十五億美元獎金酬賞疫苗的開發，由五個政府捐贈者和蓋茲基金會（Gates Foundation）提供資金。

當然，獲利保證是持續激發創意的因素。我們見識了智慧財產權如何增加這項保證的可信度，用有時效性的專利酬賞成功的發明家。但我們也看到這是一把雙刃劍，而且顯然有一股無可阻擋的趨勢，欲使智慧財產權的時效更長、範圍更廣，儘管經濟學家普遍認為智慧財產權已經過度延伸，正在扼殺創意的可能。

從更寬廣的角度來看，哪些法律和規範能鼓勵創新，這是不容易回答的問題。

理所當然的假定是，官僚應該不去干預發明家，而我們已經看見這種作法產生了效益。放任的政策使我們擁有 M-Pesa，但也讓我們承受更長期的含鉛汽油災難，因此有某些發明是政府確實應該介入阻止的，例如產生出 iPhone 內部技術的動力，絕非是放任不管的結果。

某些研究與發展的溫床，例如醫藥，擁有存在已久的管理組織，這些組織有時可說是過於謹慎。在從太空到網際空間等其他領域，管理者倉促地想加速進展。過早或高壓的規範可能有損某項新興技術的發展，而看似矛盾的是，全無規範也會造成相同結果。例如，當你投資無人機產業，你會希望不負責任的競爭者無法貿然將準備不周的產品投入市場，以免造成許多意外和大眾的反彈，導致政府完全禁止該項技術。

管理者的任務是複雜的，因為如同我們在公開金鑰密碼系統所見，大多數發明可以為善，亦可為惡。如何管理「雙重用途」技術的風險，會變成一個越來越令人煩惱的困境：現在只有大國負擔得起核彈計畫，但不久之後，幾乎任何人都能擁有家庭實驗室，可以利用基因方法製作細菌武器，或者發明新的機器。

增加挑戰難度的是，發明的潛力往往在與其他發明互相結合時，才會顯現出來。

想想電梯、空調系統和鋼筋混凝土，三者合起來給了我們摩天大樓。現在想像一下結合嗜好玩家的四軸無人機、臉部辨識系統和地理定位軟體，加上3D印表機和槍枝的數位型板……嘿，你就擁有了一部自製的「自動暗殺無人機」。我們要如何預期未來發明的種種可能互動的方式？去要求政治人物辨好事情是容易的，但期待他們會將事情辨好，則是過度樂觀的想法。

然而，或許未來的發明給政府造成的最大挑戰在於，新概念往往創造出贏家和輸家。通常，我們認為那只是運氣不好，沒有人會因為留聲機的發明，而替失去工作的二流職業音樂家大聲要求補償；同樣的，條碼和航運貨櫃的發明，也不會讓小型商店獲得補助，以便在價格上能與沃爾瑪競爭。

可是當輸家人數佔了足夠的人口比例，其衝擊可能引發社會和政治動亂。工業革命最終提升了遠非十八世紀人們所能想像的生活水準，但得動用軍隊來鎮壓盧德份子，他們正確地察覺到，工業革命對他們來說是場災難。在二〇一六年令人詫異的投票結果中，從英國脫歐公投到川普當選美國總統，看見奈德．盧德（Ned Ludd）的附和者並不是什麼奇怪的事。

使全球化得以成真的技術，雖然協助了某些國家的許多人脫貧（例如中國在五十年前是世界上最貧窮的國家之一，現在則是穩固的中等收入經濟體），但卻讓西方國家後工業時代地區的所有社群，掙扎著找尋穩定、高薪的新工作來源。民粹主義者乘憤怒的浪潮，將矛頭指向移民和自由貿易，但較大的長期壓力一向來自技術的變革。一旦自駕車取代了三百五十萬名的美國卡車司機，川普總統會怎麼做？他不會有解決的辦法，沒有政治人物有辦法。

我們已經討論過一個可能的方法，那就是給予全體國民基本收入。如果人工智慧和機器人真的不負其大肆宣傳，在你想列舉的任何工作表現上開始勝過人類，那麼我們可能需要這種極端的思考。不過，它就像任何新概念，也會造成新的問題。拿給予全體國民基本收入這件事來說，尤其要煩惱是要將誰包括在內，又要將誰排除於外？福利國家和護照互為表裡，全體的基本收入在某些方面是誘人的概念，不過只有在結合了無法穿越的邊境圍牆時，才不會顯得那麼不切實際。

無論如何，我猜想，我們對於機器人會搶走人類工作的天啟式憂慮未免來得太早。目前我們正在熱頭上，但五十項發明的最終教訓是，不要過度著迷於當紅的新事物。舉例來說，二〇〇六年時 MySpace 超越 Google，成為美國最多人造訪的網站，但如今它已經落出一千大網站以外。康恩和韋納於一九六七年寫作，他們大力斷言傳真機在未來的重要性。他們不全然是錯的，只不過如今傳真機近乎是博物館的古董。

我們在本書探討過的發明，有許多既不新鮮，也不特別複雜，就拿犁來說好了，它不再是文明的技術核心，但仍具有重要性，而且其設計上的變更，比我們可能以為的還要少。這種舊技術依然管用，也依然重要。這不只是要我們欣賞舊概念的價值，搞不好從半人馬座α星來訪的外星工程師可能會建議我們，不如將我們對於酷炫新事物的熱情同樣表現在安裝更多S形彎管，以及鋪設更多混凝土地板。

同時這也提醒我們，系統有自身的慣性。我們在狄塞爾的引擎遇過這個概念：一旦以石化燃料為動力的內燃引擎發展走到盡頭，讓花生油普及化，或者投資者願意資助，改良蒸汽機的好機會便來了。某些系統的運作如此良好，讓人難以想像為何有人想要重新構思，例如航運貨櫃。但即便是大多數人都贊同的系統，都有可能變得更好，例如鍵盤上字母QWERTY的配置順序，很明顯在抗拒改變。

所以說，壞的決定影響深遠，不過好的決定也能驚人地長久延續下去。本書所探討的發明固然有各種非預期的結果和不良副作用，但總的來說，它們所產生的好影響遠勝過壞影響。有時就像書中最後這項發明所顯示，發明改善了我們的生活，而我們受益的程度，幾乎無法估量。

50 燈泡 The Light Bulb

一九九〇年代中期，經濟學家諾德豪斯進行了一系列簡單的實驗。某天，他運用了史前技術——他點燃了木柴生火。千萬年以來，人類習慣聚集在一起劈柴燒火。但諾德豪斯還有一件高科技設備，那就是 Minolta 曝光表。他燃燒了二十磅木柴，記錄燃燒時間的長短，並且用曝光表仔細測量黯澹搖曳的火光。

另一天，諾德豪斯買了一盞羅馬油燈。他確信那是真正的古董，他裝上燈芯，填入冷壓芝麻油，然後點燃油燈，直到燈油燃盡。同樣地，他也用曝光表測量它柔和平穩的火光。諾德豪斯的二十磅木柴只露天燃燒了三個小時，但僅僅一個蛋杯的油卻燒了一整天，而且比較明亮和可受控制。

諾德豪斯為何要這麼做？因為他想瞭解燈泡的重要經濟意義。但那只是更龐大的計畫的一部分，諾德豪斯想替經濟學家闡明一個困難的問題：如何記錄通貨膨脹，以及商品和服務不停改變的成本。要知道這件事為何有困難？你不妨想想旅行的價格，例如從葡萄牙的里斯本到安哥拉的羅安達（Luanda）。最早踏上這趟旅程的是葡萄牙探險家，在當時想必是史詩般的遠征，耗時好幾個月。隨著時代演進，搭乘蒸汽船需要幾天的時間，到了近代，搭飛機只需幾個小時。

想估測通貨膨脹的經濟歷史學家，可以從追蹤蒸汽船的票價著手。但接下來等到空運航線開通，你要關注哪種價格？或許你得在更多人開始搭飛機（而非搭船）時，轉而關注班機的票價。但空運是不同的服務，更快且更方便。如果有更多旅客願意付兩倍價錢搭飛機，導致旅費突然倍增，那麼這種記錄對於通貨膨脹統計就沒有意義了。因此，當我們能買到的東西會隨著時間劇烈變動時，要如何測量通貨膨脹？

這問題不只是關於技術的好奇心。我們如何回答它，構成我們看待許多世紀以來人類進展的基礎。經濟學家提摩西・泰勒（Timothy Taylor）講授「入門經濟學」時，會問學生以下的問題作為開場：你們願意現在每年賺七萬美元，或者在一九〇〇年賺七萬美元？

乍看之下，要回答這個問題似乎很容易。一九〇〇年的七萬美元是相當大的一筆錢，因應通貨膨脹的調整後，按現在的幣值，等同兩百萬美元。一九〇〇年的一美元能買到比現在多出許多的東西，包括足以餵飽一家人的牛排，或者吃上兩星期的麵包。你可以用一美元雇人整天替你工作，你的七萬元薪水輕輕鬆鬆就能買豪宅，加上聘請若干名女傭和一名男管家。

當然啦，從另一方面來看，一九〇〇年的一美元能買到的東西，比現在少很多。現在的一美元能在行動電話上打國際電話，或使用一整天的寬頻網路，或接受一次抗生素療程。在一九〇〇年，這些東西都不存在，連世界上最有錢的人也買不到。這一切說明了為何泰勒大多數的學生都表示，他們寧願現在擁有過得去的收入，而不願在一個世紀前坐擁大筆財富。不光只有高科技產品，他們也可以買到更好的冷暖空調系統和更好的汽車，即便他們沒有男管家，以及少了吃牛排大餐的機會。通貨膨脹統計告訴我們，現今的七萬美元比一九〇〇年的七萬美元價值少上許多。但曾體驗現代技術的人，並不這麼看待事情。

因為我們沒有好的方法來比較現今的 iPod 和一個世紀前的留聲機，我們沒有真正的好方法，去量化本書中提到所有發明在何等程度上拓展了我們的選擇。我們大概永遠辦不到，但我們可以嘗試看看。諾德豪斯就是利用柴火、古董油燈和曝光表，設法進行試驗。他想利用不同時代的先進技術——照明，來解開人類自遠古以來就十分在意的某種品質的成本。照明以流明或流明小時作為測量單位。舉例來說，蠟燭燃燒時發出十三流明的光亮，而典型現代燈泡的亮度幾乎是蠟燭的一百倍。

想像連續六天、每天十個小時辛苦蒐集木柴和劈柴，六十小時的工作可產生一千流明小時的亮光，相當於一顆現代燈泡僅僅五十四分鐘就能提供的照明，不過你實際得到的是更多小時黯澹搖曳的火光。當然，燒柴火不是只為了照明，還可以保暖、烹煮食物和嚇走野獸，這些都是重要的好處。然而，如果你想要亮光，柴火是你唯一的選項，否則就得等到日出後再做你想做的事。

數千年前，更好的選項出現了，有來自埃及和克里特島的蠟燭，以及來自巴比倫的油燈。它們所提供的亮光更加穩定且可受控制，但仍然過度昂貴。在一七四三年五月的日記條目下，哈佛大學校長霍利約克（Reverend Holyoake）提到，他們一家人花了兩天的時間製作出七十八磅的獸脂蠟燭。六個月後，他簡單記下：「蠟燭全用完了。」那時是夏季月份，而且這些蠟燭並非我們現今所使用的浪漫、燃燒乾淨的石蠟蠟燭。非常有錢的人才買得起蜜蠟，但大多數人——即便哈佛校長——都使用會冒煙和發出臭味的獸脂蠟燭。

要製作獸脂蠟燭，得加熱動物油脂，並且耐心地將燈芯反覆在融化的豬油中浸泡。這是一件又臭又費時的工作。根據諾德豪斯的研究，如果你在一年中撥出一整個星期的空檔，花六十個小時專心製作蠟燭，或者你賺到足以買蠟燭的錢，這樣只能讓你每天晚上點一根蠟燭，持續燃燒兩小時二十分。

到了十八和十九世紀，情況稍有改善。蠟燭以鯨蠟油製作，鯨蠟油是採集自死亡抹香鯨的乳色油膩黏糊狀液體。富蘭克林喜愛它們所發出的強烈白光，以及「它們可以握在手裡，甚至大熱天也不會軟化；它們的油滴不會像一般蠟燭那樣形成油斑；而且燃燒的時間更持久。」這種新蠟燭固然令人欣喜，但價格昂貴。喬治・華盛頓估計，每晚點一根鯨蠟油蠟燭五個小時，一年下來得花費他八英鎊，折合現今幣值遠超過一千美元。數十年後，煤氣燈和煤油燈讓照明成本降低了，也拯救了抹香鯨免於絕種。但它們除了也有價格昂貴的問題，而且會翻倒、滴漏、有臭味和引起火災。後來有某種東西改變了情況，那便是電燈泡。

一九〇〇年，愛迪生的碳絲燈泡可以提供連續十天的照明，亮度是蠟燭的一百倍，價格是我們一週辛苦工作六十小時所賺的錢。到了一九二〇年，同樣的勞動時數可以換取鎢絲燈泡連續五個月的照明；到了一九九〇年，可以獲得連續照明的時間變成十年。幾年後，多虧有小巧的螢光燈泡，持續照明時間已經超過五倍。原本可產生相當於五十四分鐘有品質照明的勞力，現在能產生五十二年的照明；而現代的LED燈則繼續使照明的成本變得越來越便宜。

關掉燈泡一個小時，你可以省下讓我們的先祖工作一整週所創造的照明。同樣，這一小時需要富蘭克林時代的人一整個下午的工作。但在現今富裕的工業經濟時代，有人只花費不到一秒的時間，就能賺到買下相同照明的錢。再者，燈泡當然乾淨、不會引起火災而且可受控制——它不會閃爍不定，也沒有豬油的臭味。你可以放心讓孩童與燈泡獨處。

但這一切都未曾反映在傳統的通貨膨脹測量法，諾德豪斯認為上述方法自一八〇〇年以來將燈光的價格高估了大約一千倍。照明似乎隨著時間而變得更貴，但事實上是大幅變得便宜。泰勒的學生本能地感覺到比起一九〇〇年的七萬美元，他們能用現今的七萬美元買到更多他們真正想要的東西。諾德豪斯的調查顯示，至少就照明而言，他們是對的。

這正是我想以照明的故事替本書收尾的原因。不是我們熟悉的愛迪生和斯萬發明白熾燈泡的故事，而是許多世紀以來，人類如何發展出一次又一次的革新，徹底改革我們取得照明的方式。這些革新將我們的社會變成隨時可以工作、閱讀、縫紉或玩耍的地方，不管夜晚變得多黑暗。

難怪燈泡依舊是代表「好點子」的老掉牙圖案，簡直就是發明的象徵。然而，即便擁有這種象徵性地位，都低估了燈泡的價值。諾德豪斯的研究顯示，無論我們如何尊崇燈泡，或許都還不夠。光是燈光價格就說出以下的事實：其價格已經下降了五十萬倍，遠快過正式統計數字，這個速度如此之快，以至於我們本能上完全無法真正領會燈泡所創造的奇蹟。

人造燈光一度昂貴得讓人用不起，而現在則便宜到不受注意。如果有什麼能提醒我們進步是有可能的，那麼這個東西非燈泡莫屬。

附錄
參考資料

1. 犁

- Lewis Dartnell, *The Knowledge: How to rebuild our world after an apocalypse* (London: Vintage, 2015).
- James Burke, BBC TV documentary *Connections* (1978a).
- Ian Morris, *Foragers, Farmers and Fossil Fuels* (Oxford: Princeton University Press, 2015).
- Burke 1978a. In *The Economy of Cities* (New York: Vintage, 1970)
- Branko Milanovic, Peter H. Lindert, Jeffrey G.Williamson, 'Measuring Ancient Inequality', NBER Working Paper no. 13550, October 2007.
- Lynn White, *Medieval Technology and Social Change* (Oxford: Oxford University Press, 1962)
- Jared Diamond, 'The Worst Mistake in the History of the Human Race', *Discover,* May 1987, http://discovermagazine.com/1987/may/02-the-worst-mistake-in-the-history-of-the-human-race.

引言

- https://www.evitamins.com/uk/mongongohair-oil-shea-terra-organics-108013, accessed 17 January 2017.
- 「主要經濟中心」：這是牛津大學新經濟思想學會（Institute for New Economic Thinking）主任 Eric Beinhocker 經研究後作出的推測。

Part 1. 贏家與輸家

- Walter Isaacson, 'Luddites fear humanity will make short work of finite wants', *Financial Times,* 3 March 2015, https://www.ft.com/content/9e9b7134-c1a0-11e4-bd24-00144feab7de.
- Tim Harford, 'Man vs Machine (Again)', *Financial Times*, 13 March 2015, https://www.ft.com/content/f1b39a64-c762-11e4-8e1f-00144feab7de; Clive Thompson, 'When Robots Take All of Our Jobs, Remember the Luddites', *Smithsonian Magazine*, January 2017, http://www.smithsonianmag.com/innovation/when-robots-take-jobs-rememberluddites-180961423/.
- Evan Andrews, 'Who Were the Luddites?' *History*, 7 August 2015, http://www.history.com/news/ask-history/who-were-theluddites.

2. 留聲機

- 'The World's 25 Highest-Paid Musicians',*Forbes* , http://www.forbes.com/pictures/eegi45lfkk/the-worlds-25-highest-paid-musicians/.
- http://www.britishmuseum.org/research/collection_online/collection_object_details.aspx?objectId=1597608&partId=1; Chrystia Freeland, 'What a Nineteenth-Century English Soprano Can Teach Us About the Income Gap', *Penguin Press Blog*, 1 April 2013, http://thepenguinpress.com/2013/04/elizabeth-billington/.
- W.B. Squire, 'Elizabeth Billington', *The Dictionary of National Biography 1895–1900,* https://en.wikisource.org/wiki/Billington,_Elizabeth_(DNB00).
- Alfred Marshall, *Principles of Economics,* 1890, cited in Sherwin Rosen, 'The Economics of Superstars', *American Economic Review* Vol. 71.5, December 1981.

- 'Oldest Recorded Voices Sing Again', *BBC News*, 28 March 2008, http://news.bbc.co.uk/1/hi/technology/7318180.stm.
- Tim Brooks, *Lost Sounds: Blacks and the Birth of the Recording Industry, 1890–1919* (Chicago: University of Illinois Press, 2004).
- Richard Osborne, *Vinyl: A History of the Analogue Record* (Farnham: Ashgate, 2012).
- Sherwin Rosen, 'The Economics of Superstars', *American Economic Review* Vol. 71.5, December 1981.
- 'Mind the Gap', *Daily Mail*, 20 February 2016, http://www.dailymail.co.uk/sport/football/article-3456453/Mind-gap-Premier-League-wages-soar-average-salaries-2014-15-season-1-7million-rest-creepalong.html.
- Alan Krueger, 'The Economics of Real Superstars: The Market for Rock Concerts in the Material World', working paper, April 2004.
- Alan B. Krueger, 'Land of Hope and Dreams: Rock and Roll, Economics and Rebuilding the Middle Class', speech on 12 June 2013 in Cleveland, OH, https://obamawhitehouse.archives.gov/blog/2013/06/12/rock-and-roll-economics-and-rebuilding-middle-class.

3. 刺鐵絲網

- Alan Krell, *The Devil's Rope: A Cultural History of Barbed Wire* (London: Reaktion Books, 2002)
- Ian Marchant, *The Devil's Rope,* BBC Radio 4 documentary, http://www.bbc.co.uk/programmes/b04810s1, Monday 19 January 2015.
- Olivier Razac, *Barbed Wire: A political history*, (London: Profile Books, 2002).
- http://www.historynet.com/homestead-act; http://plainshumanities.unl.edu/encyclopedia/doc/egp.ag.011.
- 'The Devil's Rope', 99% Invisible Episode 157, 17 March 2015, http://99percentinvisible.org/episode/devils-

rope/.

- Texas State Historical Association, 'Fence Cutting', https://www.tshaonline.org/handbook/online/articles/auf01.
- Alex E. Sweet and J. Armoy Knox, *On an American Mustang, Through Texas, From the Gulf to the Rio Grande,* 1883, https://archive.org/stream/onmexicanmustang00swee/onmexicanmustang00swee_djvu.txt.
- Barbara Arneil, 'All the World Was America', doctoral thesis, University College London, 1992, http://discovery.ucl.ac.uk/1317765/1/283910.pdf.
- Cory Doctorow, 'Lockdown: The Coming War on General-purpose Computing', http://boingboing.net/2012/01/10/lockdown.html; 'Reply All #90: Matt Lieber Goes To Dinner', https://gimletmedia.com/episode/90-matt-lieber-goes-to-dinner/.

4. 賣家回饋

- http://www.bloomberg.com/news/articles/2015-06-28/one-driver-explains-how-he-is-helping-to-rip-off-uber-in-china.
- https://www.ebayinc.com/stories/news/meet-the-buyer-of-the-broken-laser-pointer/.
- http://www.socresonline.org.uk/6/3/chesters.html.
- https://player.vimeo.com/video/130787986.
- Tim Harford, 'From Airbnb to eBay, the best ways to combat bias', *Financial Times*, 16 November 2016, https://www.ft.com/content/7a170330-ab84-11e6-9cb3-bb8207902122 and Benjamin G. Edelman, Michael Luca, and Daniel Svirsky, 'Racial Discrimination in the Sharing Economy: Evidence from a Field Experiment', *American Economic Journal: Applied Economics* (forthcoming).

5. Google 搜尋

- http://www.bbc.co.uk/news/magazine-36131495.
- John Battelle, *The Search: How Google and Its Rivals Rewrote the Rules of Business and Transformed Our Culture* (London: Nicholas Brealey Publishing, 2006).
- http://www.statista.com/statistics/266472/googles-net-income/.
- https://www.techdirt.com/articles/20120916/14454920395/newspaper-ad-revenue-fell-off-quite-cliff-now-par-with-1950-revenue.shtml.
- https://www.mckinsey.com/~/media/McKinsey/dotcom/client_service/High%20Tech/PDFs/Impact_of_Internet_technologies_search_final2.ashx.
- https://www.nytimes.com/2016/01/31/business/fake-online-locksmiths-may-be-out-to-pick-your-pocket-too.html.
- 'Reply All #76: Lost In A Cab', https://gimletmedia.com/episode/76-lost-in-a-cab/.
- http://www.statista.com/statistics/216573/worldwide-market-share-of-search-engines/.
- http://seo2.0.onreact.com/10-things-the-unnaturallinks-penalty-taught-me-about-google-and-seo.
- https://hbr.org/2015/03/data-monopolists-like-google-are-threatening-the-economy.

6. 護照

- Martin Lloyd, *The Passport: The history of man's most travelled document* (Canterbury: Queen Anne's Fan, 2008).
- Craig Robertson, *The Passport in America: The History of a Document* (Oxford: Oxford University Press, 2010)
- Jane Doulman, David Lee, *Every Assistance and Protection: A History of the Australian Passport* (Sydney:

Federation Press, 2008)

- *Bodrum, Turkey* http://time.com/4162306/alan-kurdi-syria-drowned-boy-refugee-crisis/.
- http://www.independent.co.uk/news/world/europe/aylan-kurdi-s-story-how-a-small-syrian-child-came-to-be-washed-up-ona-beach-in-turkey-10484588.html.
- http://www.bbc.co.uk/news/world-europe-34141716.
- http://www.cic.gc.ca/english/visit/visas-all.asp.
- http://www.bbc.co.uk/news/business-27674135.
- http://www.independent.co.uk/news/world/europe/six-out-of-10-migrants-to-europe-come-for-economic-reasons-and-arenot-refugees-eu-vice-president-a6836306.html.
- Amandine Aubrya, Michał Burzyn' skia, Frédéric Docquiera, 'The Welfare Impact of Global Migration in OECD Countries', *Journal of International Economics,* 101 (2016), http://www.sciencedirect.com/science/article/pii/S002219961630040X.
- http://news.bbc.co.uk/1/hi/programmes/politics_show/6660723.stm.
- http://openborders.info/double-world-gdp/.

7. 機器人

- https://www.youtube.com/watch?v=aA12i3ODFyM.
- http://spectrum.ieee.org/automaton/robotics/industrial-robots/hitachi-developing-dual-armed-robot-for-warehouse-picking.
- https://www.technologyreview.com/s/538601/inside-amazonswarehouse-human-robot-symbiosis/.

- http://news.nationalgeographic.com/2015/06/150603-sciencetechnology-robots-economics-unemployment-automation-ngbooktalk/.
- http://www.robotics.org/joseph-engelberger/unimate.cfm.
- http://newatlas.com/baxter-industrial-robot-positioningsystem/34561/.
- http://www.ifr.org/news/ifr-press-release/world-roboticsreport-2016-832/.
- http://foreignpolicy.com/2014/03/28/made-in-the-u-s-aagain/.
- http://www.techinsider.io/companies-that-use-robots-insteadof-humans-2016-2/#quiet-logistics-robots-quickly-find-package-and-shiponline-orders-in-warehouses-2.
- http://www.marketwatch.com/story/9-jobs-robots-already-dobetter-than-you-2014-01-27.
- https://www.wired.com/2015/02/incredible-hospital-robotsaving-lives-also-hate/.
- http://fortune.com/2016/06/24/rosie-the-robot-data-sheet/.
- https://www.weforum.org/agenda/2015/04/qa-the-futureof-sense-and-avoid-drones.
- Nick Bostrom, *Superintelligence: Paths, Dangers, Strategies* (Oxford: Oxford University Press, 2014).
- http://fortune.com/2015/02/25/5-jobs-that-robots-already-are-taking/.
- https://www.technologyreview.com/s/515926/how-technology-is-destroying-jobs/.
- Klaus Schwab, *The Fourth Industrial Revolution* (World Economic Forum, 2016).
- http://news.nationalgeographic.com/2015/06/150603-science-technology-robots-economics-unemployment-automation-ngbooktalk/.
- https://www.ft.com/content/da557b66-b09c-11e5-993b-c425a3d2b65a.

8. 福利國家

- http://www.nytimes.com/2006/02/12/books/review/women-warriors.html.
- Kirstin Downey, *The Woman Behind the New Deal: The Life and Legacy of Frances Perkins—Social Security, Unemployment Insurance, and the Minimum Wage* (New York: Anchor Books, 2010).
- http://www.cato.org/publications/policy-analysis/work-versus-welfare-trade-europe.
- http://economics.mit.edu/files/732.
- https://inclusivegrowth.be/visitinggrants/outputvisitis/c01-06-paper.pdf.
- Lane Kenworthy, *Do social welfare policies reduce poverty? A cross-national assessment*, East Carolina University; https://lanekenworthy.files.wordpress.com/2014/07/1999sf-poverty.pdf.
- Koen Caminada, Kees Goudswaard and Chen Wang, *Disentangling Income Inequality and the Redistributive Effect of Taxes and Transfers in 20 LIS Countries Over Time,* September 2012, http://www.lisdatacenter.org/wps/liswps/581.pdf.
- https://www.ifs.org.uk/uploads/publications/conferences/hbai2016/ahood_income%20inequality2016.pdf ; http://www.wid.world/
- https://www.chathamhouse.org/sites/files/chathamhouse/field/field_document/20150917WelfareStateEuropeNiblettBeggMushovel.pdf.
- Benedict Dellot and Howard Reed, *Boosting the living standards of the self-employed*, RSA, March 2015, https://www.thersa.org/discover/publications-and-articles/reports/boosting-the-living-standards-of-the-self-employed.
- http://www.telegraph.co.uk/news/2016/05/19/eu-deal-what-david-cameron-asked-for-and-what-he-actually-got/.
- https://www.dissentmagazine.org/online_articles/bruce-bartlett-conservative-case-for-welfare-state.

- M. Clark, *Mussolini* (London: Routledge 2014).
- http://www.ft.com/cms/s/0/7c7ba87e-229f-11e6-9d4d-c11776a5124d.html.
- Evelyn L. Forget, *The Town With No Poverty: Using Health Administration Data to Revisit Outcomes of a Canadian Guaranteed Annual Income Field Experiment,* University of Manitoba, February 2011, https://public.econ.duke.edu/~erw/197/forget-cea%20(2).pdf.
- http://www.ft.com/cms/s/0/7c7ba87e-229f-11e6-9d4d-c11776a5124d.html.
- http://www.bloomberg.com/view/articles/2016-06-06/universal-basic-income-is-ahead-of-its-time-to-say-the-least.
- http://www.newyorker.com/magazine/2016/06/20/why-dont-we-have-universal-basic-income.

Part 2. 重新發明生活方式

- Luke Lewis, '17 Majestically Useless Items from the Innovations Catalogue' *Buzzfeed* , https://www.buzzfeed.com/lukelewis/majestically-useless-items-from-the-innovations-catalogue?utm_term=.rjJpZjxz4Y#.fjJXKxp6y7

9. 嬰幼兒配方奶粉

- http://www.scientificamerican.com/article/1816-the-year-without-summer-excerpt/.
- http://jn.nutrition.org/content/132/7/2092S.full.
- William H. Brock, *Justus von Liebig: The Chemical Gatekeeper,* Cambridge Science Biographies (Cambridge: Cambridge University Press, 2002).
- Harvey A. Levenstein, *Revolution at the Table: The Transformation of the American Diet* (Berkeley: University

of California Press, 2003).

- http://www.ft.com/cms/s/2/6a6660e6-e88a-11e1-8ffc-00144feab49a.html.
- http://www.ncbi.nlm.nih.gov/pmc/articles/PMC2684040/.
- http://ajcn.nutrition.org/content/72/1/241s.full.pdf.
- http://data.worldbank.org/indicator/SH.STA.MMRT.
- Marianne R. Neifert, *Dr. Mom's Guide to Breastfeeding* (New York: Plume, 1998).
- http://www.ncbi.nlm.nih.gov/pmc/articles/PMC2684040/.
- http://www.ncbi.nlm.nih.gov/pmc/articles/PMC2379896/pdf/canfamphys00115-0164.pdf.
- Geoff Talbot, *Specialty Oils and Fats in Food and Nutrition: Properties, Processing and Applications* (Woodhead Publishing, 2015)
- Marianne Bertrand, Claudia Goldin and Lawrence F. Katz, 'Dynamics of the Gender Gap for Young Professionals in the Financial and Corporate Sectors', *American Economic Journal: Applied Economics* 2(3), 2010, 228–55.
- https://www.theguardian.com/money/shortcuts/2013/nov/29/parental-leave-rights-around-world.
- https://www.washingtonpost.com/news/on-leadership/wp/2015/11/23/why-mark-zuckerberg-taking-paternityleave-really-matters/?utm_term=.c36a3cbfe8c0.
- http://www.ncbi.nlm.nih.gov/pmc/articles/PMC3387873/.
- http://www.who.int/pmnch/media/news/2016/lancet_breastfeeding_partner_release.pdf ?ua=1.
- http://www.who.int/pmnch/media/news/2016/lancet_breastfeeding_partner_release.pdf ?ua=1.
- http://www.slideshare.net/Euromonitor/market-oveview-identifying-new-trends-and-opportunities-in-the-

globalinfant-formula-market.

- http://www.businessinsider.com/nestles-infant-formulascandal-2012-6?IR=T#the-baby-killer-blew-the-lid-off-the-formulaindustry-in-1974-1.
- BBC News 'Timeline: China Milk Scandal' 25 January 2010, http://news.bbc.co.uk/1/hi/7720404.stm.
- http://www.sltrib.com/news/3340606-155/got-breast-milk-if-not-a.

10. 電視餐

- Alison Wolf, *The XX Factor* (London: Profile Books, 2013)
- Jim Gladstone, 'Celebrating (?) 35 years of TV dinners', *Philly.com,* 2 November 1989, http://articles.philly.com/1989-11-02/entertainment/26137683_1_tv-dinner-frozen-dinner-clarke-swanson.
- http://www.ers.usda.gov/topics/food-choices-health/food-consumption-demand/food-away-from-home.aspx.
- Matt Philips, 'No One Cooks Any More', *Quartz,* 14 June 2016, http://qz.com/706550/no-one-cooks-anymore/.
- Ruth Schwartz Cowan, *More Work for Mother* (London: Free Association Books, 1989)
- Valerie Ramey, 'Time spent in home production in the 20th century', NBER Paper 13985 (2008); Valerie Ramey, 'A century of work and leisure', NBER Paper 12264 (2006).
- David Cutler, Edward Glaeser and Jesse Shapiro, 'Why have Americans become more obese?' *Journal of Economic Perspectives* (2003) 17, no. 3

11. 口服避孕藥

- Jonathan Eig, *The Birth of the Pill* (London: Macmillan, 2014)

- James Trussell, 'Contraceptive Failure in the United States', *Contraception*, 83(5), May 2011
- Claudia Goldin and Lawrence Katz, 'The Power of the Pill: Oral Contraceptives and Women's Career and Marriage Decisions', *Journal of Political Economy*, 110(4), 2002.
- Steven E. Landsburg, 'How much does motherhood cost?' *Slate*, 9 Dec 2005, http://www.slate.com/articles/arts/everyday_economics/2005/12/the_price_of_motherhood.html, and Amalia R. Miller, 'The effects of motherhood timing on career path', *Journal of Population Economics*, 24(3), July 2011 , http://www.jstor.org/stable/41488341.
- *This Man's Pill* (Oxford: Oxford University Press, 2001).
- World Economic Forum Gender Gap report and ranking: https://www.weforum.org/reports/global-gender-gap-report-2015/ and http://www.japantimes.co.jp/news/2014/10/29/national/japan-remains-near-bottom-of-gender-gapranking/#.V0cFlJErI2w.

12. 電玩遊戲

- Steven Levy, *Hackers: Heroes of the Computer Revolution* (Cambridge: O'Reilly, 2010)
- J.M. Graetz, 'The Origin of Spacewar', *Creative Computing*, Vol. 7, No. 8, August 1981.
- 「電腦乃西裝筆挺的高層人士專用」：一九七二年，布蘭德（Stewart Brand）替《滾石》雜誌寫了篇有先見之明的文章 'Fanatic Life and Symbolic Death Among the Computer Bums'，談到「太空戰爭」將改變我們與電腦的關係。他精采的開場白寫道：「不管你準備好了沒，電腦就要來了。這是好消息，或許是自從迷幻藥以來最好的消息。」參見網頁：http://www.wheels.org/spacewar/stone/rolling_stone.html。較晚近的史蒂芬．強森（Steven Johnson）認為布蘭德的文章幾乎和「太空戰爭」本身一樣具有影響力，協助人們瞭解電腦如何被解放，成為令人注目的娛樂來源，並且豐富每個人的生活，而不只是灰撲撲的公司用計算機。參見 *Wonderland: How Play Made the Modern World* (New York: Riverhead, 2016)

- http://www.gamesoundcon.com/single-post/2015/06/14/Video-Games-Bigger-thanthe-Movies-Dont-be-so-certain for a useful discussion.
- Edward Castronova, 'Virtual Worlds: A First-Hand Account of Market and Society on the Cyberian Frontier', CESifo Working Paper no. 618, December 2001.
- Vili Lehdonvirta, 'Geographies of Gold Farming', Oxford Internet Institute blog post 29 October 2014, http://cii.oii.ox.ac.uk/2014/10/29/geographies-of-gold-farming-new-research-on-the-thirdparty-gaming-services-industry/ – and Vili Lehdonvirta interview with the author, 9 December 2016.
- 'Virtual Gaming Worlds Overtake Namibia', BBC News, 19 August 2004, http://news.bbc.co.uk/1/hi/technology/3570224.stm and 'Virtual Kingdom Richer than Bulgaria', BBC News, 29 March 2002, http://news.bbc.co.uk/1/hi/sci/tech/1899420.stm.
- Jane McGonigal, *Reality is Broken* (London: Vintage, 2011) 麥克高尼戈爾估計，全球有五億多人每天平均花兩小時玩電腦遊戲。這包含在美國的一億八千三百萬、印度的一億五百萬、中國的兩億及歐洲的一億人口。
- Ana Swanson, 'Why amazing video games could be causing a big problem for America', *The Washington Post,* 23 September 2016, https://www.washingtonpost.com/news/wonk/wp/2016/09/23/why-amazing-video-games-could-be-causing-a-big-problem-for-america/.

13. 市場調查

- http://babel.hathitrust.org/cgi/pt?id=wu.89097464051;view=1up;seq=1.
- http://www.bls.gov/ooh/business-and-financial/marketresearch-analysts.htm/.
- http://www.bbc.com/news/magazine-23990211.

- Douglas Ward, *A New Brand of Business: Charles Coolidge Parlin, Curtis Publishing Company, and the Origins of Market Research* (Philadelphia: Temple University Press, 2010).
- http://babel.hathitrust.org/cgi/pt?id=wu.89097464051;view=1up;seq=1.
- Tom Collins, *The Legendary Model T Ford: The Ultimate History of America's First Great Automobile* (Iola, WI: Krause Publications, 2007)
- Mansel G. Blackford and Austin K. Kerr, *Business Enterprise in American History* (Houghton Mifflin, 1993).
- http://www.economist.com/node/1632004.
- http://www.nytimes.com/2009/03/01/business/01marissa.html.
- Geoffrey Miller, *Must Have: The Hidden Instincts Behind Everything We Buy* (London: Vintage, 2010).
- http://dwight-historical-society.org/Star_and_Herald_Images/1914_Star_and_Herald_images/019_0001.pdf.

14. 空調系統

- http://www.economist.com/node/17414216.
- https://www.scientificamerican.com/article/rain-how-to-try-to-make-it-rain/
- http://content.time.com/time/nation/article/0,8599,2003081,00.html.
- Steven Johnson, *How We Got to Now* (London: Particular Books, 2014).
- http://www.williscarrier.com/1903-1914.php.
- Bernard Nagengast, 'The First Century of Air Conditioning', *ASHRAE Journal*, February 1999, https://www.ashrae.org/File%20Library/docLib/Public/200362710047_326.pdf.
- http://www.theatlantic.com/technology/archive/2011/07/keepin-it-cool-how-the-air-conditioner-made-modern-

america/241892/.

- http://content.time.com/time/nation/article/0,8599,2003081,00.html.
- https://www.theguardian.com/environment/2012/jul/10/climate-heat-world-air-conditioning.
- http://www.economist.com/news/international/21569017-artificial-cooling-makes-hot-places-bearablebutworryingly-high-cost-no-sweat.
- https://www.washingtonpost.com/news/energy-environment/wp/2016/05/31/the-world-is-about-to-install-700-million-air-conditioners-heres-what-that-means-for-the-climate/.
- http://www.nytimes.com/2014/07/12/business/for-biggestcities-of-2030-look-toward-the-tropics.html.
- http://www.economist.com/news/international/21569017-artificial-cooling-makes-hot-places-bearablebutworryingly-high-cost-no-sweat.
- http://journaltimes.com/news/local/violence-can-rise-withthe-heat-experts-say/article_d5f5f268-d911-556b-98b0-123bd9c6cc7c.html.
- Geoffrey M. Heal and Jisung Park, 'Feeling the Heat: Temperature, Physiology & the Wealth of Nations', discussion paper 14-60, January 2014, http://live.belfercenter.org/files/dp60_heal-park.pdf
- http://content.time.com/time/nation/article/0,8599,2003081,00.html.
- http://www.pnas.org/content/103/10/3510.full.pdf.
- https://www.theguardian.com/environment/2015/oct/26/how-america-became-addicted-to-air-conditioning.
- http://www.economist.com/news/international/21569017-artificial-cooling-makes-hot-places-bearablebut-worryingly-high-cost-nosweat.
- https://www.theguardian.com/environment/2012/jul/10/climate-heat-world-air-conditioning.

15. 百貨公司

- Lindy Woodhead, *Shopping, Seduction & Mr Selfridge* (London: Profile Books, 2007).
- Frank Trentmann, *Empire of Things* (London: Allen Lane, 2016).
- Steven Johnson, *Wonderland* (New York: Riverhead Books, 2016); Trentmann.
- Harry E. Resseguie, 'Alexander Turney Stewart and the Development of the Department Store, 1823-1876', *The Business History Review*, 39(3), Autumn 1965.
- 「女性比男性花了更多時間購物」：「美國人時間運用調查」（The American Time Use Survey2015, Table 1）顯示，女性每天平均花費五十三分鐘購物，男性則每天花費三十六分鐘，參見 https://www.bls.gov/news.release/pdf/atus.pdf.
- http://knowledge.wharton.upenn.edu/article/men-buy-womenshop-the-sexes-have-different-priorities-when-walking-down-the-aisles/.

PART 3. 發明新系統

- *Friendship Among Equals,* an official history of the ISO published in 1997, http://www.iso.org/iso/2012_friendship_among_equals.pdf.

16. 發電機

- Robert M. Solow, 'We'd Better Watch Out', *New York Times Book Review*, 12 July 1987.
- Robert Gordon, *The Rise and Fall of American Growth* (Oxford: Princeton University Press, 2016).
- Paul David, 'The Computer and the Dynamo: An Historical Perspective', *American Economic Review,* May 1990;

Warren Devine, 'From Shafts to Wires: Historical Perspective on Electrification', *Journal of Economic History*, 1983,

- Paul A. David and Mark Thomas, *The Economic Future in Historical Perspective* (Oxford: OUP/British Academy, 2006).
- Erik Brynjolfsson and Lorin M. Hitt, 'Beyond Computation: Information Technology, Organizational Transformation and Business Performance', *Journal of Economic Perspectives*, Fall 2000.

17. 航運貨櫃

- World Bank: World Development Indicators 2016, http://data.worldbank.org/indicator/TG.VAL.TOTL.GD.ZS.
- Wikipedia, *Intermodal Container,* https://en.wikipedia.org/wiki/Intermodal_container, accessed 4 July 2016.
- Maritime Cargo Transportation Conference (U.S.), *The S.S. Warrior* (Washington: National Academy of Sciences-National Research Council, 1954).
- Marc Levinson, *The Box* (Oxford: Princeton University Press, 2008); Alexander Klose, *The Container Principle* (London: MIT Press), 2015.
- G. Van Den Burg, *Containerisation: a modern transport system* (London: Hutchinson and Co., 1969).
- Nuno Limao and Anthony Venables, 'Infrastructure, Geographical Disadvantage and Transport Costs', World Bank Research Paper 2257 (1999), http://siteresources.worldbank.org/EXTEXPCOMNET/Resources/2463593-1213975515123/09_Limao.pdf.
- http://www.worldfreightrates.com/en/freight; $1500 for a container and a container can weigh more than 30 tons.

18. 條碼

- Margalit Fox, 'N. Joseph Woodland, Inventor of the Barcode, Dies at 91', *New York Times*, 12 December 2012, http://www.nytimes.com/2012/12/13/business/n-joseph-woodland-inventor-of-thebar-code-dies-at-91.html?hp&_r=0.
- Charles Gerena, 'Reading Between the Lines', *Econ Focus* Q2 2014, Federal Reserve Bank of Richmond.
- Guru Madhavan, *Think Like an Engineer* (London: OneWorld, 2015).
- Stephen A. Brown, *Revolution at the Checkout Counter* (Cambridge, MA: Harvard University Press, 1997).
- Alistair Milne, *The Rise and Success of the Barcode: some lessons for Financial Services*, Loughborough University working paper, February 2013.
- Thomas J. Holmes, 'Barcodes Lead to Frequent Deliveries and Superstores', *The RAND Journal of Economics*, 32(4), Winter 2001.
- National Retail Federation 2016, https://nrf.com/2016/global250-table – Wal-Mart
- Emek Basker, 'The Causes and Consequences of Wal-Mart's Growth', *Journal of Economic Perspectives,* 21(3), Summer 2007.
- David Warsh, 'Big Box Ecology', *Economic Principals* 19 Feb 2006; Emek Basker and Van H. Pham, 'Putting a Smiley Face on the Dragon: Wal-Mart as Catalyst to U.S.-China Trade', University of Missouri-Columbia Working Paper, July 2005, http://dx.doi.org/10.2139/ssrn.765564.
- http://99percentinvisible.org/episode/barcodes/.

19. 冷鏈

- Dan Koeppel, *Banana: The Fate of the Fruit That Changed the World* (New York: Hudson Street Press, 2008).
- Tom Jackson, *Chilled: How Refrigeration Changed the World and Might Do So Again* (London: Bloomsbury, 2015).
- http://www.msthalloffame.org/frederick_mckinley_jones.htm.
- http://www.bbc.co.uk/newsbeat/article/37306334/thisinvention-by-a-british-student-could-save-millions-of-lives-across-the-world.
- http://www.bbc.co.uk/news/magazine-30925252.
- Annika Carlson, 'Greenhouse gas emissions in the life cycle of carrots and tomatoes', IMES/EESS Report No 24, Lund University, 1997, http://ntl.bts.gov/lib/15000/15100/15145/DE97763079.pdf.
- http://www.telegraph.co.uk/news/uknews/1553456/Greener-by-miles.html.
- http://www.trademap.org/Product_SelProductCountry.aspx?nvpm=1|320||||TOTAL|||2|1|1|2|1||1||.
- https://www.cia.gov/library/publications/the-world-factbook/geos/gt.html.
- https://www.usaid.gov/guatemala/food-assistance.
- http://www3.weforum.org/docs/GCR2016-2017/05FullReport/TheGlobalCompetitivenessReport2016-2017_FINAL.pdf.

20. 可交易債務與符木

- Hilary Jenkinson, 'Exchequer Tallies', *Archaeologia*, 62(2), January 1911, DOI: https://doi.org/10.1017/S0261340900008213; William N. Goetzmann and Laura Williams, 'From Tallies and Chirographs to

Franklin's Printing Press at Passy', in William N. Goetzmann and K. Geert Rouwenhorst, *The Origins of Value* (Oxford:Oxford University Press, 2005); and Felix Martin, *Money: The Unauthorised Biography* (London: Bodley Head, 2013).

- David Graeber, *Debt: The first 5000 years* (London: Melville House, 2014).

21. 比利書櫃

- http://www.dailymail.co.uk/news/article-2660005/What-great-IKEA-Handyman-makes-living-building-flatpack-furniture-30-hour-dont-know-nuts-bolts.html.
- http://www.dezeen.com/2016/03/14/ikea-billy-bookcase-designer-gillis-lundgren-dies-aged-86/.
- http://www.adweek.com/news/advertising-branding/billy-bookcase-stands-everything-thats-great-and-frustrating-aboutikea-173642.
- http://www.bloomberg.com/news/articles/2015-10-15/ikea-s-billy-bookcase-is-cheap-in-slovakia-while-the-u-s-price-is-surging.
- http://www.apartmenttherapy.com/the-making-of-an-ikea-billy-bookcase-factory-tour-205339.
- http://www.nyteknik.se/automation/bokhyllan-billy-haller-liv-i-byn-6401585.
- http://www.apartmenttherapy.com/the-making-of-an-ikea-billy-bookcase-factory-tour-205339.
- http://www.ikea.com/ms/en_JP/about_ikea/facts_and_figures/ikea_group_stores/index.html.
- https://sweden.se/business/ingvar-kamprad-founder-of-ikea/.
- http://www.dezeen.com/2016/03/14/ikea-billy-bookcase-designer-gillis-lundgren-dies-aged-86/.
- https://sweden.se/business/ingvar-kamprad-founder-of-ikea/.

- http://www.wsj.com/articles/ikea-cant-stop-obsessing-about-its-packaging-1434533401.
- Rolf G. Larsson, 'Ikea's Almost Fabless Global Supply Chain – A Rightsourcing Strategy for Profit, Planet, and People', Chapter 3 in Yasuhiro Monden and Yoshiteru Minagawa (eds) *Lean Management of Global Supply Chain* (Singapore: World Scientific, 2015).
- http://highered.mheducation.com/sites/0070700893/student_view0/ebook2/chapter1/chbody1/how_ikea_designs_its_sexy_prices.html.
- http://www.ikea.com/ms/en_CA/img/pdf/Billy_Anniv_en.pdf.
- http://www.nyteknik.se/automation/bokhyllan-billy-haller-liv-i-byn-6401585.
- https://www.theguardian.com/business/2016/mar/10/ikea-billionaire-ingvar-kamprad-buys-his-clothes-at-second-hand-stalls.
- https://sweden.se/business/ingvar-kamprad-founder-of-ikea/.
- http://www.forbes.com/sites/robertwood/2015/11/02/
- how-ikea-billionaire-legally-avoided-taxes-from-1973-until-2015/#6b2b40d91bb4.
- http://www.adweek.com/news/advertising-branding/billy-bookcase-stands-everything-thats-great-and-frustrating-about-ikea-173642.
- http://news.bbc.co.uk/1/hi/8264572.stm.
- http://www.adweek.com/news/advertising-branding/billy-bookcase-stands-everything-thats-great-and-frustrating-about-ikea-173642.
- http://www.ikeahackers.net/category/billy/.
- http://www.dailymail.co.uk/news/article-2660005/What-great-IKEA-Handyman-makes-living-building-flatpack-

furniture-30-hour-dont-know-nuts-bolts.html.

22. 電梯

- *Futility Closet*: podcast, www.futilitycloset.com.
- 「一年七十萬部電梯」：人們搭乘電梯的確切趟次不得而知。據全國電梯工業公司（National Elevator Industry Inc.）的「趣味事實」表單，光美國一年約十八億趟。另一個似乎可信的資料來源更加樂觀，參見 Glen Pederick, 'How Vertical Transportation is Helping Transform the City', Council on Tall Buildings and Urban Habitat Working Paper, 2013。Pederick 估計全世界電梯每天搭載七十億乘客趟次，不過這產生了令人覺得可疑的陳述：電梯每天要運送與全世界人口等量的乘客？我們無法真正確認這個數目，正好突顯電梯嚴重遭受忽視的程度。關於中國電梯安裝的統計數字出自 ThyssenKrupp Elevators 董事長 Andreas Schierenbeck，引述於 *The Daily Telegraph*, 23 May 2015，他宣稱每年七十萬部。
- The Skyscraper Center (Council on Tall Buildings and Urban Habitat), http://skyscrapercenter.com/building/burj-khalifa/3 and http://skyscrapercenter.com/building/willis-tower/169.
- Eric A. Taub, 'Elevator Technology: Inspiring many everyday leaps of faith', *New York Times,* 3 December 1998, http://www.nytimes.com/1998/12/03/technology/elevator-technology-inspiring-manyeveryday-leaps-of-faith.html?_r=0.
- http://99percentinvisible.org/episode/six-stories/.
- Ed Glaeser, *Triumph of the City* (London: Pan, 2012).
- http://99percentinvisible.org/episode/six-stories/; Glaeser, p. 138; Jason Goodwin, *Otis: Giving Rise to the Modern City* (Chicago: Ivan R. Dee, 2001).
- David Owen, 'Green Manhattan', *The New Yorker*, 18 October 2004; Richard Florida, 'The World Is Spiky', *The*

Atlantic Monthly, October 2005.

- Nick Paumgarten, 'Up and Then Down', *The New Yorker,* 21 April 2008. Paumgarten 指出關於電梯事故並無真正可靠的統計數字，但電梯顯然是安全的。美國每月約有兩人死於電梯事故，但這些人幾乎都是維修人員而非乘客。無論如何，美國道路上每隔半小時便有兩人死亡，相形之下，電梯的致死率堪稱合理。
- Kheir Al-Kodmany, 'Tall Buildings and Elevators: A Review of Recent Technological Advances', *Buildings* 2015, 5, 1070-1104; doi:10.3390/buildings5031070.
- Molly Miller, 'RMI Retrofits America's Favorite Skyscraper', Rocky Mountain Institute Press Release, http://www.rmi.org/RMI+Retrofits+America's+Favorite+Skyscraper.
- 落磯山研究所的建物距離：David Owen 在前文所引 'Green Manhattan' 一文中，說明落磯山研究所分隔成相距一英里的兩個場址。二〇一五年，落磯山研究所在距離原址五英里外開設了新的創新中心。
- Rocky Mountain Institute Visitor's Guide: http://www.rmi.org/Content/Files/Locations_LovinsHome_Visitors_Guide_2007.pdf.

PART 4. 關於概念的概念

- M. Shaw, 'Sketch of Thomas Alva Edison', *Popular Science Monthly* Vol. 13, August 1878, https://en.wikisource.org/wiki/Popular_Science_Monthly/Volume_13/August_1878/Sketch_of_Thomas_Alva_Edison.
- Rutgers University Edison and Innovation Series: 'The Invention Factory', http://edison.rutgers.edu/inventionfactory.htm.

23. 楔形文字

- Felix Martin, *Money: The Unauthorised Biography* (London: Bodley Head, 2013).
- William N. Goetzmann, *Money Changes Everything: How Finance Made Civilization Possible* (Oxford: Princeton University Press, 2016).
- Jane Gleeson-White, *Double Entry: How the Merchants of Venice Created Modern Finance* (London: Allen & Unwin, 2012).

24. 公開金鑰密碼系統

- http://alumni.stanford.edu/get/page/magazine/article/?article_id=74801.
- http://www.eng.utah.edu/~nmcdonal/Tutorials/EncryptionResearchReview.pdf.
- http://www.theatlantic.com/magazine/archive/2002/09/a-primer-on-public-key-encryption/302574/.
- http://www.eng.utah.edu/~nmcdonal/Tutorials/EncryptionResearchReview.pdf.
- http://alumni.stanford.edu/get/page/magazine/article/?article_id=74801.
- http://www.digitaltrends.com/computing/quantumcomputing-is-a-major-threat-to-crypto-says-the-nsa/.

25. 複式簿記

- Robert Krulwich, 'Leonardo's To Do List', NPR, 18 November 2011, http://www.npr.org/sections/krulwich/2011/11/18/142467882/leonardos-to-do-list.
- Jane Gleeson-White, *Double Entry: How the Merchants of Venice Created Modern Finance* (London: Allen and Unwin, 2013).

- Raffaele Pisano, 'Details on the mathematical interplay between Leonardo da Vinci and Luca Pacioli', *BSHM Bulletin: Journal of the British Society for the History of Mathematics* 31(2), 2016, DOI: 10.1080/17498430.2015.1091969.
- Alfred W. Crosby, *The Measure of Reality: Quantification and Western Society, 1250–1600* (Cambridge: Cambridge University Press, 1996).
- Omar Abdullah Zaid, 'Accounting Systems and Recording Procedures in the Early Islamic State', *Accounting Historians Journal* 31(2), December 2004.
- Jolyon Jenkins, *A Brief History of Double Entry Bookkeeping,* BBC Radio 4 series, March 2010, Episode 5.
- William N. Goetzmann, *Money Changes Everything: How Finance Made Civilization Possible* (Woodstock: Princeton University Press, 2016).
- Iris Origo, *The Merchant of Prato* (London: Penguin, 1992).
- Michael J. Fisher, 'Luca Pacioli on Business Profits', *Journal of Business Ethics* 25, 2000.
- Anthony Hopwood, 'The archaeology of accounting systems', *Accounting, organizations and society* 12(3), 1987
- https://sites.fas.harvard.edu/~chaucer/teachslf/shippar2.htm.

26. 有限責任公司

- David A. Moss, *When All Else Fails: Government as the Ultimate Risk Manager* (Cambridge, MA: Harvard University Press, 2002).
- Ulrike Malmendier, 'Law and Finance at the Origin', *Journal of Economic Literature*, 47(4), December 2009.
- *The Economist*, http://www.economist.com/node/347323.

- Randall Morck, 'Corporations', in *The New Palgrave Dictionary of Economics*, 2nd Edition (New York: Palgrave Macmillan, 2008),Vol. 2.
- Adam Smith, *An Inquiry into the Nature and Causes of the Wealth of Nation*s, 1776.
- Joel Bakan, *The Corporation: The Pathological Pursuit of Profit and Power* (Penguin Books Canada, 2004). 經濟學家 John Kay 另有不同觀點，他認為佛利曼的基本分析有誤，主張公司沒有法律或經濟上的理由不應去追求社會目標：John Kay, 'The Role of Business in Society', 參見 https://www.johnkay.com/1998/02/03/the-role-of-business-in-society/, February 1998.
- http://www.economist.com/node/21541753.
- Kelly Edmiston, 'The Role of Small and Large Businesses in Economic Development', *Federal Reserve Bank of Kansas City Economic Review* Q2 2007, https://www.kansascityfed.org/PUBLICAT/ECONREV/pdf/2q07edmi.pdf.
- http://www.pewresearch.org/fact-tank/2016/02/10/most-americanssay-u-s-economic-system-is-unfair-but-high-income-republicans-disagree/.
- http://www.economist.com/news/briefing/21695385-profits-are-too-high-america-needs-giant-dosecompetition-too-much-good-thing.

27. 管理顧問

- https://people.stanford.edu/nbloom/sites/default/files/dmm.pptx.
- Nicholas Bloom, Benn Eifert, David McKenzie, Aprajit Mahajan and John Roberts, 'Does management matter?: Evidence from India', *Quarterly Journal of Economics,* February 2013, https://people.stanford.edu/nbloom/sites/default/files/dmm.pdf.

- http://www.atrixnet.com/bs-generator.html.
- http://www.civilserviceworld.com/articles/news/public-sector-spend-management-consultants-rises-second-year-row.
- Consultancy UK News, '10 Largest Management Consulting Firms of the Globe', http://www.consultancy.uk/news/2149/10-largest-management-consulting-firms-of-the-globe, 15 June 2015.
- Duff McDonald, 'The Making of McKinsey: A Brief History of Management Consulting in America', *Longreads*, 23 October 2013, https://blog.longreads.com/2013/10/23/the-making-of-mckinsey-a-briefhistory-of-management/.
- Hal Higdon, *The Business Healers* (New York: Random House, 1969).
- Duff McDonald, *The Firm* (London: Simon and Schuster, 2013).
- Nicholas Lemann, 'The Kids in the Conference Room', *The New Yorker*, 18 October 1999.
- Chris McKenna, *The World's Newest Profession* (Cambridge University Press, 2006).
- Patricia Hurtado, 'Ex-Goldman director Rajat Gupta Back Home After Prison Stay', *Bloomberg*, 19 January 2016, http://www.bloomberg.com/news/articles/2016-01-19/ex-goldman-director-rajat-gupta-back-home-afterprison-stay.
- Jamie Doward, 'The Firm That Built the House of Enron', *The Observer*, 24 March 2002, https://www.theguardian.com/business/2002/mar/24/enron.theobserver.
- https://www.theguardian.com/business/2016/oct/17/management-consultants-cashing-in-austerity-public-sector-cuts.
- http://www.telegraph.co.uk/news/politics/12095961/Whitehall-spending-on-consultants-nearly-doubles-to-

1.3billion-in-threeyears...-with-47-paid-over-1000-a-day.html.

- 'Does Management Matter?', https://people.stanford.edu/nbloom/sites/default/files/dmm.pptx;

28. 智慧財產權

- Letter to Henry Austin, 1 May 1942. Quoted in 'How the Dickens Controversy Changed American Publishing', Tavistock Books blog, http://blog.tavbooks.com/?p=714.
- Zorina Khan, 'Intellectual Property, History of ', in *The New Palgrave Dictionary of Economics*, 2nd Edition, Vol. 4 (New York: Palgrave Macmillan, 2008).
- Ronald V. Bettig, *Copyrighting Culture: The Political Economy of Intellectual Property* (Oxford: Westview Press, 1996).
- Christopher May, 'The Venetian Moment: New Technologies, Legal Innovation and the Institutional Origins of Intellectual Property', *Prometheus,* 20(2), 2000.
- Michele Boldrin and David Levine, *Against Intellectual Monopoly* (Cambridge: Cambridge University Press, 2008), http://www.dklevine.com/general/intellectual/againstfinal.htm, Chapter 1.
- William W. Fisher III, *The Growth of Intellectual Property: A History of the Ownership of Ideas in the United States*, 1999, https://cyber.harvard.edu/people/tfisher/iphistory.pdf.
- http://www.bloomberg.com/news/articles/2014-06-12/why-elon-musk-just-opened-teslas-patents-to-his-biggest-rivals.
- Alex Tabarrok, 'Patent Theory vs Patent Law', *Contributions to Economic Analysis and Policy*, 1(1), 2002, https://mason.gmu.edu/~atabarro/PatentPublished.pdf.
- 「按現今幣值有好幾萬美元之譜」：狄更斯賺了三萬八千英鎊，經通膨調整後，超過現今的三百萬英鎊，相對於勞動成本，將近兩千五百萬英鎊。

29. 編譯器

- Kurt W. Beyer, *Grace Hopper and the Invention of the Information Age* (Cambridge, MA: MIT Press, 2009).
- Lynn Gilbert and Gaylen Moore, *Particular Passions: Grace Murray Hopper*, Women of Wisdom, (New York: Lynn Gilbert Inc., 2012).

30. iPhone 智慧型手機

- 'What's the World's Most Profitable Product?', BBC World Service, 20 May 2016, http://www.bbc.co.uk/programmes/p03vqgwr.
- Mariana Mazzucato, *The Entrepreneurial State* (London: Anthem Press, 2015)
- http://timeline.web.cern.ch/timelines/The-history-of-CERN?page=1.
- Katie Hafner and Matthew Lyon, *Where Wizards Stay Up Late* (London: Simon and Schuster, 1998).
- Greg Milner, *Pinpoint: How GPS Is Changing Technology, Culture and Our Minds* (London: W.W. Norton, 2016).
- Daniel N. Rockmore, 'The FFT – an algorithm the whole family can use', *Computing Science Engineering*, 2(1), 2000; http://www.cs.dartmouth.edu/~rockmore/cse-fft.pdf.
- Florence Ion, 'From touch displays to the Surface: A brief history of touchscreen technology', *Ars Technica*, 4 April 2013, http://arstechnica.com/gadgets/2013/04/from-touch-displays-to-thesurface-a-brief-history-of-touchscreen-technology/.
- Danielle Newnham, 'The Story Behind Siri', *Medium*, 21 August 2015, https://medium.com/swlh/the-story-

behind-sirifbeb109938b0#.c3eng12zr

- William Lazonick, *Sustainable Prosperity in the New Economy?: Business Organization and High-Tech Employment in the United States* (Kalamazoo: Upjohn Press, 2009).

31. 柴油引擎

- Morton Grosser, *Diesel, the Man and the Engine*, 1978; http://www.newhistorian.com/the-mysterious-death-of-rudolfdiesel/4932/; http://www.nndb.com/people/906/000082660/.
- Robert J. Gordon, *The Rise and Fall of American Growth* (Oxford: Princeton University Press, 2016).
- http://auto.howstuffworks.com/diesel.htm.
- Vaclav Smil, 'The two prime movers of globalization: history and impact of diesel engines and gas turbines', *Journal of Global History*, 2, 2007.
- http://www.history.com/this-day-in-history/inventor-rudolf-diesel-vanishes.
- http://www.hellenicshippingnews.com/bunker-fuels-accountfor-70-of-a-vessels-voyage-operating-cost/.
- http://www.vaclavsmil.com/wp-content/uploads/docs/smil-article-20070000-jgh-2007.pdf.
- http://www.huppi.com/kangaroo/Pathdependency.htm.
- Greg Pahl, *Biodiesel: Growing a New Energy Economy* (White River Junction, VT: Chelsea Green Publishing, 2008).
- http://www.history.com/this-day-in-history/inventor-rudolf-diesel-vanishes.

32. 時鐘

- http://www.exetermemories.co.uk/em/_churches/stjohns.php.
- Ralph Harrington, 'Trains, technology and time-travellers: how the Victorians re-invented time', quoted in John Hassard, *The Sociology of Time* (Basingstoke: Palgrave Macmillan, 1990).
- Stuart Hylton, *What the Railways Did for Us* (Stroud: Amberley Publishing Limited, 2015).
- https://en.wikipedia.org/wiki/History_of_timekeeping_devices.
- http://www.historyofinformation.com/expanded.php?id=3506.
- Tim Harford, *Adapt: Why Success Always Starts With Failure* (New York: Farrar Straus and Giroux/London: Little Brown, 2016);Robert Lee Hotz, 'Need a Breakthrough? Offer Prize Money', *Wall Street Journal*, 13 December 2016, http://www.wsj.com/articles/need-a-breakthrough-offer-prize-money-1481043131.
- http://www.timeanddate.com/time/how-do-atomicclocks-work.html and Hattie Garlick interview with Demetrios Matsakis, 'I Keep the World Running On Time', *The Financial Times*, 16 December 2016, https://www.ft.com/content/3eca8ec4-c186-11e6-9bca-2b93a6856354.
- https://muse.jhu.edu/article/375792.
- http://www.theatlantic.com/business/archive/2014/04/everything-you-need-to-know-about-high-frequencytrading/360411/.
- http://www.pcworld.com/article/2891892/whycomputers-still-struggle-to-tell-the-time.html.
- https://theconversation.com/sharper-gps-needs-evenmore-accurate-atomic-clocks-38109.
- http://www.wired.co.uk/article/most-accurate-atomicclock-ever.

33. 哈伯—博施法

- Daniel Charles, *Master Mind: The Rise and Fall of Fritz Haber* (New York: HarperCollins, 2005).
- http://jwa.org/encyclopedia/article/immerwahr-clara
- Vaclav Smil, *Enriching the Earth: Fritz Haber, Carl Bosch, and the Transformation of World Food Production* (Cambridge, MA: MIT Press, 2004).
- http://www.wired.com/2008/05/nitrogen-it-doe.
- http://www.rsc.org/chemistryworld/2012/10/haberbosch-ruthenium-catalyst-reduce-power.
- http://www.vaclavsmil.com/wp-content/uploads/docs/smilarticle-worldagriculture.pdf.
- http://www.nature.com/ngeo/journal/v1/n10/full/ngeo325.html.
- http://www.nature.com/ngeo/journal/v1/n10/full/ngeo325.html.
- Thomas Hager, *The Alchemy of Air* (New York: Broadway Books, 2009).

34. 雷達

- http://www.telegraph.co.uk/news/worldnews/africaandindianocean/kenya/7612869/Iceland-volcano-As-the-dust-settles-Kenyas-blooms-wilt.html.
- http://www.iata.org/pressroom/pr/pages/2012-12-06-01.aspx.
- http://www.oxfordeconomics.com/my-oxford/projects/129051.
- 193 Robert Buderi, *The Invention That Changed the World: The story of radar from war to peace* (London: Little, Brown, 1997).
- http://www.cbsnews.com/news/1956-grand-canyonairplane-crash-a-game-changer/.

- http://lessonslearned.faa.gov/UAL718/CAB_accident_report.pdf.
- https://www.washingtonpost.com/world/national-security/faa-drone-approvals-bedeviled-by-warnings-conflict-internal-e-mailsshow/2014/12/21/69d8a07a-86c2-11e4-a702-fa31ff4ae98e_story.html.
- http://www.cbsnews.com/news/1956-grand-canyonairplane-crash-a-game-changer/.
- https://www.faa.gov/about/history/brief_history/.
- http://www.transtats.bts.gov/.
- http://www.iata.org/publications/Documents/iatasafety-report-2014.pdf.

35. 電池

- The Newgate Calendar, http://www.exclassics.com/newgate/ng464.htm.
- http://www.economist.com/node/10789409.
- http://content.time.com/time/specials/packages/article/0,28804,2023689_2023708_2023656,00.html.
- http://www.economist.com/news/technology-quarterly/21651928-lithium-ion-battery-steadily-improvingnew-research-aims-turbocharge.
- http://www.economist.com/news/technology-quarterly/21651928-lithium-ion-battery-steadily-improvingnew-research-aims-turbocharge.
- http://www.vox.com/2016/4/18/11415510/solar-power-costs-innovation.
- http://www.u.arizona.edu/~gowrisan/pdf_papers/renewable_intermittency.pdf.
- http://www.bbc.co.uk/news/business-27071303.
- http://www.rmi.org/Content/Files/RMITheEconomicsOfBatteryEnergyStorage-

- FullReport-FINAL.pdf.
- http://www.fastcompany.com/3052889/elon-musk-powers-up-inside-teslas-5-billion-gigafactory.

36. 塑膠

- Jeffrey L. Meikle, *American Plastic: A Cultural History* (New Brunswick: Rutgers University Press, 1995).
- Leo Baekeland, *Diary, Volume 01, 1907–1908*, Smithsonian Institute Archive Centre, https://transcription.si.edu/project/6607
- Bill Laws, *Nails, Noggins and Newels* (Stroud: The History Press, 2006).
- Susan Freinkel, *Plastic: A Toxic Love Story* (Boston: Houghton Mifflin Harcourt, 2011).
- http://www.scientificamerican.com/article/plastic-not-so-fantastic/.
- 'The New Plastics Economy: Rethinking the future of plastics', World Economic Forum, January 2016, http://www3.weforum.org/docs/WEF_The_New_Plastics_Economy.pdf.
- http://www.scientificamerican.com/article/plastic-not-so-fantastic/.
- 'The New Plastics Economy: Rethinking the future of plastics', World Economic Forum, January 2016, http://www3.weforum.org/docs/WEF_The_New_Plastics_Economy.pdf.
- Leo Hornak, 'Will there be more fish or plastic in the sea by 2050?', BBC News, 15 February 2016, http://www.bbc.co.uk/news/magazine-35562253.
- Richard S. Stein, 'Plastics Can Be Good for the Environment', http://www.polymerambassadors.org/Steinplasticspaper.pdf.
- 'The New Plastics Economy: Rethinking the future of plastics', World Economic Forum, January 2016, http://

www3.weforum.org/docs/WEF_The_New_Plastics_Economy.pdf.

- https://en.wikipedia.org/wiki/Resin_identification_code.
- http://resource-recycling.com/node/7093.
- Environment at a Glance 2015', OECD Indicators, http://www.keepeek.com/Digital-Asset-Management/oecd/environment/environment-at-a-glance-2015_9789264235199-en#page51.
- http://www.wsj.com/articles/taiwan-the-worlds-geniuses-of-garbage-disposal-1463519134.
- http://www.sciencealert.com/this-new-device-recyclesplastic-bottles-into-3d-printing-material.
- https://www.weforum.org/agenda/2015/08/turningtrash-into-high-end-goods/.

PART 6. 看得見的手

- Adam Smith, *An Inquiry Into the Nature and Causes of the Wealth of Nations,* 1776 (pp. 455–6 of the 1976 edition, Oxford: Clarendon Press).
- Marc Blaug, 'Invisible Hand', *The New Palgrave Dictionary of Economics,* 2nd Edition, Vol. 4 (New York: Palgrave Macmillan) 2008.

37. 銀行

- William N. Goetzmann, *Money Changes Everything: How Finance Made Civilization Possible* (Oxford: Princeton University Press, 2016)
- Fernand Braudel, *Civilization and Capitalism, 15th–18th Century: The structure of everyday life* (Berkeley: University of California Press, 1992); S. Herbert Frankel's *Money: Two Philosophies*(Oxford: Blackwell, 1977) ;

Felix Martin in *Money: The Unauthorised Biography* (London: Bodley Head, 2013)

- Marie-Thérese Boyer-Xambeu, Ghislain Deleplace, Lucien Gillard and M.E. Sharpe, *Private Money & Public Currencies: The 16th Century Challenge* (London: Routledge, 1994).

38. 刮鬍刀與刀片

- King Camp Gillette, *The Human Drift* (Boston: New Era Publishing, 1894). https://archive.org/stream/TheHumanDrift/The_Human_Drift_djvu.txt.
- Randal C. Picker, 'The Razors-and-Blades Myth(s)', The Law School, The University of Chicago, September 2010.
- http://www.geek.com/games/sony-will-sell-everyps4-at-a-loss-but-easily-recoup-it-in-games-ps-plus-sales-1571335/.
- http://www.emeraldinsight.com/doi/full/10.1108/02756661311310431
- http://www.macleans.ca/society/life/single-serve-coffeewars-heat-up/.
- Chris Anderson, *Free* (Random House, 2010).
- Paul Klemperer, 'Competition when consumers have switching costs: an overview with applications to industrial organization, macroeconomics and international trade', *Review of Economic Studies*, 62, 1995.
- http://www.law.uchicago.edu/files/file/532-rcp-razors.pdf.
- Tim Harford, 'The Switch Doctor', *The Financial Times*, 27 April 2007, https://www.ft.com/content/921b0182-f14b-11db-838b-000b5df10621 and 'Cheap Tricks', *The Financial Times*, 16 February 2007, https://www.ft.com/content/5c15b0f4-bbf5-11db-9cbc-0000779e2340.

39. 租稅庇護所

- http://www.finfacts.ie/irishfinancenews/article_1026675.shtml.
- https://www.theguardian.com/business/2012/oct/21/multinational-firms-tax-ebay-ikea, http://fortune.com/2016/03/11/apple-google-taxes-eu/.
- http://www.pbs.org/wgbh/pages/frontline/shows/nazis/readings/sinister.html.
- HMRC, *Measuring Tax Gaps 2016*, https://www.gov.uk/government/uploads/system/uploads/attachment_data/file/561312/HMRC-measuring-tax-gaps-2016.pdf.
- Miroslav N. Jovanovic'　, *The Economics of International Integration,* Second Edition (Cheltenham: Edward Elgar Publishing, 2015).
- Gabriel Zucman, *The Hidden Wealth of Nations: The Scourge of Tax Havens* (Chicago: University of Chicago Press, 2015).
- Daniel Davies, 'Gaps and Holes: How the Swiss Cheese Was Made', *Crooked Timber Blog*, 8 April 2016, http://crookedtimber.org/2016/04/08/gaps-and-holes-how-the-swiss-cheese-was-made/.
- Gabriel Zucman, 'Taxing across Borders: Tracking Personal Wealth and Corporate Profits', *Journal of Economic Perspectives*, 28(4), Fall 2014,
- Nicholas Shaxson, *Treasure Islands: Tax Havens and the Men who Stole the World* (London: Vintage Books, 2011).
- Financial Integrity (GFI) programme at the Center for International Policy in Washington estimates, quoted in Shaxson, ibid.

40. 含鉛汽油

- Gerald Markowitz and David Rosner, *Deceit and Denial: The Deadly Politics of Industrial Pollution* (Berkeley: University of California Press, 2013).
- http://www.wired.com/2013/01/looney-gas-and-leadpoisoning-a-short-sad-history/.
- William J. (Bill) Kovarik, 'The Ethyl Controversy: How the news media set the agenda for a public health controversy over leaded gasoline, 1924-1926', Ph.D. Dissertation, University of Maryland DAI 1994 55(4): 781-782-A. DA9425070.
- http://pittmed.health.pitt.edu/jan_2001/butterflies.pdf.
- Kassia St Clair, *The Secret Lives of Colour* (London: John Murray, 2016).
- http://penelope.uchicago.edu/~grout/encyclopaedia_romana/wine/leadpoisoning.html.
- Jessica Wolpaw Reyes, 'Environmental policy as social policy? The impact of childhood lead exposure on crime', NBERWorking Paper 13097, 2007, http://www.nber.org/papers/w13097.
- Tim Harford, 'Hidden Truths Behind China's Smokescreen', *Financial Times*, 29 January 2016, https://www.ft.com/content/4814ae2c-c481-11e5-b3b1-7b2481276e45.
- http://www.thenation.com/article/secret-history-lead/.
- http://www.cdc.gov/nceh/lead/publications/books/plpyc/chapter2.htm.
- http://www.nature.com/nature/journal/v468/n7326/full/468868a.html.
- http://www.ucdmc.ucdavis.edu/welcome/features/20071114_cardiotobacco/.
- https://www.ncbi.nlm.nih.gov/books/NBK22932/#_a2001902bddd00028.

41. 禽畜抗生素

- Philip Lymbery and Isabel Oakeshott, *Farmageddon: The true cost of cheap meat* (London: Bloomsbury, 2014).
- http://www.bbc.co.uk/news/health-35030262.
- http://www.scientificamerican.com/article/antibiotics-linked-weight-gain-mice/.
- 'Antimicrobials in agriculture and the environment: Reducing unnecessary use and waste', The Review on Antimicrobial Resistance Chaired by Jim O'Neill, December 2015.
- http://ideas.time.com/2012/04/16/why-doctorsuselessly-prescribe-antibiotics-for-a-common-cold/.
- http://cid.oxfordjournals.org/content/48/10/1345.full.
- 'Antimicrobial Resistance: Tackling a crisis for the health and wealth of nations', The Review on Antimicrobial Resistance Chaired by Jim O'Neill, December 2014.
- http://www.pbs.org/wgbh/aso/databank/entries/bmflem.html.
- http://time.com/4049403/alexander-fleming-history/.
- http://www.nobelprize.org/nobel_prizes/medicine/laureates/1945/fleming-lecture.pdf.
- http://www.abc.net.au/science/slab/florey/story.htm.
- http://news.bbc.co.uk/local/oxford/hi/people_and_places/history/newsid_8828000/8828836.stm; https://www.biochemistry.org/Portals/0/Education/Docs/Paul%20brack.pdf; http://www.ox.ac.uk/news/science-blog/penicillin-oxford-story.
- http://www.nobelprize.org/nobel_prizes/medicine/laureates/1945/fleming-lecture.pdf.
- http://www3.weforum.org/docs/WEF_GlobalRisks_Report_2013.pdf.

- http://phenomena.nationalgeographic.com/2015/01/07/antibiotic-resistance-teixobactin/.
- 'Antimicrobials in agriculture and the environment: Reducing unnecessary use and waste', The Review on Antimicrobial Resistance Chaired by Jim O'Neill, December 2015.

42. M-Pesa 行動支付

- http://www.technologyreview.es/printer_friendly_article.aspx?id=39828.
- Nick Hughes and Susie Lonie, 'M-Pesa: Mobile Money for the "Unbanked" Turning Cellphones into 24-Hour Tellers in Kenya', *innovations*, Winter & Spring 2007, http://www.gsma.com/mobilefordevelopment/wp-content/uploads/2012/06/innovationsarticleonmpesa_0_d_14.pdf.
- Mbiti and David N. Weil, 'Mobile Banking: The Impact of M-Pesa in Kenya', NBER, Working Paper 17129, Cambridge MA, June 2011 http://www.nber.org/papers/w17129.
- http://www.worldbank.org/en/programs/globalfindex/overview.
- http://www.slate.com/blogs/future_tense/2012/02/27/m_pesa_ict4d_and_mobile_banking_for_the_poor_.html.
- http://www.forbes.com/sites/danielrunde/2015/08/12/m-pesa-and-the-rise-of-the-global-mobile-money-market/#193f89d23f5d.
- http://www.economist.com/blogs/economist-explains/2013/05/economist-explains-18.
- http://www.forbes.com/sites/danielrunde/2015/08/12/m-pesa-and-the-rise-of-the-global-mobilemoney-market/#193f89d23f5d.
- http://www.cgap.org/sites/default/files/CGAP-Brief-Poor-People-Using-Mobile-Financial-Services-Observationson-Customer-Usage-and-Impact-from-M-PESA-Aug-2009.pdf.
- http://www.bloomberg.com/news/articles/2014-06-05/safaricoms-m-pesa-turns-kenya-into-a-mobile-payment-

paradise.

- http://www.spiegel.de/international/world/corruption-inafghanistan-un-report-claims-bribes-equal-to-quarter-of-gdp-a-672828.html.
- http://www.coastweek.com/3745-Transport-reolution-Kenya-minibus-operators-launch-cashless-fares.htm.
- http://www.iafrikan.com/2016/09/21/kenyas-cashlesspayment-system-was-doomed-by-a-series-of-experience-design-failures/.

43. 產權登記

- Hernando de Soto, *The Mystery of Capital* (New York: Basic Books, 2000).
- 'The Economist versus The Terrorist, *The Economist*, 30 January 2003, http://www.economist.com/node/1559905.
- David Kestenbaum and Jacob Goldstein, 'The Secret Document That Transformed China', NPR *Planet Money,* 20 January 2012, http://www.npr.org/sections/money/2012/01/20/145360447/the-secret-document-that-transformed-china.
- Christopher Woodruff, 'Review of de Soto's *The Mystery of Capital*', *Journal of Economic Literature*, 39, December 2001.
- World Bank, *Doing Business in 2005* (Washington DC: The World Bank Group, 2004).
- Robert Home and Hilary Lim, *Demystifying the Mystery of Capital: land tenure and poverty in Africa and the Caribbean* (London: Glasshouse Press, 2004).
- Tim Besley, 'Property Rights and Investment Incentives: Theory and Evidence From Ghana', *Journal of Political Economy,* 103(5), October 1995.

44. 紙

- Mark Kurlansky, *Paper: Paging Through History* (New York: W.W. Norton, 2016).
- Jonathan Bloom, *Paper Before Print* (New Haven: Yale University Press, 2001).
- James Moseley, 'The Technologies of Print', in M.F. Suarez, S.J. and H.R. Woudhuysen, *The Book: A Global History* (Oxford: Oxford University Press, 2013).
- Mark Miodownik, *Stuff Matters* (London: Penguin, 2014), Chapter 2.
- 'Cardboard', *Surprisingly Awesome 19*, Gimlet Media, August 2016, https://gimletmedia.com/episode/19-cardboard/.
- Abigail Sellen and Richard Harper, *The Myth of the Paperless Office* (Cambridge, MA: MIT, 2001).
- 「每五年的日常辦公用紙可以覆蓋全美國面積」：一九九六年 Hewlett Packard 所做的該項估計說明，當年來自印表機和影印機的辦公室用紙，足以覆蓋美國國土面積的百分之十八。往後幾年，辦公室用紙的消耗量持續增加。
- 'World wood production up for fourth year; paper stagnant as electronic publishing grows', UN Press Release 18 December 2014, http://www.un.org/apps/news/story.asp?NewsID=49643#.V-T2S_ArKUn.
- David Edgerton, *Shock Of The Old: Technology and Global History since 1900* (London: Profile, 2008).

45. 指數基金

- NPR *Planet Money*, 'Brilliant vs Boring', 4 May 2016, http://www.npr.org/sections/money/2016/03/04/469247400/episode-688-brilliant-vs-boring
- Pierre-Cyrille Hautcoeur, 'The Early History of Stock Market Indices, with Special Reference to the French

Case', Paris School of Economics working paper, http://www.parisschoolofeconomics.com/hautcoeur-pierre-cyrille/Indices_anciens.pdf.

- Michael Weinstein, 'Paul Samuelson, Economist, Dies at 94', *New York Times*, 13 December 2009, http://www.nytimes.com/2009/12/14/business/economy/14samuelson.html?pagewanted=all&_r=0.
- John C. Bogle, 'How the Index Fund Was Born', *The Wall Street Journal*, 3 September 2011, http://www.wsj.com/articles/SB10001424053111904583204576544681577401622.
- Robin Wigglesworth and Stephen Foley, 'Active asset managers knocked by shift to passive strategies', *Financial Times*, 11 April 2016, https://www.ft.com/content/2e975946-fdbf-11e5-b5f5-070dca6d0a0d.
- Donald MacKenzie, 'Is Economics Performative? Option Theory and the Construction of Derivatives Markets', http://www.lse.ac.uk/accounting/CARR/pdf/MacKenzie.pdf.
- Brian Wesbury and Robert Stein, 'Why mark-to-market accounting rules must die', *Forbes*, 23 February 2009, http://www.forbes.com/2009/02/23/mark-to-market-opinionscolumnists_recovery_stimulus.html.
- Eric Balchunas, 'How the Vanguard Effect Adds Up to $1 Trillion', *Bloomberg* 30 August 2016, https://www.bloomberg.com/view/articles/2016-08-30/how-much-has-vanguard-saved-investors-try-1-trillion.
- Paul Samuelson speech to Boston Security Analysts Society on 15 November 2005, cited in Bogle, ibid.

46. S形彎管

- http://www.thetimes.co.uk/tto/law/columnists/article2047259.ece.258 *encouraging sewage into gullies* G.C. Cook, 'Construction of London's Victorian sewers: the vital role of Joseph Bazalgette', *Postgraduate Medical Journal*, 2001.
- Stephen Halliday, *The Great Stink of London: Sir Joseph Bazalgette and the Cleansing of the Victorian*

Metropolis (Stroud: The History Press, 2013).

- Laura Perdew, *How the Toilet Changed History* (Minneapolis: Abdo Publishing, 2015).
- Johan Norberg, *Progress: Ten Reasons to Look Forward to the Future* (London: OneWorld, 2016).
- http://pubs.acs.org/doi/abs/10.1021/es304284f.
- http://www.wsp.org/sites/wsp.org/files/publications/WSPESI-Flier.pdf; http://www.wsp.org/content/africa-economic-impacts-sanitation;
- http://www.wsp.org/content/south-asia-economic-impacts-sanitation.
- 'Tackling the Flying Toilets of Kibera', Al Jazeera, http://www.aljazeera.com/indepth/features/2013/01/201311810421796400.html 22 January 2013; Cyrus Kinyungu 'Kibera's Flying Toilets Flushed Out by PeePoo Bags' http://bhekisisa.org/article/2016-05-03-kiberas-flying-toilets-flushedout-by-peepoo-bags.
- http://www.un.org/apps/news/story.asp?NewsID=44452#.VzCnKPmDFBc.
- 'World Toilet Day: Kibera Slum Hopes to Ground "Flying Toilets" ', http://www.dw.com/en/world-toilet-day-kibera-slum-seeks-to-ground-flying-toilets/a-18072068.
- http://www.bbc.co.uk/england/sevenwonders/london/sewers_mm/index.shtml.
- G.R.K. Reddy, *Smart and Human: Building Cities of Wisdom* (HarperCollins Publishers India, 2015).

47. 紙幣

- William N. Goetzmann, *Money Changes Everything: How Finance Made Civilization Possible* (Woodstock: Princeton University Press, 2016).
- William N. Goetzmann and K. Geert Rouwenhorst, *The Origins of Value* (Oxford: Oxford University Press,

2005); Glyn Davies, *History of Money: From Ancient Times to the Present Day* (Cardiff: University of Wales Press, 2010)

- Tim Harford, *The Undercover Economist Strikes Bank* (New York: Riverhead/London:Little Brown, 2013).

48. 混凝土

- M.D. Cattaneo, S. Galiani, P.J. Gertler, S. Martinez and R. Titiunik, 'Housing, health, and happiness', *American Economic Journal: Economic Policy*, 2009; Charles Kenny, 'Paving Paradise' *Foreign Policy* 3 January 2012, http://foreignpolicy.com/2012/01/03/paving-paradise/.
- Vaclav Smil, *Making the Modern World: Materials and Dematerialization* (Chichester: Wiley, 2013).
- Adrian Forty, *Concrete and Culture* (London: Reaktion Books, 2012).
- Nick Gromicko and Kenton Shepard, 'The History of Concrete', https://www.nachi.org/history-of-concrete.htm#ixzz31V47Zuuj; Adam Davidson and Adam McKay, 'Surprisingly Awesome: Concrete', 17 November 2015, https://gimletmedia.com/episode/3-concrete/; Amelia Sparavigna, 'Ancient Concrete Works', Working Paper, Department of Physics, Turin Polytechnic https://arxiv.org/pdf/1110.5230.
- https://en.wikipedia.org/wiki/List_of_largest_domes –Brunelleschi's great dome in Florence is octagonal so the distance across varies.
- Stewart Brand, *How Buildings Learn: What Happens After They're Built* (London: Weidenfeld & Nicolson, 1997).
- *Inventors and Inventions* (New York: Marshall Cavendish, 2008).
- Mark Miodownik, *Stuff Matters* (Penguin, 2014).
- 'Concrete Possibilities', *The Economist*, 21 September 2006, http://www.economist.com/node/7904224;

Miodownik; Jon Cartwright, 'The Concrete Answer to Pollution', *Horizon Magazine*, 18 December 2014, http://horizon-magazine.eu/article/concrete-answerpollution_en.html.

- James Mitchell Crow, 'The Concrete Conundrum', *Chemistry World*, March 2008, http://www.rsc.org/images/Construction_tcm18-114530.pdf; Vaclav Smil 指出，製造一公噸的鋼耗費的能源，通常約為製造一公噸水泥所需能源的四倍；一公噸水泥本身可用於製造數公噸的混凝土。生產水泥也會排放與能源輸入無關的二氧化碳。
- Shahidur Khandker, Zaid Bakht and Gayatri Koolwal, 'The Poverty Impact of Rural Roads: Evidence from Bangladesh', World Bank Policy Research Working Paper 3875, April 2006, http://www-wds.worldbank.org/external/default/WDSContentServer/IW3P/IB/2006/03/29/000012009_20060329093100/Rendered/PDF/wps38750rev0pdf.pdf.

49. 保險

- 'Brahmaj la Sutta: The All-embracing Net of Views', http://www.accesstoinsight.org/tipitaka/dn/dn.01.0.bodh.html.
- Peter Bernstein, *Against the Gods: The Remarkable Story of Risk* (Chichester: John Wiley & Sons, 1998).
- Swiss Re, *A History of Insurance in China*, http://media.150.swissre.com/documents/150Y_Markt_Broschuere_China_Inhalt.pdf.
- Raymond Flower and Michael Wynn Jones, *Lloyd's of London* (London: David & Charles, 1974).
- Michel Albert, *Capitalism against Capitalism* (London: Whurr, 1993); John Kay, *Other People's Money* (London: Profile, 2015).
- James Poterba, 'Annuities in Early Modern Europe', in William N. Goetzmann and K. Geert Rouwenhorst, *The*

Origins of Value (Oxford: Oxford University Press, 2005).

- http://www.npr.org/2016/09/09/493228710/what-keeps-poorfarmers-poor, and the original paper is Dean Karlan, Robert Osei, Isaac Osei-Akoto and Christopher Udry, 'Agricultural Decisions After Relaxing Credit and Risk Constraints', *Quarterly Journal of Economics*, 2014. doi:10.1093/qje/qju002.

結論——展望未來

- https://ourworldindata.org/grapher/life-expectancy-globallysince-1770.
- http://charleskenny.blogs.com/weblog/2009/06/thesuccess-of-development.html.
- https://ourworldindata.org/grapher/world-population-inextreme-poverty-absolute?%2Flatest=undefined&stackMode=relative.
- Herman Kahn and Anthony J. Wiener, *The Year 2000. A Framework for Speculation on the Next Thirty-Three Years* (New York: Macmillan, 1967); Douglas Martin, 'Anthony J. Wiener, Forecaster of the Future, Is Dead at 81', *New York Times*, 26 June 2012, http://www.nytimes.com/2012/06/27/us/anthony-j-wiener-forecaster-of-the-future-is-dead-at-81.html.
- http://news.mit.edu/2015/mit-report-benefitsinvestment-basic-research-0427; https://www.chemistryworld.com/news/randd-share-for-basic-research-in-china-dwindles/7726.article; http://www.sciencemag.org/news/2014/10/european-scientists-ask-governmentsboost-basic-research.
- https://www.weforum.org/agenda/2016/12/how-dowe-stop-tech-being-turned-into-weapons.
- Olivia Solon, 'Self-driving trucks: what's the future for America's 3.5 million truckers?', *The Guardian*, 17 June 2016, https://www.theguardian.com/technology/2016/jun/17/self-driving-trucks-impact-on-drivers-jobs-us.

- http://mashable.com/2006/07/11/myspace-americasnumber-one/#nseApOVC85q9.
- http://www.alexa.com/siteinfo/myspace.com, accessed 20 January 2017.
- Stan Liebowitz and Stephen Margolis, 'The Fable of the Keys', *The Journal of Law and Economics,* April 1990.

50. 燈泡

- William D. Nordhaus, 'Do real-output and realwage measures capture reality? The history of lighting suggests not' in Timothy F. Bresnahan and Robert J. Gordon (eds), *The Economics of New Goods* (Chicago: University of Chicago Press, 1996);
- Tim Harford, *TheLogic of Life* (London: Little Brown, 2008), Steven Johnson, *How We Got To Now* (London: Particular Books, 2014) 及 David Kestenbaum, 'The History of Light, in 6 Minutes and 47 Seconds', NPR: *All Things Considered*, 2 May 2014, http://www.npr.org/2014/05/02/309040279/in-4-000-years-one-thing-hasnt-changed-it-takes-time-to-buy-light.
- the 'Measuring Worth' website: www.measuringworth.com; NPR's Planet Money, 12 October 2010, http://www.npr.org/sections/money/2010/10/12/130512149/the-tuesday-podcastwould-you-rather-be-middle-class-now-or-rich-in-1900.
- Marshall B. Davidson, 'Early American Lighting', *The Metropolitan Museum of Art Bulletin, New Series*, 3(1), Summer 1944.
- Steven Johnson, *How We Got To Now* (London: Particular Books, 2014),
- Jane Brox, *Brilliant: The Evolution of Artificial Light* (London: Souvenir Press, 2011).
- Haitz's law: https://en.wikipedia.org/wiki/Haitz%27s_law.
- Robert J. Gordon, *The Rise and Fall of American Growth* (Oxford: Princeton University Press, 2016).

轉角遇見經濟學：改變現代生活的50種關鍵力量

50 Things That Made the Modern Economy

作　　者：提姆・哈福特（Tim Harford）
譯　　者：林金源
執 行 長：陳蕙慧
主　　編：李嘉琪
封面設計：楊啟巽
內頁排版：優士穎有限公司 陳佩君
行銷企劃：吳孟儒
社　　長：郭重興
發行人兼出版總監：曾大福

出　　版：木馬文化事業股份有限公司
發　　行：遠足文化事業股份有限公司
地　　址：231新北市新店區民權路108-4號8樓
電　　話：(02) 2218-1417
傳　　真：(02) 2218-0727
Email：service@bookrep.com.tw
郵撥帳號：19588272木馬文化事業股份有限公司
客服專線：0800221029
法律顧問：華洋國際專利商標事務所　蘇文生律師
印　　刷：呈靖彩藝有限公司
初　　版：2018年4月
定　　價：450元
ISBN：978-986-359-5106
木馬臉書粉絲團：http://www.facebook.com/ecusbook
木馬部落格：http://blog.roodo.com/ecus2005

國家圖書館出版品預行編目

轉角遇見經濟學 / 提姆 . 哈福特 (Tim Harford) 著 ; 林金源譯 . -- 初版 . -- 新北市 : 木馬文化出版 : 遠足文化發行 , 2018.04
面 ; 公分
譯自 : 50 things that made the modern economy
ISBN 978-986-359-510-6(平裝)

1. 發明 2. 經濟學 3. 社會學

550 107003071